GLOBAL CITIZENSHIP EDUCATION: THEORY AND PRACTICE

글로벌시대의 세계시민교육

이론과 실제

김진희

머리말

    새로운 시대, 글로벌이라는 테제(These) 속에서 우리가 만들어가야 하는 교육은 어떻게 전개되어야 하는가? 전 지구적 불확실성과 불안정성, 그리고 불연속성이 커지는 현대사회에서 공존과 연대를 향한 갈증은 보다 커지고 있으며, 지속 가능한 번영과 평화를 위한 교육적 요구는 더욱 높아지고 있다. 올곧은 하나의 목표를 향해서 직진하는 역사는 없으며, 인간의 성장과 사회 발전 역시 명제의 구성과 해체, 재구성이라는 끊임없는 변증법적 과정을 거치면서 이루어진다. 열린 미래에 대한 새로운 기대도 있지만, 글로벌이라는 맥락이 교육계에 던진 화두는 가볍지 않다.

    최근 세계시민교육에 대한 학술 논의와 실천적 관심이 커지는 상황에서 이를 체계적으로 이해하는 것은 중요하다. 이 책은 세계시민주의와 세계시민성에 대한 교육학적 분석을 다각적으로 담고 있다. 일찍이 서양 근대 철학에서 세계시민성에 대한 논의는 다양한 관념, 관점, 사상에 따라 오랫동안 전개되어 왔다. 그러나 세계시민교육의 실천은 한국뿐만 아니라 전 세계적으로 태동기에 놓여 있다고 볼 수 있다. 세계시민교육이 활성화되려면 기본적으로 한 사회에서 다원성(plurality)과 개방성(openness), 그리고 연대성(solidarity)이 보장되어야 한다. 그러나 최근 중앙 정부에서 학교를 중심으로, 위에서 아래로 탑다운(top-down) 식으로 전개되는 세계시민교육은 짧은 기간 동안 세계시민교육에 대한 저변 확산에 기여할 수 있지만, '시민성(citizenship)'에 대한 시민사회 내부의 깊이 있는 성찰이 결여되어 뿌리가 약한 정책 용어로 남을 우려가 있다. 여전히 우리 사회에서는 에이즈(AIDS) 우려 때문에 피부색이 다른 외국인과 목욕탕을 같이 쓸 수 없다고 당당히 말하는 시민들이 있으며, 산업 노동현장에서 외국인 근로자에게 기본적인 인권을 보장하지 않고 박해하는 고용주들이 있으며, 버스나 전철에서 외국인을 향해 멸시와 차별적 행동을 하는 일부 시민들이 존재한다. 이들 모두가 한국 시민사회의 정체성과 의식 수준을 다층적으로 구성하고 있다. 그렇기 때문에 세계시민교육은 더욱 절실하게 요청된다.

세계시민교육을 연구하면서 이런저런 국제적 플랫폼에서 활동하고 국내에서 다양한 청중을 대상으로 강의를 하면서 '세계시민이 무엇이고, 누가 세계시민인가'라는 질문을 자주 받게 된다. 어려운 질문이고 근본적인 질문이다. 필자는 지금까지 60여 개 나라의 국경을 넘으면서, 그동안 내 속에 있던 세계시민에 대한 허위의식과 편견의 무지(無知)를 여러 계기를 통해서 깨닫게 되었다. 과거 학문의 초입에서 어설프게 세계시민이론을 공부할 때는 한 개인이나 집단 주체가 가진 뿌리, 즉 정체성이 무엇인지에 대해 깊은 사유까지 이르지 못했다는 것을 부단히 깨지면서 자인하게 되었다. '국제', '글로벌'이라는 담론이 가지는 외피(外皮)와 거대 서사에서 본질을 제대로 꿰뚫지 못했던 것이다.

2015년 국제기구 유니세프(UNICEF)가 주최한 아시아태평양 지역의 세계시민교육 교재개발패널위원회에서 활동하는 과정에서 브루나이(Brunei) 대표단으로 인해서 당황한 적이 있었다. 고위 관료로 구성된 대표단은 브루나이에서 다루는 세계시민교육 교육과정에서 '인권과 여성' 분야를 빼고 싶다고 위원회에 내용 조정을 요청했다. 세계시민교육에서 인권 이슈는 가장 근본적인 기저에 놓여 있는 주제지만, 브루나이의 국가 교육과정은 그들이 그동안 고수해온 교육 목표, 교육적 정체성과 가치가 글로벌 단위의 세계시민적 인권 논의와 배치된다고 판단한 것이다. 그럼에도 불구하고 브루나이는 글로벌 파트너십을 위해서 유니세프가 제안하는 세계시민교육 적용 국가에 자발적으로 속하고 싶다고 했다. 이러한 딜레마는 세계시민교육을 실천하고 적용하는 데 있어서 지역적 맥락과 뿌리의식이 얼마나 복잡다단한지 보여준다.

누가 세계시민일까? 최근에 대학, 기업, 미디어 등에서 세계무대에서 거침없

이 활동하는 국제적 역량을 갖춘 글로벌 인재가 곧 세계시민이라는 등식이 재생
산되고 있음을 목격할 때 큰 우려를 갖게 된다. 그동안 여러 학자들이 고민하면
서 논의해온 인간의 존엄성, 도덕성과 윤리, 사회 정의와 평등, 그리고 연대와 공
존 의식에 대한 묵직한 고민은 사라진 채, 세계시민은 글로벌 자본을 가지고 국
제무대에서 활동하는 세련된 엘리트로 환치되고 있다. 이제 세계시민이 누구이며,
세계시민교육은 무엇을 지향해야 하는지 그것이 담는 시대정신이 무엇인지 비판
적 토론이 필요한 시점이다.

　　이 책은 6개의 장으로 구성되어 있다. 제1장에서는 국제사회의 세계시민교
육 담론을 이론적으로 분석하고, 한국에서 어떻게 해석하고 교육적으로 담아 낼
것인지를 고찰하였다. 제2장에서는 글로벌 맥락에서 교육계의 새로운 연구 질문
을 던지는 두 개의 기둥으로서 다문화교육과 세계시민교육의 이론적 관계와 특
성, 그리고 쟁점을 다각적으로 분석하였다. 제3장에서는 세계시민의식과 도덕교
육의 이론적이고 실천적인 관계를 학교교육의 장면에서 파악하기 위해서 구체적
으로 중학교 도덕과 교육과정을 분석하면서 교육적 함의를 도출하였다. 제4장에
서는 단발적이고 표피적인 세계시민교육 프로그램을 지양하기 위해서, 공정여행
을 주제로 고등학교의 비교과 수업 활동이 가지는 세계시민교육의 의미를 질적
사례 연구를 통해서 밝히고 있다. 제5장에서는 글로벌화의 영향력이 확장된 현대
사회에서 세계시민교육이 뿌리내리기 위해서 청년 대학생의 역할이 중요한데, 실
제로 대학생이 참여하는 세계시민교육 프로그램 사례가 어떠한 기제를 통해서 작
동되고 있는지를 비판적으로 분석하였다. 마지막으로 제6장에서는 세계시민교육
이 평생학습 차원에서 가정, 학교, 지역사회, 일터 등 다양한 영역에서 이루어진
다는 관점에서, 글로벌(global)과 로컬(local)의 경계를 넘나드는 초국가적인 시
민단체 참여활동이 세계시민교육의 렌즈로 어떻게 해석될 수 있는지에 대한 이론
과 구체적인 사례를 담고 있다.

　　여기에 실린 논문들의 일부는 2013년부터 2017년까지 출판된 것으로, 한국
연구재단 KCI 등재학술지인 『시민교육연구』(제47권 제1호), 『한국교육』(제40권
제3호, 제43권 제3호, 제41권 제3호), 『교육학연구』(제55권 제1호)에 실린 연구

내용을 재구성하고 새롭게 수정 및 보완한 것이다. 특히 연구 논문의 일부는 서울대학교 박사과정을 수료한 차승한 선생님, 한양대학교 박사과정을 수료한 임미은 선생님, 그리고 부산대학교 박사과정에서 수학중인 김선정 선생님과의 공동 저작을 바탕으로 하고 있음을 미리 밝힌다. 밤낮없이 학문에 정진하면서 부족한 선생의 지도를 우직하게 따라준 이들의 학문적 열의가 없었다면 마침표를 찍지 못했을 것이다. 그리고 이 책의 마지막 챕터인 「초국적 시민운동과 세계시민교육」은 필자가 '세계시민성'이라는 거대한 이론의 바다에서 설익은 질문과 논리로 쏟아냈던 석사학위 논문의 일부를 담고 있다. 세계시민이론에 대한 열정과 달리, 끝내 풀지 못한 여러 이론의 뭉치들이 필자가 석사 논문을 쓴지 10년이 훌쩍 지났지만 여전히 남아있다. 이 책에서도 세계시민교육에 대한 명쾌한 이론 공식과 해법을 제공하지 않는다. 오히려 세계시민교육은 필자에게도 끊임없이 공부하고 비판적 질문을 승화시켜야 하는 평생의 연구 과제이다. 그럼에도 불구하고 그동안의 일련의 연구 성과를 종합적으로 담은 이 책은 세계시민론에 대한 철학, 사상, 관점을 교육학 맥락에서 분석하고 현실에서 다양하게 전개되는 세계시민교육의 형성 논리를 탐색하는 이론서라는 측면에서 의의를 가진다.

부끄럽게 내놓는 이 책의 부족함과 미진함은 온전히 필자의 몫이다. 책을 쓰는 과정에서 거친 질문을 받아주며 소통해 온 선배 동료 연구자들과 오랜 시간동안 인내하면서 세심하게 출간 작업을 도맡아 주신 박영스토리의 대표님과 편집진에게 큰 고마움을 표한다. 이 책이 마중물이 되어 많은 독자들이 세계시민교육에 대한 인식의 지평을 넓힐 수 있다면 값진 보람이 될 것이다. 나아가 세계시민교육의 학문적, 실천적 발전을 위해서 비판적 토론과 질책을 해 주실 것을 기대한다.

2017년 8월

김진희

차례

제3장

세계시민의식과 도덕교육: 글로벌 윤리와 중학교 도덕교육과정

유엔 글로벌 의제로서의 세계시민교육
: 개념, 의의, 쟁점

글로벌시대의 세계시민교육

제1장

I. 서론: 문제제기

글로벌화의 영향은 정치, 경제, 사회, 그리고 교육의 제 측면에서 나타나고 있다. 정치적으로는 세계 각국 간에 가버넌스의 연계가 심화되는 양상으로 나타나고, 경제적으로는 전 세계적인 시장이 형성되어 자본과 물류의 흐름을 통해 상호 영향을 주고받는 상황이 심화되며, 사회적으로는 국경을 초월하는 대규모의 인구이동이 일상화되어 가면서 세계는 '전례 없는 인구이동의 시대'로 접어들고 있다(IOM, 2014). 이렇듯 세계 간 상호의존성(interdependence)과 상호연계성(inter-connection)의 수준과 깊이가 심화됨에 따라, 교육 영역 역시 국가 단위의 경계를 넘어서, 인권, 평화, 사회 정의, 문화다양성 등 인류의 상호 발전 문제를 고민하면서 세계시민으로서 의식과 행동 변화를 촉구하는 교육의 필요성이 높아졌다(김신일 외, 2001). 그런 점에서 국민국가의 '컨테이너'에서 벗어나서 새로운 형태의 시민사회의 출현과 그에 걸맞은 새로운 형태의 교육이 필요하다는 점에서 세계시민교육의 발현을 구성하는 사상적, 실천적 토대는 마련되어 왔다(김진희·허영식, 2013: 159).

이렇듯 세계시민교육은 발생배경 자체가 글로벌화와 밀접하게 관련되어 있다(Tawil, 2013). 국가 내의 계층적, 문화적, 인종적 갈등과 공존의 문제가 아니라, 국가를 넘어서 전 지구적 문제 해결을 위해 전 지구적 수준의 연대와 협력을 강조하는 세계시민교육은 세계인이 하나의 공동체 시각을 갖고 세계체제를 '이해'하고 국제 이슈를 해결하는 데 '참여'하는 역량을 키우는 교육이다. 세계시민교육은 세계를 하나의 단위로 인식하여 세계 안에 다양한 문화 및 사람들과의 상호의존성을 이해하는 보편적 인류 공영을 추구하는 가치 지향적 교육이자 사회적 실천을 도모하는 교육이라는 점에서 지구촌 전체가 직간접적으로 경험하고 있는 빈곤, 인권, 평화, 환경, 형평성의 문제에 관심을 갖고 이에 대한 공동체적 해결방안을 모색하는 데 초점을 둔다. 바로 이러한 특성으로 인해서 세계시민교육은 특정 국가의 단위 교육과정에서만 다루어지는 교육이 아니라, 전 지구촌이 학습해야 하는 교육 영역으로 부상하고 있다(UNESCO, 2014a; 김진희 외, 2014).

보다 지속적으로 살펴보자면 그 '부상'은 글로벌 교육의제 안에 세계시민교육이 설정된 것을 의미한다. 193개국 유엔(UN) 회원국을 중심으로 한 국제사회가 2000년에 선포한 새천년개발목표(Millennium Development Goals, 이하 MDGs)의 달성 기한이 2015년에 종료되기 때문에, 2015년은 새로운 글로벌 교육의제가 탄생하는 역사적 시점으로 이해되고 있다. 가장 최근에 세계시민교육에 대한 국제적인 선언이 언급된 것은 2017년 9월 유엔 사무총장의 교육우선구상사업(Education First Initiative)에서다. 교육은 인류의 번영과 공존을 도모하는 그 어떤 국제개발협력 가운데도 최우선적인 가치와 중대성을 가지며, 앞으로 이를 위해서 세계시민성 함양이 가장 중요하다는 전략이 국제사회에서 발표된 것이다(World Bank, 2013). 이는 인간의 마음에 평화를 심고자 설립된 유네스코의 인본주의적 가치를 담지하면서, 인간 권리, 평등, 지속가능한 개발, 자유와 박애의 가치를 실현하는 교육을 세계시민교육으로 규범화하고 있는 것이다.

그런데 여기서 비판적 인식이 필요하다. 국제사회에서 세계시민교육이 중요하다는 선언이 어떤 의미를 가지는가? 그동안 국제사회는 인권과 평화의 가치를 존중하면서 세계시민교육적 접근을 취해오지 않았는가? 이미 근대철학사에서 칸트(Immanuel Kant)가 논한 세계시민주의는 인류 보편의 도덕규범과 인권 담론의 토대를 이루었고, 시민은 한 국가의 시민일 뿐만 아니라 여러 국가가 연합된 지역의 시민으로서 세계시민적 지위를 다중적으로 가진다는 하버마스의 세계시민적 연대와 소통은 끊임없이 주장되어 왔다(Habermas, 1998). 그렇다면 오히려 그동안 세계시민교육이 있었다, 없었다의 문제가 아니라, 세계시민교육이 '글로벌 의제'로 상정되고 주목받는 것이 어떤 의미를 가지는지 현재 누구도 정확하게 의미를 해석하거나, 그것의 쟁점이나 향후 방향을 전망하지 못한다는 것을 우리는 주목해야 한다. 또한 글로벌 교육의제로서 세계시민교육이 어떠한 위치에 놓여있으며 그것의 내용은 어느 수준으로 반영되어 있는지도 제대로 분석되지 않았다.

이러한 문제의식에 기반을 둔 본 연구는 국제사회의 세계시민교육 담론과 움직임은 우리나라에서 세계시민교육을 어떻게 교육적으로 담아 낼 것인가라는 이론적, 실제적 고민을 수반하고 있다. 이에 여기서는 소위 'Post 2015' 맥락에서 세계시민교육 담론 동향을 비판적으로 고찰하고, 그것의 쟁점을 구조적으로 분석하고자 한다. 즉 이 글은 세계시민교육이 글로벌교육이라는 매력적인 이름으로 포장되어 하나의 주목받는 트렌드적 접근 방식으로 부상했다가 파편화되는 것을 지양하기 위해서, 세계시민교육을 둘러싼 논의와 쟁점을 비판적으로 탐색하고 그것의 발전 방향을 고찰하고자 한다. 구체적인 연구문제는 다음과 같다. 첫째, 세계시민성과 세계시민교육을 둘러싼 다양한 논의의 흐름과 제 담론을 분석하고, 둘째, 이러한 세계시민교육 담론이 Post 2015 글로벌 맥락에서 어떤 방식으로 등장했고, 반영되고 있는지를 이해하고, 마지막으로 세계시민교육을 둘러싼 쟁점을 비판적으로 고찰함으로써 세계시민교육의 내실화를 위하여 새로운 접근 방향을 탐색하고자 한다.

II. 세계시민성과 세계시민교육에 대한 이론적 이해

1. 세계시민성과 세계시민교육 논의 흐름

학술적인 맥락에서 '세계적(world)', '지구적(global)', 그리고 '코스모폴리탄(cosmopolitan)' 함양 교육은 언제나 일관성 있게, 논리적으로 전개되는 것이 아니며, 개념적 합의도 이루어지지 않았다(Davies, Evans, & Reid, 2005: 77). 더욱이 우리나라의 경우, 상위의 개념들을 번역하는 과정에서 외국어의 다중적 의미를 하나의 용어로 집약적으로 규준하는 과정에서 혼돈과 모호성이 가중되어 왔다. 예컨대, 영어의 'Global Citizenship Education'을 세계시민교육으로 명명할지, 지구시민교육으로 부를지, 글로벌시민교육, 나아가 글로벌 시티즌십 교육으로 칭할지에 대해서 상이한 입장과 관점이 존재한다. 그런 점에서 현재까지도 글로벌교육은 분절적이라고 할 수 있다(김진희·허영식, 2013: 169). 이는 세계시민성이 가지는 거시성, 다층성, 그리고 모호성으로 인해서 교육현장에서 일관적인 원리와 체계성을 가지고 다루어지지 못하고 있는 점을 그대로 반영한다(Davies, 2006).

세계시민교육은 어느 날 갑자기 역사적 뿌리 없이 부상한 영역이 아니라, 그동안 세계시민성, 세계시민주의, 그리고 그것을 교육적으로 연계·결합한 세계시민교육에 대한 논의는 다양한 궤적을 가지며 전개되어 왔다. 기본적으로 세계시민주의는 민족이나 국가 같은 특정 공동체의 울타리를 넘어서, 세계시민(cosmopolitan= a citizen of the world)으로서 살아가는 것을 강조한다.

세계시민주의 담론의 시작은 고대로 거슬러 올라가 헬레니즘 문화에서 그 뿌리를 찾는다(Nussbaum, 1996). 공통의 보편적 문화와 사회기반이 점차 형성되어 단위 폴리스를 초월한 세계시민주의와 개인주의적 경향을 띤 문화가 확산되기 시작하면서 '나는 세계의 시민이다'라고 말한 그리스의 견유학파(犬儒學派)의 논의와 개인주의적 사고방식과 세계시민주의를 바탕으로 금욕을 강조한 스토아학파에 이르면서 철학적 세계시민주의 기초가 형성되었다(손경원, 2013). 스토아학파는 '나'라는 동심원이 가족, 이웃, 지역사회, 국가, 세계 인류로 나아가는 확장된 동심원을 상정하면서 세계시민주의의 기본적 골격을 이루었다(Appiah, 2006). 그런 가운데 근대 철학사에서 세계시민주의는 장자크 루소(Jean Jacques Rousseau)의 평화사상, 엠마뉴엘 칸트(Immanuel Kant)의 영구평화론 등에서 토대를 형성하면서 모든 인간은 동등한 권리를 가지고 평화와 인류애, 그리고 도덕성에 대한 보편적 규범과 가치를 존중하는 원리를 품고 있다. 특히 칸트는 역사철학적 용법으로 세계시민, 세계시민적 사회, 세계시민적 체제라는 개념을 사용하면서 개인은 하나의 세계시민으로 자신을 파악하고, 나아가 개인들과 국가들이 세계시민법에 따라 보편적 인류국가의 시민이 될 수 있다고 주장했다. 이 논의는 국가 안에서의 시민적 자유를 기반으로, 국제사회에서 자유문제를 추구하면서 세계의 보편적인 공민적 질서는 국민의 자유와 세계의 자유에서 완성된다고 보는 것이다(김진희·허영식, 2013).

칸트의 도덕성에 근거하여 논의를 심화한 마샤 너스봄(Martha Nussbaum, 1996)은 국내의 한정된 이슈가 아니라 인구문제, 빈곤문제, 식량문제 등 인류의 미래에 대한 깊은 고민이 필요하며 이를 위해 세계시민교육이 필요하다고 주장했다. 이를 볼 때 세계시민주의 담론은 국민국가의 경계를 뛰어넘는 윤리의 요구로 설명될 수 있다. 또한 인간과 자본의 이동과 교류의 확대라는 지구화의 현실은 혼종성(hybridity)을 강화하고, 다중적 소속감을 요구한다. 고대 그리스에서 세계시민주의를 주장한 견유학파의 디오게네스(Dio-genes)가 폴리스의 중심부 시민이 아니라, 아웃사이더였다는 점을 상기할 때, 세계시민주의는 폴리스적 질서의 외부에서 시작될 수밖에 없었다는 태생적 기반을 시사한다(염운옥, 2012: 22). 특히 오늘날 전 지구적으로 국경을 넘는 인간의 이동성 증대는 도덕과 윤리 이슈를 넘어서, 개인과 집단에게 영향을 미치는 가버넌스의 유무형의 탈경계성이 재구성될 수밖에 없다. 세계시민성은 이렇게 포괄적인 사회구성체의 변화와 맞물린다.

한편 탈중심적 다원사고, 탈국가주의적 관점, 탈이성적 접근이 강조되는 포스트모던적 탈경계성이 강화되고 있지만 본질적으로 뿌리가 없는 세계시민주의는 부유하는 기표에 불과하다고 주장한 콰메 안토니 아피아(Kwame Anthony Appiah)는 '뿌리내린 세계시민주의(rooted cosmopolitan)'를 논의한 대표적 학자이다. 아피아(Appiah)는 지역과 지구라는 우주를 대립적으로 파악하지 않고 보편적 가치에 대한 충성과 지역적 헌신을 요구하는 세계시민주의를 강조했다(Appiah, 2006; 염운옥, 2012: 25). 여기서 보편적 가치는 개인의 자율성(autonomy)을 옹호하면서 자유주의적 헌정질서라는 공동의 제도를 따르고 우리가 살아가는 지역에서 동등한 존엄성을 가지고, 지역의 관심을 반영하고, 개인의 자율성을 발현하는 지구족(global tribe)으로서 살아가는 것을 말한다. 어떤 측면에서 아피아의 뿌리내린 세계시민주의는 지역에 대한 충성심과 지구에 대한 책무성을 서로 끊임없이 보정하는 장치라고 할 수 있다. 즉 단일한 도덕 체계에 인간을 가두는 것이 아니라 보편적 인간애를 강조하지만, 모든 사람이 세계시민이 되어야 한다고 주장하는 것이 아니다. 다만 우리는 국가 단위의 시민들이라는 자격과 관계 속에서 우리가 직접 관계를 맺는 사람들 너머의 다른 인간 존재들에게도 신세를 지고 있기 때문에 인간 공동체, 국가적 공동체로부터 시작해서 세계 공존의 아비투스(habitus)를 발전시켜 나가야 한다고 주장하고 있다 (Appiah, 2006). 지역 내부의 사회적, 경제적, 문화적 차이에도 불구하고 인류 공동체에 대한 신념과 연대의 정신이 강조되는 것이다. 그러나 아피아의 세계시민주의 담론은 매우 포괄적이고 광범위해서 인도주의적 개입이 필요한 경우, 자선을 베푸는 특별한 경우를 제외하고 전 지구적 인간애를 촉진하는 실체가 구체적으로 발현될 수 있을지 의문의 여지를 남기고 있다. 또한 인간의 자율적 선택을 둘러싼 구조적 제약에 대해서 눈을 감는 고전주의적 자유주의로 회귀하는 것이라는 비판도 제기된다. 아피아의 자유주의적 세계시민주의는 정치권력의 재분배와 불균형의 문제, 신자유주의의 폐해를 파고드는 문제를 묵과하는 측면이 적지 않기 때문이다. 그런 점에서 타인을 존중하는 세계시민이면서 지역에 헌신하는 것은 어떠한 대가나 비용을 치르지 않는다는 염운옥(2012: 28)의 지적은 자유주의적 세계시민주성의 한계를 선명하게 보여준다.

'세계', '시민'이라는 용어들은 다양하게 해석되는 것처럼 조합된 '세계시민'이라는 어구도 역시 다양하게 해석될 수 있다(Humes, 2008). 세계시민주의는 인간의 존엄한 가치를 바탕으로 보편적 질서와 선을 실현하는 것이다. 그러나 이는 시대적 흐름과 배경에 따라 매우 추상적인 관념이 될 수 있고 각 지역과 개인의 입장에 따라 달라지기 때문에 현실적 문제에 대한 구체적 처방과 대응은 세계적 합의를 이끌어 내기 어려운 한계가 있다. 더욱이 어떤 문화나 체제도 정형화된 정답을 말할 수 없고 세계시민주의를 닫힌 지식의 정초주의(foundationalism)로 규격화할 수 없다. 너스봄(Martha Nussbaum, 1996)은 '충위가 두껍지만 모호한' 세계시민주의가 탄생할 수 있다는 점을 부정하지 않았다. 즉 명철한 논리적 준거에 따라 어떤 것을 세계시민성 혹은 세계시민교육이라고 날카롭게 분류하고 정의할 수 있는 것이 아니라, 각각이 놓인 맥락이 상이하기 때문에 세계시민성을 이해하는 충위는 두껍지만, 경계선들이 흐리고 모호하다.

이상에서 알 수 있듯이 세계시민교육은 인간 이성에 대한 신뢰를 높이고, 국가 범위를 넘어 국제적 차원에서 보편적인 질서를 구축하고 존중하자는 논의로 이어져왔다. 세계시민교육은 국민국가 단위의 시민교육을 넘어서 세계간 상호의존을 중추적인 이념으로 지향하고 있다는 점에서는 비교적 명료하지만, 더 깊이 들여다보면 세계시민주의와 세계시민성 개념의 포괄성과 추상성으로 인해서 세계시민교육의 적용 맥락은 매우 다층적일 수밖에 없다(Peters, Blee & Britton, 2008). 바로 이러한 특징으로 인해서 세계시민교육의 내용과 교수방식이 저마다 상이하고 모호하게 적용, 해석된다는 점을 읽어 낼 수 있다.

2. 세계시민성과 세계시민교육에 대한 제 담론과 접근 분석

세계시민성은 세계시민교육의 핵심 구성체라고 할 수 있다. 어떠한 관점에서 세계시민성을 다루는가에 따라 세계시민성은 교육의 메커니즘과 다양한 방정식으로 결합될 수 있기 때문에 이에 대한 논리적 이해가 필요하다. 파이크(Pike, 2007)는 세계시민성에 대한 논의가 매우 복합적이라는 점을 착안해서, 관련 논의를 전개한 여러 학자들의 주장을 핵심어별로 분류하는 연구를 진행하였다. 이를 통해서 다중적 시민성과 국제적인 민주주의를 강조한 히터(Heater), 세계시민성을 다루면서 코스모폴리탄 민주주의를 주장한 헬드(Held), 다원적인 시민성이 곧 세계시민성이라고 설명한 셀비(Selby), 적극적인 시민참여를 통해 전지구적 민주주의를 실현하는 교육을 강조한 린치(Lynch), 그리고 평화와 사회정

의, 환경보호와 같은 윤리적 돌봄(Caring)을 강조한 나딩스(Noddings) 등의 논의
를 정리하였다. 한편 오슐리반(O'Sullivan, 2008)은 세계시민성을 총체적이고 변
혁적 관점에서 접근했다. 그는 모든 시민이 하나의 통일된 세계 체제, 즉 지구
라는 행성(earth－planet)에서 살고 있는 존재로서 영성적으로 세계시민이라는
마인드를 가지는 총체적 인식이 중요하다고 주장했다.

> 세계시민교육을 배우는 학습자들은 국제이슈와 사회적 문제에 대해서 변혁적 관점
> 에서 사고해야 하며, 인간의 자아가 상호 연결된 글로벌 공동체와 어떠한 관계를 맺
> 고 있는지를 비판적으로 이해하는 것이 곧 세계시민교육이다.
>
> (O'Sullivan, 2008)

해외에서 뿐만 아니라 국내에서도 세계시민교육에 대한 연구가 일군의 학
자들을 중심으로 이루어졌다. 김진희·허영식(2013)의 연구에서 '함께 살아가는
학습'으로서 세계시민교육에서의 반성적 성찰학습을 강조하였으며, 최종덕(2014)
의 연구에서는 우리 학교교육에서 요구되는 글로벌 시민교육의 과제를 제시하
였고, 모경환·임정수(2014)의 연구는 국가시민성에서 세계시민으로서의 자각과
지구사회에 대한 인식 성장이 중요하다고 밝혔다. 이처럼 여러 학자들의 이론
과 제 관점 속에 세계시민성의 다양한 층위와 핵심 원리가 녹아 있다고 볼 수
있다.

세계시민교육은 이처럼 학술적 논의뿐만 아니라 정책적으로도 매우 광범
위하고 복합적 영역이다. 각기 다양한 이데올로기적 프레임과 정치 철학적 프
레임을 가지고 있기 때문에 학계뿐만 아니라, 교사나 정책입안자에게는 그러한
다층성과 모호함은 혼란과 오해를 불러일으키고 있다(Johnson, 2013). 여기서 세
계시민성을 다루는 다양한 접근법을 정치적, 도덕적, 경제적 그리고 비판적 측
면으로 나누어 각 논의의 초점을 이해하는 것이 필요하다.

첫째, 정치적 관점에서 세계시민성을 다루는 접근(political global citizenship)
은 세계정부(world state)라는 개념을 상정하고, 현재의 단위 국가의 헌법적, 실

행적, 법리적 체제를 갖춘 주권을 지구적 차원에서 변환해서 재구조화하는 논의라 할 수 있다. 예컨대 정책적으로 글로벌 가버넌스 구현을 통한 민주주의 확산을 기획하는 것이라 할 수 있다.

둘째, 도덕적 세계시민성(moral cosmopolitan global citizenship)은 현재 세계시민성 담론의 주도적 개념을 이끌고 있다. 학계나 정책 측면에서 가장 널리 알려진 개념이자 영향력을 준 접근법으로서 도덕적 가치와 규범은 모든 국가에 적용될 수 있는 보편적 이성이자 전 지구적 윤리라는 것을 강조한다. 즉 모든 인류는 서로에게 관계를 맺고 있으며 상호 책무성을 가지고 영향을 미치는 존재이므로 도덕적 세계시민성이 누구에게나 필요하다는 인식론을 가지고 있다.

셋째, 경제적 세계시민성(economic cosmopolitan global citizenship)은 신자유주의와 자본주의의 파급력을 부정하지 않는다. 개인주의와 신자유주의 사상에 기초를 두고 있는 이러한 접근법에서 시민은 '얇은 시민성'(thin citizenship)을 가지고 있는 존재로서, 개인의 이해관계와 욕구에 따라서 세계는 기능할 수 있다. 이것은 도덕적, 정치적 세계시민성을 축소하고, 글로벌 시장에서의 경쟁력, 소비주의, 그리고 자본주의를 통해서 세계공동체를 만들고, 여기서 창출된 기업의 사회적 이윤은 필요한 경우, 공공선을 위해서 활용될 수 있다는 접근이다 (Schattle, 2008).

넷째, 비판적 · 탈식민주의 관점에서 세계시민성을 접근하는 담론(Critical · post-colonial global citizenship)은 지금까지 세계시민성이 가지는 근대적 형태는 낭만주의적인 조야한 접근이라고 주장한다. 자유주의적 세계시민론자들이 말하는 개인의 자율성, 즉 모든 시민들이 시민적 자유를 충만하게 누리는 시민성은 유토피아적 생각이며, 이는 전 세계에 팽배한 불평등과 차별, 소외의 구조에 눈을 감는 접근이라고 비판하는 것이다. 후기 구성주의 비판론자인 데리다나 푸코의 경우 이러한 관점을 공유하고 있고, 해방을 위한 투쟁과 전 지구적 연대야말로 세계시민성이 발현되는 진정한 모습이라는 점을 지적하고 있다. 예컨대 전 세계의 이주노동자들이 대항적 헤게모니(counter-hegemony)의 주체로서 억압적인 글로벌 체제를 해체하고 사회적 변환을 도모하는 정치성(politics of social transformation)이 누락된 세계시민성은 허구에 불과하다는 입장이다. 그런 측면에서 보편적 인권이라는 것도 서구의 인권 담론이 표준으로 제시되는 것을 따를 우려가 있으므로 탈식민주의적 관점에서 접근해야 한다. 즉, 사회 구조적 체제 안에서 그리고 지역 맥락에서 재구성되어야 하는 점을 역설하는 접근이다.

표 1 세계시민성 담론에 대한 다양한 관점과 내용 구성

범주	주요 개념 및 핵심어	주요 학자
정치적 관점에서의 세계시민성 담론	세계정부, 제도주의적 세계시민성, 코스모폴리탄 민주주의	칸트(Kant), 롤즈(Rawls), 헬드(Held), 히터(Heater)
도덕적 관점에서의 세계시민성 담론	강력한 코스모폴리탄주의, 보편적 인권에 기반한 세계시민성, 세계시민의 도덕과 윤리 스토아학파(Stoics)	칸트(Kant), 너스봄(Nussbaum), 아피아(Appiah), 센(Sen)
경제적 관점에서의 세계시민성 담론	세계체제의 경쟁성, 글로벌 경쟁력, 기업의 사회적 책무성, 박애주의적 이윤 창출	스미스(Smith), 프리드만(Friedman)
비판적·탈식민주의 관점에서 세계시민성 담론	탈식민주의, 구조 개혁, 변혁과 해방의 세계시민성	그람시(Gramsci), 프랑크푸르트학파(Frankfurt School), 프레이리(Frerie)

자료: Johnson(2013: 19), 김진희·허영식(2013: 167 – 169)를 참조하여 재구성

위와 같이 세계시민성에 대한 다양한 학술적, 정책적 접근에서 알 수 있듯이 세계시민교육 역시 다양한 접근 방식을 통해서 각각 그것의 방점이 달라진다. Davies(2006)의 연구는 현대 사회에서 세계시민교육은 혼재된 양상으로 나타난다고 설명하면서 세계시민교육의 용어를 어떻게 조합하고 치환(permutation)하는가에 따라 중점 내용이 달라진다는 것을 밝혀냈다. 이는 크게 세 가지 형태로 볼 수 있다. 첫째, 세계시민성(global citizenship) + 교육(education)이 대표적인데 이 경우는 결국 누가 세계시민인가라는 점이 중요하며, 교육은 세계시민

성을 함양하는 프레임을 제공하는 것이다. 예컨대 여기서 세계시민성을 정치적 관점에서 접근하는가, 도덕적 관점에서 접근하는가, 비판적·탈식민주의 관점에서 접근하는가에 따라 교육은 그것을 담아내는 주형틀로 작동하게 되며 세계시민교육의 내용도 달라질 수 있다.

둘째, 세계(global) + 시민(성)교육(citizenship education)의 결합도 주요한 접근이다. 이는 시민(성)교육을 보다 전 지구적 맥락에서, 국제적 연관성을 강화하여 재구성하는 것을 말한다. 예를 들어 20세기 후반부터 지구화의 가속화에 따라 초국가적 시민교육, 시민교육의 글로벌화가 탐색되기 시작하면서 이러한 접근은 전 세계적으로 강화되었다. 주로 학교교육과 사회과교육에서 글로벌 이슈를 다루는 경우(모경환·임정수, 2014)가 이러한 접근을 보여주고 있다고 볼 수 있다. 본래 시민교육은 주권 국가의 시민으로서의 권리와 의무, 국가에 대한 시민의 책무 및 애국심과 밀접한 관련을 가지지만 글로벌사회에서는 국민국가에 속박된 시민성 논의가 세계시민교육으로 새롭게 재구조화되고 있음을 알 수 있다.

셋째, 세계시민교육은 세계교육(Global education) + 시민성(citizenship)으로 결합해서 접근하는 것으로 오늘날 세계시민교육이 적용되는 실제를 보여준다. 이는 학습자들이 세계 체제에 대한 인식, 사회정의, 권리와 책무성을 인식하도록 하는 주형틀로서 세계교육을 상정하고, 여기서 시민성의 요소를 결합하는 접근이다. 이러한 경우는 세계교육의 콘텐츠 자체가 매우 중요하고, 시민적 참여와 역할이 강조되는 모형이라고 할 수 있다. 만약 세계교육을 모든 학습자의 글로벌 경쟁력 강화와 글로벌 역량 제고라는 기술적 측면에서 인식할 경우, 세계시민교육을 통해서 양산되는 시민 혹은 그것의 학습 성과는 인본주의적 세계시민교육과 질적으로 다른 결과로 도출될 것이다.

이처럼 세계시민교육은 광범위하고 다층적인 측면을 수렴하고 있기 때문에 어떠한 프레임에 따라 이를 설계하고 실천하는가에 따라 그 내용과 방법, 영향력이 달라질 수 있다. 그럼에도 불구하고 여전히 흔들리지 않는 중심축은 세계시민교육은 글로벌화의 가속화로 세계 간 상호연관성이 긴밀해짐에 따라, 국경을 초월하여 서로 상이한 개인, 집단, 문화와의 공존과 지속가능한 발전 문제를 고민하는 교육으로서 국제사회에 대한 소속감과 인류를 향한 연대감을 기조로 하는 정신(ethos)을 기저에 깔고 있다(Nussbaum, 1996). 이는 유네스코(UNESCO)가 주창한 '더불어 사는 학습(Learning to Live Together)'의 핵심 가치를 품고 있는 것과 맥락이 통한다(UNESCO, 1995). 이제, 지금까지 살펴본 세계시민교육의 다양한 담론과 접근 방식이 Post 2015 맥락에서 어떻게 반영되고 재현되는지 살펴보고자 한다.

III. Post 2015 글로벌 교육의제로서 세계시민교육의 실제

1. 글로벌 교육의제로서 세계시민교육의 등장 배경과 의미

글로벌 교육맥락에서 세계시민교육이 등장하게 된 맥락을 이해하기 위해서는 'Post 2015'라는 구조 혹은 맥락적 플랫폼을 역사적 흐름을 통해서 살펴볼 필요가 있다. 그 기원은 1990년 태국 좀티엔에서 유네스코, 유니세프, 세계은행이 파트너십을 맺고 개최된 '모두를 위한 교육 세계회의'에서 찾을 수 있다. 이 회의에서는 전 세계의 발전을 위해서 교육의 중요성을 천명하면서 인간의 기본권 차원에서 범세계적 기초교육 보급운동이 발의되었고 이를 '모두를 위한 교육(EFA)'으로 공식화하는 모멘텀을 마련하였다. 좀티엔 회의에서 설정한 개발협력의 목표기한인 2000년에 세네갈 다카르에 모여 지난 10년간 EFA의 성과를 평가하고 새로운 전략을 논의하였다. 그 결과 EFA의 기간을 갱신하고 '다카르 행동계획(Dakar Framework for Action)'을 채택하였다. 여기서 총 6개의 EFA 교육 의제가 선언되었는데, ① 영유아 보육 및 교육, ② 보편적 초등교육 달성,

③ 적절한 삶의 기술(life skill) 제공, ④ 성인 문해율 제고, ⑤ 성평등과 형평성, ⑥ 교육의 질 향상과 학업 성취가 그것이다.

2015년이 중요한 분기점이 되는 이유는 15년 전에 국제사회가 선언한 글로벌 교육의제(global education agenda)가 2015년에 종료되는 시점이며, 동시에 새로운 교육의제가 형성되는 이정표가 되는 시기이기 때문이다. 아울러 2000년에 UN이 선언한 새천년개발목표(MDGs)의 달성 기한도 2015년으로 설정되었기에 국제사회는 'Post 2015'를 하나의 중요한 플랫폼이자 상징적 분수령으로 설정하고 다양한 움직임을 전개하고 있다(World Bank, 2013; UN, 2013). 특히 세네갈 다카르의 세계교육포럼에 이어서 15년 만에 세계교육포럼(World Education Forum 2015)이 한국에서 개최되었기 때문에 그 역사성으로 인해서 특별한 주목이 요구되었던 것도 사실이다. 기실, 2015년 5월 인천에서 열렸던 세계교육포럼에서 상정되고 선언되었던 글로벌 교육의제가 향후 2030년까지의 미래 교육의 비전과 방향을 담고 있기 때문에 귀추가 주목되지 않을 수 없다.

오랫동안 국제개발협력에 있어 교육은 사회개발의 핵심 분야로 매우 중추적인 영역으로 인식되어 왔다. 특히 전 세계의 개발의제를 주도하는 유엔은 Post 2015 개발의제에서 교육의 중요성을 강조해 왔다(UN, 2013). 인류의 미래 발전을 위해 글로벌 교육의제는 교육 접근성의 양적인 확산에서 벗어나서 교육의 질적 향상으로, 투입 중심의 교육에서 학습자의 학습 성과를 주목하고 양질의 학습으로 패러다임을 바꾸고 있는 변화가 일어나고 있다(김진희 외, 2014). 즉 오늘날 국제사회는 1990년에 선언한 모두를 위한 교육(EFA)을 넘어, 모두를 위한 양질의 학습(Quality Learning for All)으로 교육의제의 큰 방향을 설정하는 데 합의를 이루고 있다(UNESCO, 2013). 이러한 인식론적 합의와 공감대의 확산이 저변에 깔려 있었기 때문에 글로벌 교육의제로서 세계시민교육이 등장할 수 있었다고 볼 수 있다. 교육이 단순히 가르치고 배우는 학교 안의 페다고지 영역에 갇히는 것이 아니라, 삶의 질을 변화하기 위해서 전 지구적인 문제가 시시때때로 발생하고 그 상호영향력이 높아지는 시점에서 세계의 평화 구축과 지속가능한 개발이라는 사회 통합(social cohesion) 의제가 교육의 거시적 목표 안에서 용해될 것을 요청받고 있는 것이다. 이것은 유네스코가 1995년 채택한 「평화, 인권, 민주주의 교육에 관한 선언 및 통합적 실천계획」에서 볼 수 있듯이 교육이 세계평화와 인류복지 향상에 기여해야 한다는 근본적 시각이 지속적으로 확인되고 그것의 인식론을 계승하는 것이라 할 수 있다(김진희 외, 2014). 특히 2012년 유엔이 발표한 교육우선구상사업(Global Education First Initiative)에서 세계시민교육의 중요성이 선언되면서, 글로벌 교육의제로서 세계시민교육이 설정되는 데 동력을 부여받게 된 것이다.

> 인류가 지속가능한 번영을 이룩하고 개인의 삶을 변화시키는 데 교육의 힘은 매우 위대하다. 앞으로 교육의 중점 목표는 모든 어린이에게 교육접근성을 보장하고(put every children in school), 학습의 질을 향상시키고(improve the quality of learning), 세계시민성을 함양(foster global citizenship)하는 데 노력을 아끼지 않아야 할 것이다.
>
> (UN, 2013: 1)

그동안 국제사회의 글로벌 교육의제 논의에서 '교육 접근성 강화'와 '양질의 교육 보장'은 일관적으로 강조되었지만 '세계시민성 함양'은 새롭게 등장했다는 점에서 글로벌 교육의제의 지평이 확장된 것이라 할 수 있다. 이를 계기로, 유엔 체제에서 교육을 전담하고 있는 유네스코는 2013년부터 본격적으로 다양한 이해관계자들과 협력하여 세계시민교육을 발전시키는 국제회의와 협의체를 구성해 오고 있다.

그런데 이처럼 Post 2015 맥락에서 세계시민교육의 등장 배경은 교육외적인 측면과 교육 내적인 측면에서 나누어 볼 필요가 있다. 우선 교육 내적으로는 Ⅱ에서 살펴본 세계시민성을 둘러싼 제 담론과 연관을 가진다. 즉 21세기의 시작과 함께 글로벌화의 가속화는 정치, 경제, 사회·문화, 환경을 아우르는 범지구적 문제를 빈번하게 직면하게 하고 모든 인류의 초국경적 대응을 촉구하는 흐름과 밀접한 관련을 가진다. 이 맥락에서 국제사회의 새로운 교육적 지향점으로써 세계시민교육의 필요성이 더욱 부각되어 온 것이다. 세계시민교육은 인권, 평화, 정의, 비차별, 다양성, 지속가능발전 등 인류 보편적 가치에 기초를 둔 총체적 인간형성에 필요한 사회적, 정신적(spiritual) 역량 개발에 중점을 둔다. 이는 학습자들이 단순히 전 지구적 난제에 대해 인식할 수 있는 수준에 도달할 수 있도록 하는 데서 그치지 않고 세계시민적 가치와 태도를 함양하고 사회변화의 주체로서 지역사회와 국제사회에 기여할 수 있도록 도모하는 교육적 목적을 가지고 있다(Davies, 2006). 즉, 세계시민교육은 포괄적이며 참여적인 접근을 통해 전지구적 공동체의 일원으로서 개인에게 보다 넓은 범위의 권리와 의무를 부여하여 정의, 평화, 관용이 지배하는 세상을 구현하는 데 필요한 역할과 행동을 제시한다(Davies, Evans, & Reid, 2005). 다시 말해 세계시민의식을 교육의 중요한 지향점으로 선정하는 것은 이제 불가피하게 되었고 그것은 시대의 요청이자, 세계공동체의 평화와 협력을 도모하는 교육의 공적 사명을 보여주는 것이다(김진희 외, 2014).

반면 교육 외적인 맥락에서 검토하자면, 국제사회에서 세계시민교육이 글로벌 교육의제로 강조되는 이유는 오늘날 국제정치적 지형에서 인류가 당면한 전 지구적인 문제들을 해결하기 위해서 국경을 넘어 상호 협력과 연대가 그 어느 시기보다 요청되기 때문이다. 세계평화의 가치를 추구하고 전 지구적 공동체의 협력과 연대를 실현하는 것은 교육을 통해서만 지속적으로 추동될 수 있기 때문에, 이를 담당하는 세계시민교육의 시대적 역할이 반영된 것이라 할 수 있다. 그런 측면에서 글로벌 교육의제로서 세계시민교육은 단순히 하나의 독립된 '교육 의제'가 아니라, 여타의 의제를 통합적으로 지원하고 지속가능한 평화와 협력의 영향력을 이어가기 위한 규범적 교육이자, 실천 교육이라고 볼 수 있다. 이러한 배경에서 세계시민교육은 글로벌 교육의제로서 처음 등장하게 되었고, Post 2015 교육의제로서 위상을 갖기 시작했다.

2. 글로벌 교육의제에 반영된 세계시민교육의 위상과 의미 분석

세계시민교육의 이념적 초석이 다져진 국제 권고안은 1974년 제18차 유네스코의 총회(1974년 11월 17일)에서 '국제이해, 평화 및 협력을 위한 교육과 인권, 기본적 자유에 관련된 교육 권고안'이 제창된 것에 뿌리를 두고 있다 (Savolanien, 2013). 여기서는 세계의 여러 사회·문화·종교 집단 간의 관용과 우정을 증진시키고, 세계 평화를 위한 국제 협력의 역할 및 시민의식의 함양을 강조하고 있다(UNESCO, 2013). 이러한 흐름에서 최근 글로벌 교육의제로 부상한 세계시민교육은 그동안 유네스코가 평화, 인권, 문화다양성 존중, 세계평화를 구현하기 위해 줄곧 주창해온 교육 목표를 통합적으로 수렴하는 것이라고 볼 수 있다. 그런 의미에서 2012년 유엔 반기문 사무총장이 발표한 교육우선구상사업(GEFI)의 목표 중 세계시민교육이 선언됨에 따라 세계시민교육은 여타의 글로벌 교육 및 개발협력 관련 보고서에서 등장하는 중추적인 교육이 되었다. 그 중에서 Post-EFA의 향후 비전을 제시하는 핵심 보고서 중 하나인 '유네스코의 37차 총회 결과 보고서'에서 세계시민교육은 몇몇 단락을 통해서 지속적으로 언급되고 있다. 이를 살펴보면 다음과 같다.

우선, Post 2015 교육의제의 기본 방향을 제시한 '교육기본 원리'에서 세계시민교육은 다음과 같이 언급되고 있다(UNESCO, 2013: 5; 김진희 외, 2014: 18-19).

- 교육은 인간의 자아실현의 기초이자, 평화, 지속가능한 발전, 양성 평등과 책임 있는 세계시민성의 기초이다.
- 교육은 불평등과 빈곤을 감소시키고, 더 나은 지속 가능한 삶의 기회를 생산하는 데 가장 중요한 기여를 한다.

또한 Post 2015 교육의제의 핵심 주제를 선정하는 '주제별 우선순위' 항목에서도 5가지 영역이 제시되는데, 세계시민교육은 그 중의 하나로 적시되었다.

- 영유아교육을 통해 생애 학습의 기초를 형성하기
- 청소년과 성인의 문해능력을 향상하기
- 양질의 교육을 제공하는 중심 주체로서 교원 역량 강화하기
- 삶과 직업을 위한 능력을 배양하기
- 교육은 지속가능한 발전과 <u>세계시민성 함양</u>을 도모하기

마지막으로 2015 교육 의제의 '우선 목표와 초점'에서도 세계시민성의 함양이 지속적으로 강조되고 있다.

> Post 2015 체제에서 교육 목표는 학습자의 필요에 적합한 학습목표와 교육과정이 구성되어야 하며, 모든 학습자들이 양질의 교육을 받을 수 있도록 목표를 설정하고 그것이 모니터링되어야 한다. 그리고 교육은 평화와 지속가능한 개발, 양성 평등, 그리고 <u>세계시민성</u>에 대한 지식, 기술, 가치를 배양할 수 있도록 해야 한다.
>
> (UNESCO, 2013: 6)

여기서 나타났듯이 2015년 이후 세계의 교육의제를 설정하는 주요 논의의 장에서 세계시민교육은 기존의 교육담론이 주장한 교육의 형평성, 교육의 질, 평화, 인권 등과 달리, 새롭게 등장한 용어이다. 그것은 그동안 강조된 '교육 기회의 확대'와 '학습의 질 향상' 이상의 무언가를 필요로 한다는 것을 함축한다. 새롭게 등장한 교육의제로 제시된 세계시민교육은 전 지구적 차원에서는 향후 국제협력의 이념적 기제가 될 수 있고, 국내 및 지역 차원에서는 새로운 콘텐츠를 가진 양질의 교육으로서 국가의 경계를 넘어 정치적, 윤리적, 경제적 측면의 글로벌 학습 기회를 제공하는 비판적 이해교육이 될 수도 있다. UNESCO가 제시한 세계시민교육의 목표는 그러한 다양한 가변성을 충분히 열어두고 있음을 보여준다.

> 세계시민교육은 학습자가 범지구적 이슈들을 직면하고 풀어가는 데 능동적으로 참
> 여할 수 있도록 역량강화를 목표로 하며, 이들이 보다 공정하고, 평화롭고, 수용적이
> 고, 안전하고, 지속가능한 세상에 기여할 수 있도록 가르치는 것에 그 의의를 둔다.
> (UNESCO, 2014a: 5)

2015년에 개최되었던 세계교육포럼은 그동안 1990년과 2000년 두 차례의 세계교육회의에서 발전되어 온 글로벌 교육의제를 총괄적으로 재조명하고, 2015년 이후 국제사회의 번영에 기여할 수 있는 새로운 교육의제를 설계하고 선언하는 창구가 되었다. 2000년부터 2015년까지 교육 환경은 양적으로나 질적으로나 급변해 왔고 앞으로 구성해 갈 새로운 15년 즉, 2015년부터 2030년까지 글로벌 교육의제를 둘러싼 논의는 다양한 국제적 협의 채널을 통해서 전개되고 있다. 그 중에서 2014년 5월 오만 무스캇에서 열린 '세계 EFA 국제회의 (Global EFA Meeting)'에서 2015 글로벌 교육의제의 윤곽이 서서히 드러나기 시작했다. 그 핵심 목표 안에 세계시민교육이 7대 교육의제 중 하나로 제안되었다. 이를 제시하면 다음과 같다.

① 교육의제 1: 모든 남녀 아동이 영유아 개발 프로그램 참여를 통해 초등 교육을 준비할 수 있고, 1년의 무상 의무 교육을 받도록 한다.
② 교육의제 2: 모든 남녀 아동이 최소 9년의 양질의 무상 의무 기초교육을 받는다.
③ 교육의제 3: 모든 청년과 성인이 완전한 사회참여를 위한 문해력, 수리력을 능통한 수준으로 끌어 올리도록 한다.
④ 교육의제 4: 적절한 일과 학업 지속을 위해 기초 후 교육 및 훈련을 통해, 전문적·기능적·직업적 지식·기술·능력을 습득하도록 한다.
⑤ 교육의제 5: 모든 학습자가 세계시민교육과 지속가능발전교육을 통해서, 전 세계의 번영과 평화를 구축하는 데 필요한 지식과 기술, 가치와 태도를 습득한다.

⑥ 교육의제 6: 정부는 충분한 수의 양질의 교원 확보를 보장한다.

⑦ 교육의제: 국가는 GDP의 4~6% 및 공적 지출의 15~20%를 교육에 투자하며, 개발도상국의 교육재정 지원을 위한 협력을 강화한다.

표 2 Post 2015 글로벌 교육의제 윤곽과 세계시민교육의 위치

	EFA 무스캇(Muscat) 선언(2014. 5. 26 확정 버전)
포괄목표	2030년까지 보편적이고 포괄적인 양질의 교육 및 평생학습 보장

세부 글로벌 교육의제

영유아보육·교육	교육의제 1: 2030년까지, 최소 X%의 남녀아동이 최소 1년의 무상·의무 초등 전 교육을 포함한, 양질의 영유아보육·교육에 참여함으로써 초등학교 입학을 준비하며, 이를 위해 양성평등 및 취약계층에 집중함
기초교육 (초·중등교육)	교육의제 2: 2030년까지, 모든 남녀 아동이 최소 9년의 양질의 의무 무상 기초교육 및 이와 관련된 학습 효과를 달성하며, 이를 위해 양성평등 및 취약계층에 집중함
성인 문해력 및 수리력	교육의제 3: 2030년까지, 모든 청년과 최소 X%의 성인이 사회에 보다 잘 참여하기 위해 충분한 문해력 및 수리력을 보유하고, 이를 위해 양성평등 및 취약계층에 집중함
직업생활지식·기술 습득 (후기중등·고등·직업교육)	교육의제 4: 2030년까지, 최소 X%의 청년과 Y%의 성인이 제대로 된 일과 생활을 위한 지식과 기술을 직능, 후기중등, 고등교육 및 훈련을 통해 달성하고, 이를 위해 양성평등 및 취약계층에 집중함
세계시민교육과 지속가능발전 교육 강화	교육의제 5: 2030년까지, 모든 학습자가 세계시민교육(GCE)과 지속가능발전교육(ESD) 등을 통해, 지속적이고 평화로운 사회를 위한 지식, 기술, 가치, 그리고 태도를 습득함
교원 확보	교육의제 6: 2030년까지, 모든 정부는 모든 학습자가 공인되고, 전문훈련을 받았으며, 동기가 부여되고, 양호한 지원을 받는 교사에 의해 교육받을 것을 보장함
교육재정	교육의제 7: 2030년까지, 모든 국가는 GDP의 4~6% 또는 공공지출의 15~20%를 교육에 투자하고 이를 위해 취약계층에 집중하며, 교육을 위한 재정 협력을 강화하고 취약국가 지원을 도모함

자료: UNESCO(2014b: 3)

이상에서 살펴보았듯이 세계시민교육은 글로벌 교육의제 중 하나로 설정되어 국제사회에서 위치를 찾아가고 있다. 여기서 위치라 함은 세계시민교육이 놓여있는 물리적 맥락뿐만 아니라, 그것이 가지는 질적인 의미를 포괄하고 있다. 세계시민교육은 독특한 지점에 놓여있다. 글로벌 교육의제로서 기술적 의미에서는 처음 등장했지만, 그것의 방향과 이념성은 완전히 새로운 독립적 의제가 아니라는 점이 그것이다. Savolanien(2013)은 '세계시민교육이 완전히 새로운 의제인가'라는 질문에 비판적 성찰이 필요하다고 주장했다. 그는 결국 세계시민성 함양은 기존의 '모든 이를 위한 교육'의 이념을 계승하고 통합하는 교육의 형태로 전개되어야 한다고 전망하고 있는 것이다.

> 2015 세계교육포럼에서 어떤 의제와 내용을 다루든 간에, 모든 이를 위한 교육(EFA)은 언제나 가장 최우선 순위로 다루어져야 하며, 그것의 본질은 세계시민성(global citizenship)의 주요한 차원을 통합하는 성격이 되어야 한다.
>
> (Savolanien, 2013: 9).

여기서 세계시민교육이 완전히 낯선 교육의제가 아니라 오랜 시간동안 거쳐 온 국제사회의 교육협력의 길고 긴 진화의 과정의 산물로 등장한 것으로 인식할 필요가 있다(김진희 외, 2014). 그동안 인본주의적 관점에서 전개되어 온 '인간 권리, 평등, 지속가능한 개발, 자유와 박애를 존중'하는 제 교육 담론이 세계시민교육이라는 용어로 등장한 것이라는 점에서, 세계시민교육은 어느 날 갑자기 새롭게 부상한 개념이 아니다. 바로 이러한 점 때문에 세계시민교육을 굳이 '글로벌 시민교육'으로 다르게 명명하면서 새로운 혼란을 야기할 필요가 없는 것이다. 물론 글로벌 시민교육이 혁신적인 철학과 콘텐츠, 교수법을 발굴했다면 문제는 달라지지만, 여전히 세계시민교육의 역사적 맥락은 평화, 인권 존중, 지속가능한 개발, 세계평화를 추진하는 데 필수불가결한 교육의 역할을 담고 있다는 점을 우리는 주시해야 한다.

Ⅳ. Post 2015 세계시민교육 쟁점과 도전 과제

지금까지 분석한 Post 2015 글로벌 교육의제로서 세계시민교육은 교육의 제를 둘러싼 양면성에 그대로 노출되어 있다. 즉 글로벌 교육의제는 '교육문제에 대한 페다고지적 관점'을 따르는 입장과 전 세계의 정치적 결단을 요청하는 '외교적인' 관점의 양면적 측면에서 조율되기 때문에(Sinclair, 2008), Post 2015 맥락의 세계시민교육은 양면적 속성을 가지고 조율되고 있다. 이로 인해서 세계시민교육의 본질적 목표가 모호하게 드러나고 있기 때문에, 누가 어떤 방식으로 세계시민교육을 활용하는가에 따라 그것의 영향력은 여전히 상이하게 달라질 수 있다. 바로 이 때문에 교육연구자들과 교육 분야 실천가들은 세계시민교육의 교육적 본질이 국제정치적 도구로 훼손되거나 왜곡되지 않도록 그것의 쟁점과 교육적 과제를 반성적으로 성찰해야 한다.

1. 세계시민교육의 지역성과 특수성에 대한 탈맥락화 문제

지금까지 살펴본 바대로 세계시민교육의 이론적 담론과 국제적 실천 담론은 평화, 빈곤, 환경, 인권 등 전 지구적 문제에 대한 세계공동체의 인식과 참여를 촉구한다. 그런데 지역이나 대상의 필요와 특징에 따라 세계시민교육의 중점 영역의 우선순위가 달라지기 때문에 여전히 세계시민교육이 전개되는 실제에서는 여러 한계가 있다. 본 연구의 Ⅱ에서 분석했듯이 세계시민교육의 개념적 다층성과 포괄성으로 인해서, 세계시민교육은 어떻게 보편성(universality)을 증진하면서도 문화간, 인종간, 국가간, 지역간 특수성(particularity)을 반영하는 방향으로 교육 내용을 구성하고, 실천할 수 있는지 긴장관계에 놓여 있는 교육 영역이기 때문이다.

더욱이 전 세계적으로 세계시민교육을 가르치거나, 혹은 세계시민적 교육

요소를 교육과정에서 다루는 방식이나 접근법은 여전히 각양각색이다. 실제 동남아시아 권역에서도 각 국가마다 세계시민교육을 다루는 교과목이 다르며, 교육의 중점 목표와 학습 내용의 중심축도 차이가 있다. 예컨대 말레이시아, 인도네시아, 브루나이의 경우는 종교교육의 일부로서 세계시민교육 내용을 다루는가 하면, 일본과 한국에서는 국제이해교육이나 지속가능한 교육 차원에서 다루기도 한다. 싱가포르와 필리핀의 경우는 대개 시민윤리교육 차원에서 세계시민교육을 접근하고 있다(UNESCO, 2013).

이를 볼 때 지역성을 온전히 반영한 세계시민교육의 범용적 교육과정이 구성 가능할지에 대해서는 여전히 의문의 여지가 적지 않다. 물론 포괄적 시민교육의 범주로서 세계시민교육의 주제들을 분류하고, 세부적인 콘텐츠를 각색할 수 있지만, 국가별로 교육과정 표준(national curriculum standard)이 있기 때문에, 그것이 발현되는 지역적 특수성과 학습 맥락의 차이는 결국 보편적이고 범용적인 세계시민교육의 실체가 무엇인가라는 근본적인 질문으로 회귀하게 한다. 전 지구적으로 적용되는 보편성을 교육의 그릇에 담되, 세계시민교육이 실천되는 지역성이 탈맥락화되는 것을 경계해야 할 것이다. 이는 마치 정치, 사회적 논쟁 이슈를 회피해 온 자유주의적 시민교육이 가진 탈정치성에 대한 비판과 맞닿아 있는 지점이다.

현재 Post 2015 글로벌 교육의제로 논의되는 세계시민교육의 내부 담론을 들여다보면 이런 논의가 그대로 재현되고 있다. 요컨대 국제사회는 세계시민성을 함양하는 교육을 통해서 인류의 평화와 공존, 지속가능한 사회발전을 위한 기제로서 세계시민교육을 강조하고 있기 때문에, 세계시민교육의 보편성과 지역성의 긴장과 역동은 모호하고 표피적인 방식으로 중재되고 있다. 이는 단순히 세계시민교육을 독립적으로 편성된 교육과정 안에서 다룰지, 혹은 세계시민성의 핵심 주제나 내용을 범교과 틀을 넘나들며 융합시킬지의 방법론 차원의 문제를 넘어서는 과제이다. 특히 세계시민교육을 가르치는 교사입장에서 탈맥락화 문제는 교수·학습 상황에서 혼란을 야기하고 교육적 목표를 유의미하게 도출하는 데 장애가 된다. 따라서 오늘날 세계시민교육의 탈맥락화 문제에 대한 깊이 있는 이론적 연구를 심화하고, 교육자가 실제 교육현장에서 세계시민교육의 지구적 보편성과 지역적 특수성을 맥락적으로 적용할 수 있도록 하는 포괄적 지원체제가 마련되어야 할 것이다.

2. 세계시민교육의 모호한 정체성과 실천 한계

세계시민성 개념이 가지는 거시성과 다층성은 세계시민교육의 교육 목표를 모호하고 추상적으로 만들어 온 것이 사실이다(Davies, Evans, & Reid, 2005). 그런 측면에서 세계시민교육의 개념적 우산이 무엇인가에 대해서는 제 논의가 있었다. 이미 글로벌 교육의제로서 세계시민교육이 등장할 때부터 그것의 간학문적 특성으로 인해서 또 다른 이름의 국제이해교육, 다문화육, 평화교육, 도덕교육인지, 아니면 평화, 인권, 환경 등 전 지구적 문제를 교육적 콘텐츠로 담아내면 그것이 세계시민교육인지 의문이 제기되었다. 국제사회에서 세계시민교육 논의를 주도하고 있는 유네스코(UNESCO) 역시 세계시민교육 개념과 실천에 대한 합의 부재는 학습목표를 모호하게 만든다고 지적하면서 세계시민교육의 구성요소는 다음과 같이 제시된다고 설명했다(UNESCO, 2014a).

- 글로벌 문제와 동향에 대한 지식과 이해, 보편적 가치(평화, 인권, 다양성, 정의, 민주주의, 보살핌, 차별금지 등)에 대한 존중과 지식
- 비판적, 창의적 그리고 혁신적인 인지 능력, 문제 해결 능력과 의사결정과정
- 비인지적 능력 즉, 공감, 이질적 경험에 대한 수용도, 대화 능력 및 타문화 배경의 사람들과의 네트워크 능력
- 능동적 참여를 위한 행동 수용 능력

그러나 여전히 세계시민교육의 정체성은 모호하다. 왜냐하면, 이러한 교육적 구성은 국제이해교육이나 지속가능발전교육에서도 유사하게 다루어지는 내

용이며, 세계시민교육만의 괄목할 만한 특수성을 보여주지 못한다. 그 이유를 비판적으로 고찰하면 이는 세계시민교육이 가진 탈정치성으로 인한 딜레마라고 볼 수 있다. 교육과정측면에서 세계시민교육에 대한 배타적 개념 정의와 명확한 교육목적이 정치적 논쟁을 야기할 수 있기 때문에 다양한 맥락을 포함하기 위한 우회적 접근이라고 볼 수 있다(Peters, Blee & Britton, 2008). 국제사회를 이해하고, 타인을 존중하는 세계시민교육은 어떠한 대가나 비용을 치르지 않지만 정치사회적 이해관계가 충돌할 때는 당면한 현실에 개입하지 못하기 때문이다. 이러한 딜레마는 세계시민교육의 실천 지형에서도 포괄적이고 체계적인 접근이 부족한 채 산발적인 접근으로 이어지고 있기 때문에 한계를 가져온다.

> 오늘날 세계시민교육은 그 자체의 독립적인 콘텐츠와 방법론의 문제뿐만 아니라, 기타 영역과의 관련성에서도 구조적인 난점을 가지고 있다. 지금까지 국내에서 시행되고 있는 세계시민교육과 관련된 교육실천 영역을 살펴보면 크게 3가지 영역, 즉 ① 국제개발협력과 관련하여 시행되고 있는 정부 및 민간차원의 시민교육, ② 지속가능발전교육과 녹색성장교육과 관련하여 정부 및 지방정부, 공공기관이 수행하는 시민교육, ③ 다문화교육과 관련하여 정부 및 학교가 수행하는 다문화교육으로 맥락화될 수 있다. 전반적으로 이러한 단위 교육영역들이 광의의 세계시민교육 수준으로 나아가지 못하고, 협의의 개발교육 단계에 머무르거나 서로 간에 연계·협력이 부족하다는 문제점이 제기된다.
>
> (김진희 외, 2014: 42-43).

정책적 측면에서도 세계시민교육의 지향성과 비전이 통합적으로 정립되지 않았기에 그것을 다루는 프로그램과 콘텐츠는 여전히 한정적이다. 앞으로 다양한 연구개발을 통해서 양질의 프로그램과 콘텐츠를 다각적으로 발굴해 나가야 할 것이다.

3. 세계시민교육 페다고지의 한계와 학습담론 소외

글로벌 교육의제로서 세계시민교육이 직면한 가장 큰 도전은 이를 어떻게 교수 학습 차원에서 교육적으로 다룰 것인가라는 문제와 전 세계의 다양한 국가 안에서 세계시민교육이 형식교육과 비형식교육 맥락 안에서 자리 잡을 수 있는가의 문제이다(Savolanien, 2013: 12). UNESCO는 세계시민교육을 활성화시키기 위해서는 적절한 교수법이 필요하다고 지적하면서 교수법 가이드라인이 개발되어야 한다고 주장했다. 여전히 세계시민교육에서 가르치는 내용에 치중하다보면 학습과정이나 학습 맥락은 소외되어 있기 때문에(Shukla, 2009), 이에 대한 반성으로 단순히 가르치는 교육적 행위를 넘어서 세계시민교육을 학습하는 학습자에 대한 이해와 학습 환경, 학습 내용, 그리고 다양한 학습기회의 제공은 더 이상 소홀하게 치부될 수 없다. 실제로 2013년에 열린 UNESCO 「제1차 세계시민교육 전문가 회의 결과보고서」는 세계시민교육에서 학습 과정의 중요성을 제기하고 있다.

> 세계시민교육은 학습자의 전환적 지식 역량을 강화하고, 학습자에게 더 나은 세상과 미래를 개척하도록 그들의 권리와 의무를 깨닫게 한다. 배움의 과정을 통해서 비판적이고 변혁적인 학습이 일어날 수 있도록 교육과정의 내용과 방법론을 다양하게 개발하는 것이 중요하다. 이는 인권교육, 지속가능한 발전을 위한 교육, 다문화간 이해와 수용에 관한 교육, 그리고 평화에 대한 교육을 포함한다.
>
> (UNESCO, 2013)

세계시민교육은 국제사회에 대한 지식의 폭을 넓히고 국제이해를 위한 주지주의 교육 형태로 전달식으로 이루어지기보다, 학습자가 글로벌 이슈를 다층적으로 자각하는 비판적 성찰 학습이 필요하다. 이를 위해서 세계시민교육의 학습 자원은 지구공동체의 다양한 소재를 밀도 있게 연계·활용하여 구성되어야 하며 학습자의 실제적 삶의 경험을 직간접적으로 녹아들게 하는 교육적 장치가 필요하다. 이는 단순히 세계시민교육을 다룰 때 협동학습 모형을 활용하거나 구성주의적 교수법을 적용하자는 논의를 넘어서, 기존의 세계시민교육의 페다고지적 한계를 넘는 전환적 접근이 무엇인가에 대한 고민을 불러일으킨다.

> 세계시민교육은 단순히 글로벌화된 현대 사회에서 유창하게 외국어를 구사하고, 세계문화의 다양성을 이해하며, 국제적인 감각과 매너를 발휘하는 글로벌 인재를 위한 시민교육으로 등치(等値)될 수 없는 영역이다. 오히려 세계시민교육은 세계에 대한 비판적인 사고력과 세계와 지역, 그리고 '나'의 일상세계를 체제론적 관점에서 사고할 수 있는 성찰적이고 전환적인 학습(reflective and transformative learning)이 요청되는 교육이라 할 수 있다. 이에, 세계시민교육의 교육적 의미를 제고하기 위하여서는 세계체제에 대한 단순한 지식 전달이 아니라, 학습자의 성찰 활동이 강조될 필요가 있다.
>
> (김진희 · 임미은, 2014: 237).

세계시민교육은 국제 '이해'에 대한 지식을 교육내용으로 '전달'하는 것이 아니라, 학습자의 생활세계가 지역-국가-세계로 촘촘하게 연결되어 있는 구조를 파악하고, 세계와 지역, 그리고 '나'의 관계에 대한 비판적 성찰을 통해서 자신이 터한 지역뿐만 아니라, 세계를 보다 나은 곳으로 만드는 데 참여하는 배움의 과정을 수반해야 한다. 아직 세계시민교육에 적합한 전환적 교수법(transformative pedagogy)이 정립되지 않았으나, 어떤 형태로든 비판적 성찰 학습을 포함해야 한다. Davies(2006: 18)는 세계시민교육이 학습자에게 진정한 영향력을 주기 위해서는 학교에서 단순히 국제적인 지식과 기술을 가르치는 학습 환경을 제공하거나, 시민적 참여 경험을 제공하는 것이 아니라, 삶의 불확실성과 유연성(uncertainty and fluidity)에 조응하도록 하는 탄력성의 힘을 얻고 비판적으로 성찰하는 것이 중요하다고 역설했다. 세계시민교육이 학교교육에서 하나의 독립된 교육과정으로 다루어지거나, 학교 밖에서 체험학습 형태로 전개되든 간에 학습자의 비판적 사고력을 함양하고 성찰을 통한 참여 기회를 제공하는 것은 필수적이다.

4. 세계시민교육의 지표 개발과 모니터링의 도전

2015년 이후 전 세계가 추진해야 하는 가장 중요한 교육의제 중 하나로 세계시민교육이 논의되는 시점에서, 국제사회가 당면한 과제는 세계시민교육의 지표(indicator) 개발이다. 지표는 글로벌 교육의제 목표 형성의 전반과 목표 이행의 후반 모두에 포괄적인 영향을 미치는 것이라는 점에서 특별히 주목해야 한다(Morais & Ogden, 2011). 글로벌 교육의제는 구체적인 목표에 따라 적절한 교육적 성과를 이끌어내는 국제적 권고사항이자 약속이기 때문에 세계시민교육이 글로벌 교육의제로 수립되기 위해서는 세계시민교육을 통한 지식, 기술, 태도, 가치의 제 변화를 가늠할 수 있는, 즉 지표가 필수적이다.

> 세계적으로 합의를 이루는 개념들을 지역 특수성에 맞게 각색하는 작업이 중요하
> 다. 향후 세계시민교육을 평가하는 지표와 지수는 학업성취도를 평가하는 데 활용될
> 수 있을 것이다.
>
> (UNESCO, 2014b: 7)

우선 글로벌 차원에서 범용적으로 활용될 수 있는 세계시민교육의 지표가 무엇이며, 글로벌 기준이라는 것이 무엇인지 여전히 모호한 상태이다. 또 설령 지표가 개발·구축되었다고 하더라도 해당 세계시민교육 지표를 각 국가 및 지역에서 어떻게 활용하고 모니터링할 수 있는지 큰 도전이 아닐 수 없다. 비록 국제사회에서 세계시민교육의 중요성을 승인하고 합의했다고 하더라도 세계시민교육을 바라보는 다양한 개념이 지역적 맥락에 맞게 작동되고 반영되어야 하는 과제가 남아 있다. 아울러 국가 수준에서 세계시민교육 지표에 대한 모니터링 체계가 구축되지 않으면, 아무리 훌륭한 교육 비전을 가지더라도 실질적으로 현장에서 착근되기 어렵다.

　　바로 이러한 문제의식으로 인해서 유엔(UN) 체제에서 Post 2015 글로벌 교육의제를 주도하고 있는 유네스코(UNESCO)는 2014년부터 지표 개발 전문가 위원회를 꾸리면서 본격적인 지표 개발 컨설팅과정을 선도하고 있다. 즉 세계 시민교육 지표 개발은 전 세계의 교육 주체에게 파급력을 주는 글로벌 교육의 제가 되기 위한 필수불가결한 작업이라고 할 수 있다. 현재까지 세계시민교육의 지표는 대부분 서구 유럽에서 오랫동안 활용해온 시민교육 모형을 활용하고 있다. 예를 들어 'International Civic and Citizenship Education Studies(ICCS)' 이 그것이다. 이것은 '시민교육의 국제비교'를 초점에 두고 있는 조사로서, 엄밀한 틀에서 보자면 '세계시민교육' 지표 개발과 딱 맞아 떨어지는 모형은 아니다. 더욱이 앞서 세계시민교육의 담론 동향에서 분석했듯이, 여기서 세계＋시민＋교육은 여전히 혼재되어 있고 지표 역시 혼탁하게 적용될 수 있기에 주의를 요한다. 또한 지표 설정과 활용의 불균형성과 탈맥락화를 극복하기 위한 비판적 사고가 필요하다. 세계시민주의에서 지역화를 가장 옹호한 학자 헬드(David Held)는 '시민참여'라는 세계시민교육의 주요 개념은 지극히 유럽 중심의 서구적 관념이라 꼬집어 말했다. 빈곤이 가속화되는 남반구는 민주주의 가버넌스가 이미 형성된 서구의 시민의식 척도와 같을 수 없기 때문에 불균형의 간극이 발생하는 것이다(Peters, Blee and Britton, 2008). 이는 유럽의 시민교육 지표가 글로벌 의제로서 채택된 세계시민교육 지표로 곧바로 환원해서 적용될 수 없다는 점을 보여주는 대목이다.

　　현재까지 세계시민교육의 실행에 있어 교육기획, 실행, 평가 및 모니터링이 유기적으로 이루어지지 못했으며 지표 개발 연구도 제한적으로 이루어져 왔다. Morais and Ogden(2011)의 연구에서는 세계시민교육의 지표를 사회적 책임, 글로벌 역량(자기 이식, 간문화적 소통, 국제 지식), 마지막으로 글로벌 시민참여를 중심으로 각 범주를 구분하고 측정지표를 개발하였다. 그러나 세계시민교육의 학습지표(learning indicator)보다는 개별 프로그램 혹은 활동의 성과(result/impact)를 위한 평가 지표개발에 집중되고 있는 점이 현재 지표 개발의 한계이다. 세계시민교육의 투입요인과 성과 요인을 지표화할 수 있는 경험 과학적 자료의 부족도 제약점이다(김진희 외, 2014). 세계시민의식을 측정 가능한 세부 지표로 제시하는 것은 매우 복잡다단한 작업이며, 글로벌한 수준에서 개발된 지표도 국가적으로도 특정 영역에 치우치는 형태로 나타날 수도 있기 때문에 이를 체계적으로 모니터링하는 것은 중차대한 교육적 과제이다. 최근 UNESCO는 세계시민교육 지표 개발의 가장 큰 3대 차원 즉, 인지적 측면, 사회정서적 측면, 실천행위적 측면에서 거시 지표를 설정하였다.

여전히 이러한 지표 논의에서 알 수 있듯이, 세계시민교육을 둘러싼 담론은 층위 측면에서 볼 때 매우 거시적이며 모호하다. 상위에 제시된 관점을 자세히 들여다보면, 국제사회 논의 속에서 세계시민교육 논의는 국가 체제를 상정하고 보편적 윤리와 인류 공영의 가치를 존중하는 교육임을 강조하고 있기에 도덕주의적 세계시민주의를 취하고 있다고 볼 수 있다. 이는 자유주의적 세계시민주의와 맥이 닿는 것으로 상위의 세계시민교육 지표들은 사회적 차별과 배제, 불평등 구조에 대한 비판적 개입과 학습자의 참여를 강조하기보다는 국제이해를 위한 '느슨한 연대'를 전제하고 있다고 볼 수 있다. 이러한 거시 지표들은 세계시민교육을 통한 학습자의 개인적 변화를 말하는 것인지, 지역집단, 국가적 차원의 변화를 말하는 것인지도 불투명하다. 이것을 전 지구적 차원에서

표 3 Post 2015 맥락의 세계시민교육 지표 개발 예시

인지적 측면	• 학습자는 세계간 상호연결성과 상호의존성을 인식하고, 글로벌 이슈에 대한 지식을 습득하고, 이를 비판적으로 이해한다.
사회정서적 측면	• 학습자는 인류 공동의 인본주의를 견지하고 전 지구 공동체에 대한 소속감을 가지고, 다양한 가치와 책임 그리고 인권을 존중한다. • 학습자는 차이와 다양성에 대한 공감, 연대 그리고 존중을 보여줄 수 있다.
실천행위적 측면	• 학습자는 보다 평화롭고 지속가능한 세계를 만들기 위해서 지역차원, 국가차원, 나아가 글로벌 차원에서 책무감을 가지고 참여한다.

자료: UNESCO(2014a)

모니터링하는 것은 그 도전이 두 배, 세 배 가중되는 것이다. 각 국가별로 관련 데이터를 수집하고 분석하는 시스템도 다르며, 세계시민교육을 어떤 관점에서 보느냐에 따라서, 이것도 세계시민교육, 저것도 세계시민교육이라는 식으로 지표를 적용할 경우 혼란은 재생산될 우려가 있다.

결국 이에 대해서는 두 가지 접근이 신중하게 고려되어야 할 것이다. 글로벌 교육의제라 할지라도 세계시민교육의 실제 단위 주체는 국가가 될 수밖에 없으므로, 국가수준에서 세계시민교육 지표를 개발하는 데 있어서 교육목표, 내용, 교수방법을 세부 지표들과 연계해 나가야 한다. 동시에 국제사회는 유엔 가입 국가들의 세계시민 의식수준과 인지도, 세계시민성 실천 정도를 조사해서 지표·지수 결과를 발표하도록 한다. 이것이 점차 체계를 갖추어 갈 때 글로벌 교육의제로서 세계시민교육의 성과를 국가별·지역별로 모니터링해 나갈 수 있을 것이다.

5. 평생학습으로서의 세계시민교육

2030년까지 국제사회가 공동의 노력을 기울여야 하는 Post 2015 글로벌 교육의제는 기초교육이든, 세계시민교육이든 '형평성 있고, 질 높은 교육과 모든 이를 위한 평생학습'을 포괄적 교육목표(overarching goal)로서 제안하였다 (UNESCO, 2014b). 이는 세계시민교육이 학교교육의 울타리 안에 머물지 않고, 평생학습 차원에서 전개되어야 한다는 방향성을 천명하고 있다. 즉 세계시민교육은 평생학습이며, 평생학습적 맥락에서 전개되어야 하는 것이다. 이는 기존의 세계시민교육의 인식론적 패러다임이 전환되어야 가능한 부분이다.

세계시민교육은 모든 연령의 학습자들이 인권, 사회 정의, 다양성, 성평등, 환경적 지속가능성의 중요성을 비판적으로 인식하고 관련 지식과 태도를 함양하는 교육이다.
(Tawil, 2013)

우리가 살아가는 세계는 더욱더 복잡다단해지고, 지식의 가용 주기가 짧고, 인간의 수명이 늘어남에 따라 학교교육에서 배운 세계시민교육만으로 전 지구적 평화와 지속가능한 발전을 위한 변화를 이끌 수 없다. 인간의 학습은 언제, 어디서든, 다양한 형식, 무형식, 비형식적 차원에서 평생에 걸쳐서 이루어지기 때문에 평화와 인권에 대한 존중과 비판적 이해, 사회 통합과 형평성을 구현하는 기술, 글로벌한 수준의 시민 참여와 지역사회에 대한 헌신을 구현할 수 있도록 평생학습 차원에서 '더불어 사는 법'을 총체적으로 전개해야 한다. 그런 점에서 가르침과 배움의 이분법적 경계를 넘어서, 다양한 방식과 채널을 통해서 세계시민교육이 전개될 수 있는 기회를 확충해 나가야 할 것이다(김민호, 2003).

또한 전 지구적 문제를 해결하기 위해서 세계간 연대와 협력이 필요하지만, 지역 공동체가 연관된 문제를 스스로 해결하지 않고서는 전 지구적 문제를 추상적인 협력을 통해 근원적으로 해결할 수 없다. 세계와 지역성의 상호 연계를 강조하면서 생태주의적 관점에서 세계시민교육을 접근한 이대훈(2014: 23)은 최근 만연하고 있는 '글로벌시민교육 = 국제교류, 해외경험, 결연을 통한 학교 자랑'으로 등식화되는 접근을 경계해야 한다고 주장하면서, 한국과 세계의 관계 속에서 깊이 있는 이해가 가능하기 때문에 '한국기업과 한국 군대, 한국의 대외 정책이 미치는 글로컬(global+local)한 영향을 다루지 않는 글로벌교육'은 절름발이 세계시민교육이라고 비판했다. 그런 점에서 평생학습적 접근은 지역사회에 뿌리를 둔 지속적인 세계시민성의 함양을 도모하는 것이다. 가르침으로서 세계시민교육이 아니라, 학습주체의 삶의 경험에 기반을 둔 평생학습으로서 세계시민교육이 필요한 것이다.

국제 사회의 문제에 대해 관심을 갖고 지역공동체의 발전을 위해 실천하는 책임 있는 시민이 곧 세계시민이며 이는 특정 시기, 특정 대상, 특정 공간을 넘어서 일상적 삶의 저변에서 지속적으로 실천되어야 한다. 학습자가 수동적으로 '받는' 교육보다는 자신의 문제의식과 경험을 기반으로 '참여하는' 교육으로 거듭나야 한다는 점에서 세계시민교육에 대한 새로운 접근법이 요구된다. 요컨대 교수자 중심의 지식전달이나 세계체제에 대한 인식개선 운동이 아니라, 학습자 주도적 참여 활동으로서 세계시민교육 활동을 전 생애에 걸쳐서 지속적으로 전개해 나가야 한다는 점을 시사한다.

　　나아가 세계시민교육이 지역 현장에서 역동적으로 전개되기 위해서는 세계시민성이 거대담론이나 국제적인 수사학(修辭)으로 머물지 않도록, 지역에 터한 일상적 삶의 맥락을 반영한 학습기회의 확충과 세계시민성에 대한 학습자의 다양한 요구도에 적합한 교육적 개입이 필요하다. 앞으로 이에 대한 깊이 있는 성찰과 기초연구가 필요하다.

V. 결론: 세계시민교육의 패러다임 전환

　　지금까지 본 연구에서는 2015년부터 지구촌의 새로운 교육의제 중 하나로 등장한 세계시민교육 담론 동향과 그것을 둘러싼 쟁점을 구조적으로 분석하였다. 세계시민교육이 글로벌 의제로 주목받는 이유는 빈곤, 분쟁, 인권, 기후 변화와 같이 전 세계가 공동의 노력으로 해결해야 하는 전 지구적 문제가 산재되어 있는 상황에서 교육을 통한 지구촌의 번영이라는 공동의 목표 달성을 위한 교육이라는 점에 있다. 즉 세계시민교육은 글로벌 체제를 체계적으로 이해하고, 세계공동체에 대한 정서적인 소속감과 연대의 정신으로 국제적, 지역적 이슈를 공감하고, 정의적으로 행동하고 참여하는 것을 도모하는 교육이기 때문이다. 국적과 개인의 이해관계를 넘어서, 인류 공동의 번영과 평화의 문화 형성에 참여하는 전 세계인들의 시민적 참여는 지속가능한 발전을 도모하는 데 필수적이다 (Singer, 2004; UNESCO, 2013).

　　앞서 세계시민교육을 둘러싼 쟁점과 도전 과제를 분석한 결과, 이제는 국내뿐 아니라 국제사회에서 세계시민교육을 실천하기 위한 포괄적 좌표와 중장기 로드맵이 필요하다. 여기에는 무조건 세계시민교육을 활성화하는 전략과 방법론이 제시되는 것이 아니라, 오히려 본 연구에서 밝혀진 것처럼, 세계시민교육의 지역성과 특수성의 탈맥락화 문제, 개념적 추상성과 실천의 한정성, 세계시민교육의 페다고지의 제약, 지표 개발의 이슈, 그리고 평생학습 차원의 세계시민교육의 제 조건과 쟁점들이 얽혀있는 맥락들을 반영해 낼 수 있어야 한다.

첫째, 세부적으로는 글로벌 교육의제로서 영향력을 가지게 될 세계시민교육 관련 기초 이론 연구와 지표 개발을 비롯한 응용 연구가 활발하게 수행되어야 한다. 둘째, 세계시민교육에 대한 정교화된 학습콘텐츠를 발굴하고, 세계시민교육에 적용할 전환적 교수법이 다각적으로 연구·개발되어야 할 것이다. 이를 위해서는 세계시민교육 실천에 가장 핵심적 역할을 하는 교육자들에게 세계시민성 함양을 위한 학습기회를 제공하고 교사 역량 강화를 지원할 필요가 있다. 셋째, 현재 세계시민교육을 독립된 교과로 만들거나, 전 세계가 공통적으로 활용할 수 있는 세계시민교육 교과서를 만들 수 없지만, 지역성을 반영한 세계시민교육 콘텐츠를 유관 교과목이나 비형식 프로그램에 유기적으로 연계하는 방안을 고려할 필요가 있다. 세계시민교육의 중요성에 대해서 느끼는 온도차는 국가별, 지역별, 개인별로 상이할 수밖에 없고, 특히 한국의 경쟁적 교육체제에서 세계시민교육이 얼마나 지속가능한 형태로 평생학습 차원에서 정착될 수 있는지 의문이다.

이렇듯 세계시민교육을 둘러싼 도전 과제가 여전히 상존함에도 불구하고, 세계시민교육의 목표, 내용, 과정, 방법은 하나의 틀에 갇힌 교육이 아니라, 세계와 지역 안에서 살아가는 사람들의 삶의 경험과 시대적 요구를 반영하면서 끊임없이 재구조화되는 학습과정을 거치며 발전해나가야 할 것이다.

유엔 글로벌 의제로서 세계시민교육: 개념, 의의, 쟁점

　2015년 9월 25일에 열린 유엔(UN) 총회에서 2016년부터 2030년까지 향후 15년간 국제사회의 빈곤퇴치와 사회문화적 번영을 위한 지속가능발전목표(Sustainable Development Goals)가 새로운 개발 목표로 채택되었다. 그 가운데 193개국 유엔 회원국이 합의를 통해 채택한 교육의제 중 하나로 세계시민교육이 처음으로 상정되었기에 주목을 받고 있다. 세계간 상호연관성이 질적으로 증대된 오늘날, 국제사회의 세계시민교육 담론과 실천적 움직임은 한국에서 세계시민교육을 어떤 방식으로 인식하고 교육적으로 담아 낼 것인가라는 이론적, 실제적 고민을 수반한다. 이 글은 2015년 이후 국제사회에서 새롭게 재편되고 있는 글로벌 의제를 담기 위해 'Post 2015' 맥락에서 세계시민교육 담론 동향을 비판적으로 고찰하고 그것을 둘러싼 쟁점을 분석함으로써, 세계시민교육이 트렌드적 접근 방식으로 파편화되는 것을 극복하기 위한 교육적 방향을 성찰하였다. 연구 결과, 오늘날 실천되고 있는 세계시민교육은 지역성과 특수성에 대한 맥락적 수렴없이 국제사회의 거대담론을 탈맥락적으로 적용하려는 경향이 큰 것으로 나타났으며, 세계시민교육의 모호한 정체성과 실천의 한계는 탈정치성으로 인해서 딜레마를 안고 있음을 파악할 수 있었다. 또한 현재의 세계시민교육은 페다고지의 한계와 학습에 대한 논의가 지속적으로 소외되고 있어서 학습자의 비판적 성찰이 제고되어야 한다. 앞으로 세계시민교육의 적절한 지표를 개발하고 모니터링하는 과제가 남아 있다. 마지막으로 세계시민교육은 인생의 특정 시기, 특정 학교 공간에서 이루어지는 교육이 아니라 평생학습 차원에서 지속적으로 이루어져야 하는 패러다임의 전환이 필요하다.

　주요어: 유엔, Post 2015, 글로벌 교육의제, 세계시민교육, 담론, 쟁점, 평생학습

Critical Understanding on Global Citizenship Education as a UN global agenda

It is notable that global citizenship education has recently gained prominence in Post 2015 context. This study attempted to explore diverse discourses of global citizenship education in theoretical dimension and it also analyzed the current status of global citizenship education as a new global education agenda. Major findings displayed issues and challenges; de-contextualization against local dimension; vague conceptualization of global citizenship education; limitation of transformative pedagogy and learning discourse; indicator development and monitoring issues; a paradigm shift for global citizenship education engaging with lifelong learning. Eventually, this study argues that comprehensive vision and long term road-map should be established to enhance global citizenship education. Lifelong learning approach is crucial to reshape global citizenship education while interacting with life-world context and life experience, which can promote an epistemology of learning to live together.

Key Words: UN, Post 2015, Global Citizenship Education, Discourse, Lifelong Learning

참고문헌

김민호(2003). "세계시민교육과 시민단체의 역할". 「제주대학교 논문집」, 32권, pp. 249-267.

김신일 외(2001). 「지구촌시대의 국제이해교육 프로그램」, 한국국제이해교육학회.

김진희·허영식(2013). "다문화교육과 세계시민교육의 담론과 함의 고찰", 「한국교육」, 제40권 3호, pp. 155-181.

김진희·임미은(2014). "공정여행 수업활동에 나타난 세계시민교육의 의미 탐색", 「한국교육」, 제41권 3호, pp. 213-239.

김진희·차윤경·박순용·이지향(2014). 「평화와 협력을 위한 세계시민교육: 2015 세계교육회의 의제 형성 연구」, 서울: 유네스코 한국위원회.

모경환·임정수(2014). "사회과 글로벌 시티즌십 교육의 동향과 과제", 「시민교육연구」, 제46권 2호, pp. 73-108.

설규주(2001). "탈국가적 시민성의 대두와 시민교육의 새로운 방향 : 세계시민성과 지역시민성의 조화로운 함양을 위한 후천적 보편주의 시민교육", 「시민교육연구」, 제32권, 1호, pp. 151-178.

손경원(2013). "세계화의 양면성과 세계시민주의 전망", 「윤리교육연구」, 제30집, pp. 273-298.

염운옥(2012). "아피아의 세계시민주의와 다문화주의 비판", 「이민인종연구회간행물」, 제5·6권, pp. 21-28.

이대훈(2014). "세계시민교육 최근 논의동향과 발전 방향(비판적 검토)", 월드비전 세계교육포럼 자료집.

최종덕(2014). "글로벌 시민교육의 쟁점과 과제", 「시민교육연구」, 제46권 4호, pp. 207-228.

Appiah, K.(2006). *Cosmopolitanism: Ethics in a World of Strangers*, W. W. Norton & Company.

Davies, L. (2006). "Global citizenship: Abstraction or framework for action?", *Educational Review*, Vol. 58, No. 1, pp. 5−25.

Duarte B. Morais and Anthony C. Ogden.(2011). "Initial Development and Validation of the Global Citizenship Scale", *Journal of Studies in International Education*, Vol. 15, No.5, pp. 445−466.

Habermas, J. (1998). *Die postnationale Konstellation.* Frankfurt: Suhkamp.

Heater, D.(1998). *World citizenship and government.* London: Macmillian Press.

Humes, W.(2008). "The discourse of Global Citizenship". In Michael A Peters & Alan Britton & Harry Blee. (Eds). *Global Citizenship Education*, Rotterdam: Sense Publiishers.

Davies, I. & Evans, M. & Reid,A.(2005). "Globalising Citizenship Education? A Critique of 'Global Education' and 'Citizenship Education'", *British Journal of Educational Studies*, Vol. 53, No.1, pp. 66−89.

IOM 이민정책연구원(2014). 이민정책, 서울: IOM 이민정책연구원.

Johnson, L.(2013). "Towards a Framework for Global Citizenship", Retrieved from http://www.ioe.ac.uk/about/documents/About_Overview/Johnson_l.pdf

Nussbaum, M. C. (1996). "Patriotism and cosmopolitanism". In M. C. Nussbaum & J. Cohen (Eds.), *For love of country: debating the limits of patriotism*, Boston: Beacon Press

O'Sullivan, M. (2008). "You can't criticize what you don't understand". In M. O'Sullivan & K. Pashby (Eds.), *Citizenship in the era of globalization: Canadian perspectives*, pp. 113−126. Rotterdam: Sense Publishers.

Pike, G. (2008). "Citizenship education in global context", *Brock Education*, Vol. 17, No. 1, pp. 38−49.

Pike, G. & Selby, D.(1998). Global teacher, *Global learner*. Hodder & Stougton.

Savolainen, K.(2013). "Eliminating World Challenges through Global Citizenship Education", *Sang Saeng*, Vol. 37, pp. 9−12, Seoul: APCEIU.

Schattle, H. (2008). "Education for global citizenship: Illustrations of ideological pluralism and adaptation", *Journal of Political Ideologies*, Vol. 13, No. 1, pp.73−94.

Shukla, N.(2009). "Power, discourse, and learning global citizenship: A case study of international NGOs and a grassroots movement in the Narmada Valley, India". *Education, Citizenship and Social Justice*, Vol. 4, No. 1, pp. 133–147.

Sinclair, M.(2008). *Learning to live together: Design, monitoring and evaluation of education for life skills, citizenship, peace and human rights.* Eschborn: GTZ.

Singer, P. (2004). *One world: the ethics of globalization* (2nd ed.). New Haven, Conn; London: Yale University Press.

Tawil, S.(2013). *Education for Global Citizenship: A framework for discussion.* Paris: UNESCO.

UNESCO.(1995). *Declaration and Integrated Framework of Action on Education for Peace, Human Rights and Democracy*, Paris: UNESCO

UNESCO.(2013). *Education beyond 2015.* Presented in General Conference 37th Session, Paris: UNESCO.

UNESCO.(2014a). *Global Citizenship Education: Preparing learners for the challenges of the twenty–first century.* Paris: UNESCO.

UNESCO.(2014b). *2014 GEM Final Statement The Muscat Agreement.* Paris: UNESCO.

United Nations.(2013). *A New Global Partnership: Eradicate Poverty and Transform Economies through Sustainable Development: Report of the High–Level Panel of Eminent Persons on the Post–2015 Development Agenda.* New York: United Nations.

World Bank.(2013, online). "The Global Education Imperative", Retrieved 10 Feburary, 2014 from

http://blogs.worldbank.org/education/education–empowers–people–and–transforms–lives–says–secretary–general–ban–ki–moon.

다문화교육과 세계시민교육
: 개념, 담론, 관계

글로벌시대의 세계시민교육

제2장

Ⅰ. 서론

전 세계적으로 인간, 노동, 정보, 기술, 자원, 문화 간 이동과 교류가 급속하게 진행되고 있다. '글로벌(global)'이라는 수식어가 어느덧 익숙하게 다가올 만큼 세계체제는 긴밀한 상호연관성을 맺으며 변화하고 있고, 세계 간 상호의존성 역시 매우 높아지고 있다. 이러한 상황에서 교육영역에서도 변화가 나타나기 시작했다. 우리나라에서도 기존의 정통 교육학 영역에서 그다지 회자되지 않았던 다문화교육, 국제이해교육, 세계시민교육 등의 용어가 1990년대 후반부터 문헌과 논문에서 등장하였다. 이러한 흐름을 이어받아 2000년에는 유네스코 중심의 국제교육협력 사업을 아우르는 국제교육 제 분야를 연구하는 한국국제이해교육학회가 설립되었고, 2008년에는 다문화·다인종사회로 전환되어가는 한국 사회에 필요한 교육 이론과 실천을 연구하기 위해서 한국다문화교육학회가 설립되었다. 아울러 과거에 선진 공여국의 원조를 받던 우리나라가 2010년에는 OECD DAC(Development Assistance Committee, 공적개발원조위원회)에 정식 회원국으로 가입하는 변환을 경험하면서 국제개발협력의 장이 본격적으로 열리게 되었다. 또 시민사회 단체를 중심으로 지구촌의 빈곤 해소와 인권 강화를 위한 글로벌 나눔 운동이 더욱 본격화되면서 세계시민교육도 다시금 주목받고 있다.

그러나 여전히 많은 교육학자들과 관련 전문가들은 이와 같이 글로벌시대에 새롭게 논의되는 교육에 대해 서로 상이한 방식으로 정의를 내리거나, 개념 간의 모호한 관계성과 중층성으로 인해서 합의된 논의를 끌어내지 못하고 있다. 오히려 현 시점에서 무리하게 논의와 합의를 이끌기보다는 이론적 이해와 실천적 초석을 다지기 위해서 다양한 토론과 논쟁이 필요하다고 할 수 있다. 그러한 논의의 물꼬를 여는 의미에서 이 글은 전 지구화 맥락에서 교육계의 변화 동향을 보여주는 주요한 교육 기제로 주목받는 두 개의 기둥으로서 '다문화교육'과 '세계시민교육'에 대해서 살펴보고, 두 교육 영역의 유사성과 특수성, 융합가능성 등 상호 관계를 통해 교육 현장에 주는 시사점을 제시하고자 한다.

그리하여 본고에서는 다문화교육과 세계시민교육이 지향하는 이론과 실제의 특성이 무엇이고, 두 영역의 유사성과 차이점이 무엇인지를 파악함으로써 향후 어떠한 교육 내용이 융합적으로 반영되어야 하는지, 또한 정책적 실천이 어떻게 전개되어야 하는지 방향성을 탐색하고자 한다. 구체적인 연구 질문은 다음과 같이 명료하게 정리될 수 있다. 첫째, 다문화사회에서 주목받고 있는 다문화교육의 개념과 특징은 무엇이며, 그것의 도전과 한계는 무엇인가? 둘째, 글로벌화 맥락에서 전개되어 온 세계시민교육의 이론적 기반과 특징은 무엇이며, 그것의 도전과 한계는 무엇인가? 셋째, 다문화교육과 세계시민교육의 개념적·교수학습 차원의 유사성과 차이점은 무엇이며, 두 교육 영역이 융합할 경우 고려할 지점과 추후 과제는 무엇인가? 이로써 본 연구는 오늘날 거시적으로 '국제교육'으로 개념화되는 두 개의 교육 영역을 인식하는 데 이해의 지평을 넓힌다는 점에서 의의를 가진다.

II. 다문화교육의 개념과 특징

1. 다문화교육의 개념적 이해

다문화교육을 이해하기에 앞서 '다문화'가 무엇인지에 대한 논의가 필요하다. 일반적으로 포괄적 개념으로서의 '다문화'는 국민국가 내에 인종, 언어, 역사, 문화적 동질성과 이질성을 가진 공동체가 다수 존재하는 현상을 말한다. 국가가 정책적으로 선포한 다문화주의와 시민들이 생활세계에서 체감하고 상호작용하는 다문화적 실천이 괴리가 있듯이(김진희, 2012; Southphommasane, 2006) 다문화주의의 유형과 개념화도 조금씩 차이가 있고 접근방식도 상이하다.

　　다문화주의를 둘러싼 다양한 담론들 가운데, 여기서는 크게 네 가지를 살펴보고자 한다. 첫째, 문화적 다원주의는 문화다양성의 존중과 문화적 상대주의를 강조하는 보편적 담론으로 자주 활용된다. 말 그대로 다른 어떤 맥락보다 '문화'에 방점을 둔 접근이라 할 수 있다.

　　둘째, 자유주의적 다문화주의는 인종적 문화적 차이점을 존중하되, 기능론적 관점에서 세계 간 상호 연관성과 의존도를 활용하는 관점이다. 다문화주의를 수요와 공급의 원칙에 따라 관광 상품이나 자원 개발, 마케팅 등에서 접근하는 경우가 이러한 관점을 빈번하게 반영한다.

　　셋째, 급진적 분리주의는 다양하고 특수한 문화공동체 혹은 집단의 정체성, 그리고 그것의 고유성을 강조하면서 '통합'보다는 특수성을 보존하기 위해서 '분리'와 '독립'을 강조하는 관점이다.

　　넷째, 비판적 세계시민주의는 오늘날 자본과 힘의 논리로 재편된 세계화와 기능주의적 다문화주의를 반대하는 저항적이고 비평적인 관점을 견지한다. 여기서는 시민이 국민국가에 소속된 파편화된 개인이 아니라, 세계시민사회의 일원으로 규정되면서 전 지구적 민주시민의식의 제고와 연대를 강조한다. 이처럼 다문화주의가 정치 사회적 입장이나 정책시행 방식에 따라 여러 유형으로 구분된다는 점은 다문화주의 담론이 작동되는 맥락이 상이하고 복잡다단하다는 것을 보여준다.

　　다문화주의란 폭넓고 다양한 가치들을 반영하는 이념이기 때문에 한 마디로 정의하기는 어렵지만 대체로 한 사회 내 다양한 인종이나 민족 집단들의 문화를 단일한 문화로 동화시키지 않고 서로 인정하고 존중하며 공존하게끔 하는데 그 목적 있는 이념체계와 정부 정책을 가리킨다(윤인진, 2008: 73). 여기서 다문화교육의 방향성과 가치 역시 투영되고 있다. 다문화교육은 이질적 배경을 가진 사회구성원들의 편견과 갈등을 해소하고, 차이와 다양성을 인정하면서 함께 살아갈 수 있도록 도모하는 '모든 이를 위한 교육'이다. 아울러 모든 사람들이 자신의 민족, 인종, 언어, 국적, 성별 요인에 의해서 차별받지 않고 동등한 교육 권리를 보장받으면서 양질의 학습기회를 향유할 수 있도록 하는 교육적 기획이다.

실제로 다문화주의를 반영한 교육학 논의는 인종, 민족, 계층, 성, 언어의 차이로 인해 발생하는 불평등한 권력관계와 소외 현상을 비판적으로 분석하고, 교육을 통해 억압된 소수 집단의 자율성과 공정한 교육 권리를 보장하기 위한 논의로 전개되어 왔다(Banks & Banks, 2010; Gudtavsson & Osman, 1997).

한 사회에서 다문화교육을 어떠한 관점에서 규정하고, 어떠한 방식으로 받아들이고 있는가는 그것이 적용되는 토양의 다변성만큼이나 중요하다. 그런데 지금까지 우리나라 교육계에서 인종적, 민족적, 계층적, 언어적 요소로 인해 다문화적 배경을 가진 학습자의 교육과 학습 경험에 대한 논의는 다양하고 풍성하게 전개되지 못했다. 그동안 한국의 교육 연구 및 실천 세계에서 압도적으로 조명되어 온 혈연 기반의 단일민족(blood centred mono-ethnic) 배경을 가진 학습자, 동질 문화 중심의 정치, 경제, 사회 문화적 환경이 교육 연구 담론에 정형화된 울타리를 설정해 왔기 때문이다.

2. 다문화사회의 교육 지형 변화와 다문화교육

오늘날 많은 현대인은 다양한 매체와 직간접적 경험을 통해서 '지구촌(global village)'의 상호의존성과 관계성을 체감하고 있다. 정치, 경제, 사회 전면에서 지구마을에서 일어나는 많은 일들을 '강 건너 불 보듯이' 할 수 있는 시대가 지나가고 있고, 세계의 문제가 곧 '나'와 '우리'의 이슈로 삶의 영향권 안에 들어오고 있는 것이다(김진희, 2012: 209). 이러한 경향은 근대 국민국가 중심(nation-state centred)의 언어, 정체성, 인종, 민족의 닫힌 컨테이너의 틀을 넘어서 다인종, 다문화, 다국적 코드가 결합되면서 새로운 논의를 발산하고 있다.

우리나라에서 다문화담론은 다양한 인종적, 문화적 배경을 가진 구성원들이 한국 사회에 공존하고 있음을 환기시키는 데 기여한 측면이 있다. 문자 그대로 '다문화'란 국민국가 내에 인종, 민족, 언어, 역사, 문화적 차이를 가진 다양한 개인과 집단이 다수 존재하는 것을 말하기에 급속하게 다문화·다인종사회로 전환되고 있는 우리 사회의 변화의 내용과 방식을 이해하는 주요한 인식 틀을 제공한 것이다. 2016년 6월 기준으로 발표된 법무부의 보도 자료에 따르면, 한국에 체류하는 외국인 수는 200만 1,828명으로 우리나라 전체 인구의 3.9%에 달한다. 인구통계학상 다문화국가는 인종적, 민족적, 문화적 배경을 달리하는 외국 태생 인구 비율이 전 인구의 5% 이상을 차지할 경우를 통상적으로 지칭하며 인종적, 민족적, 문화적 배경을 달리하는 구성원들이 그 사회를 채우는 것이다. 이를 볼 때 현재 체류 외국인의 수는 한국 사회가 다문화사회로 재배치되고 있음을 보여주는 극명한 지표라 할 수 있다.

그런 측면에서 우리 사회에서 다문화에 대한 다양한 언표들이 범람하고 있다. 그러나 다문화주의 언표의 범람에도 불구하고 그것의 편향된 방향성에 대한 우려의 목소리 역시 높다. 윤인진(2008: 89)은 다음과 같이 지적하고 있다.

> 한국사회에서 다문화주의가 소위 '붐'이 되면서 시민단체들이 정부와 민간영역으로부터 다문화가족 관련 위탁 사업을 수령하고자 경쟁적으로 나서게 되자 시민단체 내에서 자성의 목소리가 나오기도 했다. 첫째는 여전히 외국인 이주노동자들의 노동권과 인권문제가 심각한데도 시민단체들은 돈도 안 되고 힘만 드는 이주노동자 문제를 외면한다는 지적이다. 둘째는 국제이주여성의 문제를 다루기 위해서는 성인지적 관점과 다문화적 관점이 필수적인데 여전히 가부장적이고 한국문화중심적인 사고를 가진 사람들이 다문화가족 관련 사업을 진행한다는 지적이다. 그리하여 이주여성들에게 다도(茶道), 한복 입는 법 배우기, 전통예절 배우기 등 다문화적 가치와 배치되는 프로그램들을 진행하게 되는 것이다.

진정한 의미의 다문화주의는 다양한 문화의 공존과 상호 존중인데, 우리사회의 지배적인 다문화정책은 이질적 배경을 가진 사회구성원을 '동화'하고 흡수시키는 관(官)주도의 통치 이데올로기로서 활용되는 측면이 있다. 특히 다문화

인구의 60% 이상을 차지하는 이주노동자 집단은 국적(nationality) 이슈로 인해서 교육과 노동, 문화권에서 소외되는가 하면, 다문화가족 및 국제결혼 이주여성에 대한 절름발이식 지원이 이루어지고 있는 것이다. 실제 2012년 다문화가족 지원 예산은 8개 부처 887억으로 전년 대비 41%가 증액되었다. 기획재정부에 따르면 2013년 1,232억원(지자체 사업비 포함시 2,000억원대 추정)이 투입되었다.

다문화현상이 엄연히 우리 주변을 둘러싸는 새로운 '현실'은 우리 사회 곳곳의 제도와 문화를 재구조화하고 있다. 특히 교육 영역의 변화는 뚜렷하다. 체류 외국인 수의 급증과 맞물려, 정규 학교교육 체제로 진입하는 이주민 자녀들도 매년 급증한다. 교육부에 따르면 2015년 기준으로 국내 초·중·고에 다니는 다문화 학생은 8만 2,536명인 것으로 발표되었다. 이들의 대다수는 국제결혼가정의 자녀로서, 이들 초등학생이 중등학교로 진학하고, 나아가 노동과 시민사회에 참여하는 성인이 되는 연이은 과정을 거치면서 다문화사회로의 성장이 예견되고 있다.

여기서 다문화교육은 우리사회에서 이전에 본격적으로 경험한 적이 없는 다문화주의를 교육적으로 대응하기 위한 기획으로 전개되고 있다. 다문화교육에서 새로운 학습집단과 교육요구가 대두되었기 때문에 기존의 단일문화 중심적 교육체제가 변화와 굴절을 일으키면서 교육과 학습의 프레임워크가 달라지고 있다(김진희, 2011b; Jarvis, 2007). 누가 교육을 받는가? 누가 우리교육 세계의 학습자인가? 무엇을 학습하는가? 어떻게 가르쳐야 하는가? 기존의 단일문화중심의 교수 학습의 철학과 방법론이 균열을 일으키고 있는 것이다.

따라서 다문화맥락에서는 교육과 학습에 대한 논의가 달라지며, 교육 철학도 재구성되어야 한다. 다문화사회에서 다양한 배경을 가진 학습자의 잠재력과 역량을 개발하고, 이들에게 공정하고 수월성 높은 교육과 학습 기회를 제공하는 교육이 바로 다문화교육인 것이다. 왜냐하면 오늘날 다문화가정 자녀들은 교육결손집단이자 학습 취약계층으로서 교육의 사각지대에 놓여있기 때문에 이들에 대한 교육적 지원을 다양한 층위와 실제적 수요에 조응하여 마련하는 것이 시급하다(서덕희, 2013). 아울러 다문화교육은 다문화 배경을 가진 구성원은 물론 일반 정주민들의 인식전환을 통해서 차이와 다양성을 상호 존중하는 다문화 역량을 키우고, 편견을 해소하면서 함께 어울려 살아가기 위한 '모두를 위한 교육'으로 전개되어야 한다. 그리하여, 학습자가 다문화적 세계와 상호작용하고 다문화적 '경험'을 재구성하는 과정 자체가 중요해진 것이다.

　　요컨대 이러한 흐름에서 다문화교육의 세부 영역은 다음과 같이 고찰된다. 교육목표, 교육내용, 교육방법, 교육평가 측면에서 구분해서 인식하면 다문화교육의 특성을 파악할 수 있다. 첫째, 교육목표에서는 다양성과 평등성을 강조하고, 학습자의 자아정체성 확립을 중요시한다. 학습자들은 다문화교육을 통해 문화다양성을 존중하면서 공동체의식을 함양할 수 있다. 이것은 나아가 세계시민성의 발달을 도모할 수 있다. 둘째, 교육내용에서는 주로 다양성이해, 인간존엄과 편견감소, 다문화이해교육, 다문화경험에 대해서 체계적으로 다룰 수 있다. 셋째, 교육방법 측면에서는 교사는 다양한 배경을 가진 학습자를 위해서 평등한 교수법을 활용하고, 협동학습방법, 통합형교육, 다문화적 교수·학습 자원의 적극적 활용을 도모할 경우 학습효과를 높일 수 있다. 넷째, 교육평가에서는 다문화가치인식을 측정하고, 다문화 실천도를 평가하고, 학습의 결과보다는 과정중심평가를 실시하는 것이 보다 적실한 접근이다. 이로써 다문화교육의 개념과 교수·학습 실제를 이해할 수 있다.

3. 다문화교육의 도전과 한계

　　우리 사회에서 다문화교육에 대한 관심이 일어나기 시작한 것은 분명히 고무적이다. 그러나 이를 둘러싼 교육적 명암이 선명하다는 점에서 다문화교육의 도전과 한계를 체계적으로 진단해 볼 필요가 있다. 여전히 우리나라의 교육체제와 일상적 생활세계(life world)에서 이주민에 대한 이중적 소외와 '타자화'(othering) 현상은 팽배하다. 이들이 학교에서 공부를 하고, 직장을 구하고, 주택을 찾고, 커뮤니티의 구성원이 되는 일련의 사태에서 보이지 않은 차별과 불편한 시선이 존재하고 있다. 이질적 배경을 가진 타인을 얕은 수준에서 '인식'은 하되 이해관계가 충돌할 때는 다양성에의 '인정'과 '승인'이 기능하지 않는 것이다.

예컨대 2006년부터 정부와 시민단체, 학계가 주도해온 친(親) 다문화주의가 풀뿌리 지역사회에서 그다지 효과적으로 작동하지 않는 사례를 보여준 사건이 있었다. 2011년 10월 언론 보도는 일제히 "외국인이 목욕탕 들어오면 에이즈 걸려", "외국인은 AIDS 우려로 대중목욕탕에 출입할 수 없다"는 자극적 보도 문구를 통해서 다문화주의가 일상 시민영역에서 충돌하고 있음을 방증하였다. 부산광역시 동구 초량동에서 집 근처 목욕탕을 이용하려던 국제결혼 귀화 여성이 대중목욕탕 출입을 저지당했다. 우즈베키스탄 출신 귀화인인 구수진 씨(당시 30·여)는 2002년 국내에 들어와 2년 뒤 한국인 남성과 결혼하였고 2009년 귀화한 한국인이지만, 목욕탕 직원과 업주는 "외국인이 사우나의 물을 더럽힐 수 있고 에이즈(AIDS) 문제도 있기 때문에 한국 손님들이 거부감을 느껴 외국인은 절대 출입을 할 수 없다"는 말을 하면서 그는 배척당하게 된다. 당황한 구씨는 한국 정부가 발행한 주민등록증을 보여주었지만 '생김새가 외국인'이기 때문에 출입을 거부당하였다. 구씨가 업소 측의 부당한 차별에 항의하기 위해 경찰에 신고했지만 경찰 역시 외국인의 출입을 거부하는 것을 규제할 법률이 없는 상황이라 아무런 조치를 취하지 못했다. 이 사건을 계기로 우리 사회에서 '인종차별금지법'이 마련되어야 한다는 목소리가 확산되게 되었으나 서명운동 이후는 아직까지 진전된 성과는 없다.

또한 2009년 7월 10일 인도 출신 남성이 버스에 탔다가 다른 승객으로부터 "더럽고 냄새 난다"는 모욕을 당한 사건도 있었다. 인도 출신 보노짓 후세인(당시 28·남) 씨는 한국인 친구 한모(여)씨와 함께 시내버스를 타고 이야기를 나누고 있었다. 그때 버스 뒷자리에 앉아 있던 남성이 그를 향해서 삿대질과 욕설을 해댔다. "너 어디서 왔어, 이 냄새나는 ××야"라고 시비를 걸었다. 국가인권위원회는 2001년 11월부터 2013년 5월까지 피부색, 국적, 인종 등의 이유로

차별을 당했다며 진정서를 접수한 건수만 230건이라고 밝혔다. 공식적으로 집계되거나 신고 되지 않은 차별 피해 사례는 이보다 훨씬 많다는 것을 쉽게 짐작할 수 있다.

　이와 같은 다문화관련 사회적 갈등과 충돌을 함의하는 지표 가운데 다문화수용성지수(KMAI)를 들여다 볼 필요가 있다. 우리 국민의 다문화수용성지수(KMAI)는 51.17점으로 유럽의 다문화수용성지수보다 20점 이상 낮다. 흥미로운 점은 외국 이주민을 친인척으로 둔 국민의 수용도(51.81점)가 친구(57.91점)나 학교, 직장동료(53.77)를 이주민으로 둔 사람보다 낮다는 것이다. 보완하여 상술하자면, 국제결혼을 통해 형성된 다문화가족 구성원들이 외국출신배우자의 문화를 이해하고 수용하기보다는 그들에게 일방적 적응과 동화를 강조하는 것이 더 높다는 것을 의미한다. 동반자로서의 부부 관계보다, 여자가 무조건 남자를 섬겨야 한다는 부부관계의 일방적 가족 규범이 고착화되고 있는 사태는 국제결혼 부부의 늘어가는 이혼율을 되짚어보게 한다. 2007년 통계청에 따르면 한국남성과 외국인 여성 배우자의 이혼은 5,794건으로 2006년보다 44.5%가 늘어났고 이혼 상담 비율도 40% 이상 상승한 것이 분석되었다(김진희, 2011b: 12)

　주시할 것은 교육 영역에서 다문화 배경을 가진 학습자의 학습소외 현상과 차별은 더욱 심각하다는 점이다. 현재 학령기 중도입국 다문화 자녀 약 5천명은 청소년기(14~19세)의 학습자이며, 이들 가운데 정규 학교에 재학하고 있는 학생 수는 대략 2,532명(52.2%)이다. 즉 2명 중 1명은 '탈학교' 상태에 놓여 있어, 교육 기회와 학습권의 사각지대에 놓여 있는 것을 알 수 있다. 인종적 언어적 차이로 인한 어려움과 차별로 인해서 학교부적응 상태에 놓여 있는 학생들이 다수를 차지한다. 설령 학교를 다니고 있다고 하더라도 다문화 배경 학습자들의 건강하고 평등한 학교생활은 요원한 상황이다. 다문화가정 자녀의 37%는 학교 폭력 및 왕따를 경험했고(국가인권위원회, 2012) 다문화 학생들은 일반 한국 학생들에 비해서 낮은 학업 성취도와 자아효능감 문제를 겪고 있는 것으로 나타났다(류방란·오성배, 2012).

다문화 학습자들을 가르치는 교사들의 정서적 거리감과 보이지 않는 '경계'도 상존한다. 초등교사의 다문화교육 인식과 실행을 연구한 장인실·전경자(2013)의 연구에서 교사들은 다문화 학생들을 잘 가르쳐야 하는 책무감은 가지지만 '어떻게 가르쳐야 할지 모르겠다', '솔직히 이 학생들에게 큰 기대가 없다' 그리고 '정서적 교감이 얕고 거리감이 크다'는 목소리를 들려주었다. 이는 이주배경을 가진 학습자들이 또래 관계와 교사 관계 양단에서 이중 차별의 소외에 놓여 있는 것을 알 수 있다.

아직까지 발아 단계에 놓인 다문화교육은 이와 같은 한계와 도전 사항에 노출되어 있다. 이러한 흐름이 지속되어 우리사회에서 주변화된 학습자들이 청장년으로 성장하게 될 경우 그들의 교육권과 노동권 그리고 시민권은 불안한 악순환을 거듭할 우려가 있다. 다문화교육을 오랫동안 실시해 온 영국과 프랑스에서도 이주민 배경을 가진 청년들이 일으킨 무차별 방화와 폭동 사례가 일어난 것은 그들의 낮은 교육 수준과 교사들의 낮은 기대감, 높은 실업률, 그리고 타자화로 인한 사회적 박탈감과 불신이 축적되어 발생한 사태이다. 단순히 무상급식을 제공하고 복지수당을 높여주는 것이 능사가 아니다. 오히려 자신이 살아가는 사회에서 길들여진 무기력한 존재가 아니라, 자기만의 삶의 비전을 가지고 적극적으로 살아가는 사회구성원으로서 실존적 가치를 인정받지 못했기 때문이다.

이러한 난관과 제약점은 기존의 다문화교육이 동화주의적이고 처방주의적 접근 방식을 취해왔기 때문이다. 다문화 배경을 가진 학습자에게 단발적이고 시혜적인 사회복지 프로그램이 제공되고, 이들이 한국어를 익히고, 한국문화를 이해하여, 우리 사회에 적응할 수 있는 '제2의 한국인'으로 동화되는 것을 강조해 온 측면이 적지 않다. 예컨대 중도입국 자녀를 위한 다문화예비학교인 '서울시작다문화학교', 경기도다문화교육센터의 '찾아가는 다문화교육프로그램', 다문화가정협회의 '다문화꿈나무 배움터', 각급 학교와 시민단체의 '문화적응프로그램' 및 '이중언어교실' 등은 오늘날 우리나라의 다문화교육의 실제 단면을 보여주는 사례들이다. 물론 새로운 사회에 배치된 학습자에게 정주하게 된 한국 사회에서의 그들의 교육적 필요를 채워주는 '문화'와 '언어 프로그램'은 의미있다. 문제는 교육 내용을 어떻게 전달하고, 어떤 형태의 교수방식을 취하는가이다. 현재의 다문화교육은 다문화 배경을 가진 학습자의 비판적 사고력과 문제해결 능력을 함양하여 그들의 다양한 역량을 키워주는 형태로 이루어지기보다는 현 교육체제에 적응하고 동화되는 순응주의적 접근을 취하고 있는 것이다.

당초에 다문화교육의 철학적 원류와 방향성은 처방주의적 교육보다는 새로운 변화를 모색하는 교육에 방점을 찍고 있다. 즉 한 국가 내에서 다양한 이민족간의 갈등과 불공정을 해소하고 공존을 모색하기 위해 다문화교육은 발현된 것이다. 그런 측면에서 다문화교육은 '사회변화를 위한 교육'이다(Banks & Banks, 2010; Sleeter & Grant, 2009). 그것은 성, 인종, 민족, 국적, 계층의 차별로 인해 지배집단으로부터 소외된 소수집단을 포용하기 위해, 기존의 불평등한 교육체제를 비판적으로 성찰하고 보다 공정한 교육기회를 모든 이들에게 제공하는 것이다. 그렇기에 다문화교육은 단순히 문화적 다원주의를 가르치는 교육이 아니라, 학교의 변화, 교육과정의 변화, 사회의 변혁을 모색하는 교육개혁적 태제를 가지고 있다.

그런데 앞서 고찰하였듯이 여전히 다문화교육은 이상과 현실의 괴리라는 실험대에 놓여있다. 우리보다 수십 년 앞서 다문화주의를 정책적으로 반영해 온 미국, 영국, 호주, 프랑스, 독일 등의 다문화 선도 사회에서도 이주민의 사회의 통합과 적응 문제는 늘 도전적인 과제임에 분명하다. 실제로 최근에 유럽의 우경화 바람과 함께 이주민 수용정책이 보다 엄격해지고, 외국인 혐오증이 확산되면서 다문화교육은 그 입지가 흔들리는 형상을 보이기도 한다. 노르웨이의 반(反)다문화정책 테러 사건, 영국과 프랑스의 다문화 이주민 청소년의 폭동과 방화사건, 호주의 난민 차별 문제 등은 다문화교육이 차이와 다양성을 존중하는 공존 교육으로 실현되기에는 역부족이란 것을 방증하는 사례들이다.

예를 들어 호주에서 난민 청소년들의 교육적 성취와 실패에 관한 Russel

(2005)의 연구는 오랜 난민촌 생활과 긴 심사 과정을 통해 드디어 '선진국' 호주에 정착이 '허가'된 난민들이 어떻게 좌절하게 되는가를 경험과학적 연구로 보여주었다. 즉, 호주 교육체제에 대한 높은 열망을 가졌지만 실제로 그들이 교육체제에 진입 후에 겪게 되는 교육 현실의 냉혹한 괴리를 보여주었다. 문화적 다양성을 중핵 가치로 삼고 있는 호주의 다문화교육 정책은 난민 학습자가 가진 상처와 긴장, 그리고 복합적인 성취동기를 교육 현장에서 제대로 수용하지 못한 것이다. 교실 상황에서도 다문화 배경을 가진 학습자와 일반 학급 구성원간의 상이한 생애 경험과 관점을 공유하는 상호작용 학습(interactive learning)이 제대로 활용되지 못하고 아프리카 수단(Sudan)의 음식 문화를 체험하고, 아시아 미얀마(Myanmar)의 전통 복식을 학습하는 '문화이해' 차원으로 표피적으로 전개되는 것이다. 이러한 지점들은 우리나라에서 다문화가정 자녀와 청소년들이 한국 사회에 수동적으로 적응시키며, 이들을 수동적인 학습 '객체'로 '대상화'할 것이 아니라, 각기 가진 상이한 능력(skill)과 목소리(voice)를 일반 학생들과 상호작용하면서 키울 수 있도록 근본적으로 변화가 필요하다는 것을 보여준다.

특히 혈연 중심의 민족주의(blood-centred nationalism)를 고수해 온 우리나라의 경우, 그동안 인종적, 민족적, 문화적 이질성(heterogeneity)을 다양한 측면에서 경험하는 토양이 마련되지 못했다. 따라서 소위 '다문화'를 하나의 형식적 트렌드로서, 임시방편 식으로 처방하는 접근은 다문화 배경을 가진 학습자를 교육 내적으로, 그리고 교육 외적으로도 억압할 우려를 가진다.

요컨대 현재의 다문화교육이 직면한 도전과 한계를 극복하기 위해서는 교육 개혁적 접근이 필요하다. 기존의 교육철학과 교수목표, 교육내용을 성찰하면서 앞으로 다문화교육은 다문화배경을 가진 학령기 학습자를 위한 교육이 아니라, 모두를 위한 다문화학습으로 평생교육 차원에서 전개되어야 한다. 교육내용 측면에서도 문화이해교육, 언어교육, 통합교육에 한정되기보다는, 학교-가정-시민사회의 교육적 경험과 자원을 연계하면서 전 생애에 걸쳐 사회구성원 모두의 다문화적 역량을 키우는 방향으로 나아가야 할 것이다.

III. 세계시민교육의 개념과 특징

1. 글로벌화 맥락에서 시민성교육 논의의 변화

세계시민교육에 대한 개념은 우선 시민성 논의의 전 지구적 변화를 읽으면서 이해의 폭을 넓힐 수 있다. 그동안 지속적으로 확장되고 변화해온 시민개념의 시원은 그리스 도시국가의 시민(citoyens, 시투아엥)을 어원으로 한다. 영어로 표기된 시민성(citizenship)은 시민(citizen)과 자질, 조건(ship)의 결합으로 이루어졌다. 즉 시민으로서 요구되는 자질, 권리, 의무를 함축하는 총체라고 할 수 있다. 그리스 시대 도시국가의 구성원으로서 아테네 시민은 이성적 능력을 가지고 민회(民會)에서 발언할 수 있는 사람으로 규정되었다. 그런데 모든 구성원들이 시민으로 참정권을 가질 수 있지 않았다. 여성, 노예, 이방인은 시민의 자격이 주어지지 않고, 오로지 자산가로서 성인 남성들만이 참여가 가능했던 것이다. 여기서 시민성을 둘러싼 소외의 정치가 근원적으로 내재되어 있음을 알 수 있다. 즉 '시민'이라는 용어는 그 자체로 중립적이거나 공평한 개념을 내포하지 않는다.

시민성을 교육의 영역에서 다룬다는 것은 시민성의 구성 원리와 요소를 교육 내용으로 투영한다는 것을 의미한다. 그동안 시민성과 교육에 관련한 논의는 주로 학교교육에서 다루어져 왔다. 시민성의 내용을 구성하는 요소가 학교교육 과정에 가장 명시적으로 드러나는 것으로 규정하며, 주로 시민성교육, 시민윤리교육, 사회과 교육, 도덕 교육 등의 다양한 이름으로 불리는 시민성 교육에 대한 분석과 연구가 주류를 이루어 왔다. 예컨대, 민주시민양성을 위한 교육 정책의 방향으로서 시민교육을 논의한 브랜슨(Branson, 1998)의 연구, 사회과 교육과정 속에 반영된 헤게모니를 분석한 오스본(Osborne, 1997)의 연구, 시민교육의 내용을 형성하는 지식과 합리성 이념 속에 잠재한 이데올로기를 분석한 지루(Giroux, 1980)의 연구가 있다. 한편 토레스(Torres, 1998)는 민주주의, 시민성 교육은 다문화주의 문제와 분리될 수 없다는 입장에서 시민교육의 모순과 딜레마에 대한 정치적인 분석을 논의하였다.

1990년대를 기점으로 그동안 일원적인 국가중심 시민교육 논의를 탈국가적 시민교육으로 재편하는 탐색적 논의들이 진행되기 시작한다. 다원적 시민성 이론에서 세계시민성 형성의 기초를 탐색하는 히터의 연구(1998)는 탈국가적 시민성 논의의 전환점으로 기록되고 있다. 또한 급변하는 세계에서 시민교육이 지구적인 의식과 연대의 지침을 제공하는 새로운 역할을 강조한 이칠로브(Ichilov, 1998)의 논의도 주목된다. 유사한 맥락에서 콘리(Conley, 1989)와 셀비(Selby, 1994)도 다원적 시민성 논의에 동참한다. 콘리는 사회적 시민성이라는 개념을 통해 국가의 경계를 뛰어넘는 특수한 인종－종족적(ethno－racial), 인종－문화적(ethno－cultural)인 시민성을 논의하고, 기존의 학교교육에서 다루어진 시민교육의 교과과정이 재편될 것을 촉구하였다. 셀비(Selby, 1994) 역시 다원적이고 평행적인 시민성(plural and parallel citizenship)의 개념을 도입하고 새로운 교과 과정에 이를 반영할 것을 제시하였다.

분명한 점은 시민교육의 내용적 구성과 방법론은 시민을 규정하는 시대적 요구와 이론적 입장에 따라 다양하게 전개된다는 점이다. 시민성에 관한 관점이 상이하기 때문에 이에 대한 시민교육의 구성 내용과 방법 역시 차이가 나타난다. 예컨대 자유주의적으로 시민성을 정의하는 경우에는 자유주의적 가치관에 근거하여 개인의 자유와 권리 획득을 위해 시민성 교육이 이루어져야 한다고 보지만, 공동체주의적 관점에서는 공동체의 구성원들이 가져야 할 의무와 책무성을 중심에 둔 시민성 교육을 추구한다. 이러한 맥락에서 히터(Heater, 1998)는 시민교육은 교육을 개인의 발전과 성장에 초점을 둘 것인가, 아니면 교육의 사회화 기능에 초점을 둘 것인가라는 항구적인 긴장감을 제시하는 영역이라 말했다.

이처럼 시민교육은 다양한 관점과 접근 방식에 따라 그 내용과 방법에 차이가 있지만, 그럼에도 불구하고 오늘날 학교 교육에서 이루어지는 시민성 교육 논의는 대부분의 나라에서 그 교육의 일반적 목표가 국가의 정체성과 사회적 응집력의 확보라는 기본적 입장을 공유한다는 점은 부인할 수 없다. 교육과정상에 나타난 시민성의 구성요소와 목표는 대체로 네 가지로 제시된다. 첫째, 민주주의의 기본가치(자유, 평등, 인간의 존엄성 등), 둘째, 합리적 의사결정(문제해결력, 정보처리능력), 셋째, 민주적 기본 질서와 가치 인식, 넷째 사회참여가 그것이다(정세구, 2002: 10-15). 이러한 맥락에서 민주시민 양성으로서 시민교육의 역할을 강조한 브랜슨(Branson, 1998)의 논의는 시민교육을 민주사회 구현의 필수 요인으로 지적한다는 점에서 낯설지 않다. 민주사회에서 시민교육은 자기조절의 교육이며 교양 있고 책임감 있는 '좋은 시민' 양성을 목표로 한 시민교육은 민주주의의 이상을 실현하는 데 필수적인 영역이 된다.

반면 이와 달리 시민성과 교육에 대한 비판적 논의(Giroux, 1980; Osborne, 1997; Torres, 1998)도 활발하게 이루어져왔다. 지루(Henry Giroux)는 시민교육에서 지배적 합리성(rationality)에 대해 비판적 이론을 제기하면서 사회과(social studies) 교육 속에 반영된 미국의 이데올로기와 학교의 사회문화적 재생산 문제, 그리고 시민교육의 정치성을 근본적으로 해부하고자 하였다. 오스본(Osborne, 1997) 역시 시민교육이 주로 이루어지는 사회과 교육에서 나타나는 헤게모니의 대립과 쟁점을 논의하였다. 시민성과 교육 문제가 직면한 과제는 학교 교과 과정 속에 반영된 국가적 시민성이 다양한 계층과 인종, 성 그리고 문화 간의 심각한 차이를 무시하고 있어서 제약을 가진다. 여기서 국가적 시민성은 정치적, 경제적 엘리트의 자기 의도의 합리화로서 작용하고, 시민교육은 문화적 이데올로기와 사회의 지배 헤게모니를 구축하는 기제로 설명된다. 그 사례로 오스본은 20세기 초에 캐나다의 페미니스트, 노동조합, 사회주의자들의 시민교육에 대한 저항을 소개한다. 즉 당시 시민교육을 통해 학생들에게 군사적 욕구를 부추기고 그 훈련과 활동이 시민성의 필수 구성 요소로 정당화되는 현상에 대한 비판적 저항인 것이다. 이는 시민교육에 깔려 있는 헤게모니가 지배 집단과 종속 집단 간의 갈등, 저항, 타협의 문제를 제기하고 있기에 시민성을 둘러싼 논쟁은 북미에서 가속화 되어왔다.

지구화로 인한 시민교육의 모순과 딜레마를 논의한 토레스(Torres, 1998)는 교육에서 시민성 문제는 누가 교육받은 시민이고, 어떻게 이들 시민이 정치, 문화, 사회적 측면에서 의미를 가지는가에 관한 것이라고 말했다. 이 점에서 시민교육은 민주시민교육이라는 일반적 합의 이면에 모종의 정치성이 내재한 것이라 볼 수 있다. 즉 시민교육의 '정치적 사회화(political socialization)를 규명하지 못한다면 시민교육이 가정하는 시민적 지식, 기술, 덕성의 정치적 문제를 해결할 수 없다고 역설한다. 즉 토레스는 시민성과 교육의 관계를 분석하기 위해서는 우선 주권 국가가 가지는 권리와 법의 결합, 개인적 지위 같은 역사적 법적 검토를 넘어서 그 시초부터 다시 규명하는 작업이 필요하고, 무엇이 '좋은' 시민이며, '바람직한' 시민교육인가 전제를 재검토하는 것이 요청된다고 날카롭게 지적하였다. 여기서 시민성의 이중적 이론, 즉 '정체성으로서의 시민'과 '시민적 덕성'으로서의 이중적 관심을 주목하고, 시민성과 교육에 대한 정치경제적 차원의 분석이 없는 시민성 논의는 이상주의적인 시민적 덕성만을 강조하는 시민교육으로 전락할 우려가 있다고 본 것이다.

이러한 복잡다단한 논의의 과정을 거쳐서, 마침내 20세기 후반부터 지구화가 가속화됨에 따라 새로운 환경 변화를 반영한 초국가적 시민교육 논의가 전개되기 시작한 것이다. 변화하는 시대에서 새로운 역할을 논하는 시민교육(civic education), 시민성교육(citizenship education)은 그동안 자유주의적 시민교육이 가진 탈정치성에 대해 비판적이다. 전 세계 대부분의 국가들의 교육과정에서 기획되는 시민교육은 합의와 조화 그리고 수용만을 강조하면서 정치사회적 논쟁 이슈를 회피하는 탈정치성을 유지해 왔기 때문이다. 이러한 시민교육이 내포한 보수주의적 접근은 오늘날 시급하게 요구되는 평화교육, 다문화교육, 인권교육, 개발교육, 국제교육, 환경교육 등의 초국적 교육 담론과 실천에 부합하지 못한다(Ichilov, 1998: 269). 현재의 시민교육은 젊은 세대의 글로벌 역량과 삶의 질을 향상하는 수월성 함양뿐만 아니라, 시민들이 각자의 사적 세계로 침몰하여 공동체의 분절화를 가속화하지 않도록 저지하는 비판적 민주시민교육으로 나아가야 한다는 점을 강조한다. 세계공동체의 비판적 지성과 연대성을 진작할 수 있도록 국제적 차원에서 공적 영역을 재창조하는 역할이 요구되는 것이다. 바로 이 논의는 시민교육이 지구적 차원의 공적 영역을 고려하는 적극적 시민성을 함양하는 새로운 역할을 수행하도록 나아가야 하며, 지구적 인식과 세계공동체의 공영에 참여할 수 있는 마침내, 포용적 과정의 세계시민교육의 탄생으로 이어진다. 글로벌화의 가속화로 세계 간 상호의존성(interdependency)과 상호연계성(inter-connection)의 수준이 깊어짐에 교육 영역은 국경을 초월하여 서로 상이한 집단과 문화의 공존과 발전 문제를 고민하면서 세계의 '시민'으로서 갖추어야 할 의식과 행동 변화를 촉구하는 국제이해교육, 다문화교육, 세계시민성교육 등 유사 개념을 잉태하게 된 것이다.

지금까지 논의를 통해서 본래 시민성은 시민으로서의 권리와 의무, 국가에 대한 시민의 책무 및 애국심과 밀접한 관련을 가지지만 글로벌사회에서는 국민국가에 속박된 시민성 논의가 세계시민교육으로 새롭게 재구조화되고 있음을 알 수 있었다.

2. 세계시민교육의 특징과 최근 동향

세계시민교육의 원류와 특성을 이해하기 위해서는 국제정치사상에서 세계시민적 논의를 뒷받침하는 논의를 찾을 필요가 있다. 그로티우스(Grotian)의 국제주의 전통에 따르면 세계시민주의는 루소(1712-1778)의 평화사상, 엠마뉴엘 칸트(1724-1804)의 영구평화론 등에서 토대를 잡고 있다(Falk, 1994). 이러한 논의는 국가 안에서의 시민적 자유의 실현, 국제사회에서 자유문제를 추구하면서 세계의 완전하고 보편적인 공민적 질서는 국민의 자유와 세계의 자유에서 완성된다고 보았다. 유네스코를 중심으로 전개되어온 국제이해교육 사업과 세계시민교육은 칸트의 세계시민공동체 논의에서 사상적 기반을 확보할 수 있었던 것이다. 이는 교육을 통해서 인간 이성에 대한 신뢰를 높이고, 국가 범위를 넘어 국제적 차원에서 보편적인 질서를 구축하자는 목표와 맥락을 같이한다. 따라서 세계시민교육에서는 '탈국가주의와 세계간 상호의존'이 매우 중추적인 기둥으로 자리 잡고 있다. 1970년대 이후 국제사회를 현실주의와 이상주의라는 이분법적 구도로 접근하지 말고, 제3의 접근방법으로서 탈국가주의가 제시되었다. 이것은 국가 중심적 접근과 이해관계가 주요한 도전 사태를 맞이하면서 '시민'을 보다 큰 지구공동체 차원에서 인식해야 한다는 필요성을 수반하였다. 실제, 국가 중심의 이해관계와 종속적 세계질서를 반대하기 위해 뭉친 세계의 노동자들, 시민단체의 활동가들, 국가의 정책과 반하더라도 인권과 평화라는 인본주의적 목적을 달성하기 위해 연대하는 세계인권단체들, 지구적 환경 문제를 해결하기 위한 시민사회 조직의 움직임 등이 세계시민의 실체를 직간접적으로 보여주고 있다.

예를 들어 세계시민교육 프로그램을 제공하는 글로벌 시민단체인 옥스팜(OXFAM)은 세계시민이란 (1) 글로벌화된 세계를 자신의 공동체로 인식하는 사람, (2) 다양성을 존중하고 가치 있게 생각하는 사람, (3) 세계가 어떤 방식으로 돌아가는지를 비판적으로 이해하는 사람, (4) 사회적 정의를 실천하고 작은 공동체에 참여하는 사람, (5) 자신의 의사결정에 책임감을 가지는 사람을 시민으로 규정하였다.

담론 영역에서 세계시민교육을 연구한 두 명의 주요 정치학자로 히터(Heater)와 포크(Falk)의 논의를 살펴보면 보다 명확한 개념화가 가능하다. 히터(Heater)는 세계시민교육은 (1) 하나의 인류 공동체라는 의식, (2) 지구와 지구 공동체에 대한 책임감과 참여의식, (3) 자신의 공동체보다 상위의 도덕 법칙을 준수하고 수용하는 태도, (4) 세계 정부에의 기여, 헌신(지구적 문제 공동대응)을 가르치는 교육으로 정의했다. 한편 포크(Falk)는 세계시민교육은 (1) 전 지구적인 개혁활동, (2) 경제적인 영역의 초국가적 활동, (3) 지구 질서의 관리, (4) 지역적 정치의식 고양, (5) 초국가적 사회 운동을 진작하는 것을 시민교육으로 정의했다.

　　종합하자면 세계시민교육은 기본적으로 첫째, 세계를 긴밀하게 연결된 하나의 체계로 사고하는 세계적 체제론을 함양시키는 것이다. 둘째 지구공동체에서 '나'와 '타자'에 대한 성찰적 사고를 견지하면서 지구적 사고와 지역적 행위를 연계할 수 있도록 도모하는 교육이다. 셋째, 건강하고 평화로운 지구촌을 발전시키는 책무성을 고양시키는 시민교육이다. 넷째, 세계의 현실과 발전에 대한 주체의식, 소속감, 정의감을 높여서 다양한 수준의 민주적 의사결정에 참여할 수 있도록 하는 교육이다.

　　Nancy Carksson-Paige(2005)와 Linda Lantieri(2005)는 세계시민교육을 실시하는 준거의 틀로서 지구헌장, 평화를 위한 글로벌캠페인, 사회적 책무성 향상을 위한 교육자협의회 등 3가지를 구체적으로 제시하였다(Noddings, 2005).

지구 헌장 (Earth Charter)	평화를 위한 글로벌캠페인 (The Global Campaign for Peace)	사회적 책무성을 위한 교육자협의회 (Educators for Social Responsibility)
정의롭고, 지속가능한, 평화로운 글로벌 공동체를 건립하기 위한 근본 원칙 제정 • 1대 원칙: 모든 사람의 건강한 공동체를 위한 존중과 보살핌 • 2대 원칙: 생태계균형과 통합 • 3대 원칙: 사회정의 및 경제정의 회복 • 4대 원칙: 민주주의, 비폭력, 평화	'평화'를 교육과정의 필수 영역이자 교육 콘텐츠로 심화하기 위한 캠페인 • 평화의 문화는 전 세계 시민들이 글로벌 문제들이 어떻게 전개되는지 인식할 때 달성됨 • 인권, 성평등, 인종적 형평성, 민주주의 등 전 지구적 규범을 인식하고 준수하기 • 문화다양성을 존중하고 지구공동체 통합성을 지지 • 이러한 학습은 평화에 대한 국제적이고, 지속가능한, 체계적 교육이 없이는 이루어질 수 없음	교육자들은 평화와 사회적 정의, 그리고 세계시민성을 함양할 수 있는 평화로운 교실 모델(peaceable classroom model)을 발전시켜야 한다. 11대 강령은 다음과 같다. 1. 공동체 형성과 상호 이해 촉진 2. 공유·협력에 근거한 의사결정 3. 학습자의 민주적 참여 4. 사회적 책무성 강화 5. 다양성에 대한 존중 6. 긍정과 인정 7. 개인적 관계성 확장 8. 돌봄과 효율적 의사소통 9. 감정적 리터러시 10. 협동적, 협력적 문제해결 11. 갈등 관리와 조정

위에서 예시 형태로 제시된 세계시민교육 실천의 준거에서 알 수 있듯이, 세계시민성은 인권과 평화를 추구하고 지구공동체에 기여하는 시민적 자질과 정체성, 그리고 행위까지 포괄하는 것이며, 세계시민성 함양을 목적으로 하는 것이 바로 세계시민교육이다. 다시 말해 세계시민사회의 주체이자 책임 있는 사회구성원으로서 전 지구적 문제를 비판적으로 성찰하고, 민주적 의사결정에 세계적 소속감을 가지고 참여하여 더 좋은 지구촌의 변화를 유도하는 총체적 교육인 것이다. 우리나라에서 세계시민교육은 정규 교육과정에서 다루어지기보다는 유네스코나 글로벌 NGO에서 활발하게 실행되고 있다. 가령 한국 유네스코(2013)의 'Rainbow청소년 세계시민 프로젝트', 월드비전 한국 지부의 '세계시민학교'는 지구마을의 인권, 환경, 빈곤, 평화, 문화다양성 등 다양한 주제에 대해서 체험과 활동 위주의 프로그램을 제공한다.

가장 최근에 세계시민교육에 대한 국제적인 선언이 언급된 것은 2012년 9월 유엔의 교육우선구상사업(Education First Initiative)에서다. 교육은 인류의 번영과 공존을 도모하는 그 어떤 국제개발협력 가운데도 최우선적인 가치와 중대성을 가지며, 앞으로 이를 위해서 세계시민성 함양이 가장 중요하다는 전략이 국제사회에서 발표된 것이다. 여기서 알 수 있듯이 세계시민교육은 태생 자체가 한 국가 내의 화평과 번영을 위한 교육이라기보다는 전 세계공동체의 문제해결과 지구적 평화에 기여하는 시민을 양성하는 교육으로 발현되어 왔다. 그것은 인간의 마음에 평화를 심고자 설립된 유네스코의 인본주의적 가치를 담지하면서 인간 권리, 평등, 지속가능한 개발, 자유와 박애의 가치를 실현하는 목적을 가진다. 세계시민교육과 밀접한 연관을 가지는 세계교육(global education), 국제이해교육(education for international understanding), 코스모폴리탄교육(education for cosmopolitanism) 등 유사개념에서 볼 수 있듯이 세계시민교육은 말 그대로 세계시민의 양성을 도모하는 교육 기제이다.

이러한 교육적 시도는 국가 단위에 결박된 시민이라는 인식을 벗어나 비판적 성찰과정을 통해 세계인으로서의 보편성과 합리성을 추구하며 다원적 시민성을 고취하는 교육이다. 과거에 시민성은 국민국가의 맥락에서 국가적 경계에 의해 구성된 개인의 정체성을 개념화했다면, 전 지구화로 세계 간 상호의존도와 관련성의 밀도가 높아지면서 다원적 시민성을 강조하는 쪽으로 변화한다(김진희, 2011a; 한양대학교 다문화교육센터, 2012). 시민은 한 국가의 시민일 뿐만 아니라 여러 국가가 연합된 지역의 시민으로서 세계시민적 지위를 다중적으로 가진다(Habermas, 1998). 이에 하버마스는 세계시민의식이 지구사회를 형성하는 기초라고 역설하면서, 세계시민적 연대의식을 함양해야 한다고 주장하였다(Habermas, 1998). 이러한 점을 보건대, 국민국가의 '컨테이너'에서 벗어나서 새로운 형태의 시민사회의 출현과 그에 걸맞은 새로운 형태의 교육이 필요하다는 점에서 세계시민교육은 사상적, 실천적 토대를 갖추고 있다(허영식, 2012).

3. 세계시민교육의 도전과 한계

'세계적(world)', '지구적(global)', 그리고 '코스모폴리탄(cosmopolitan)' 함양 교육은 언제나 일관성 있게, 논리적으로 전개되는 것이 아니며, 합의된 개념적 틀도 이루어지지 않았다(Davies, Evans, & Reid, 2005: 77). 그런 점에서 현재까지도 글로벌교육은 분절적이라 할 수 있다. 영국에서 1970년대에 다문화주의를 글로벌 맥락에서 접근하는 교육은 1980년대에는 반인종교육(anti-racist education)으로 대체되며 전개되었다. 미국에서 세계교육은 1980년대부터 교사들이 전 지구적 이슈를 교육과정에서 다루는 교수법을 개발할 때 활발하게 논의되었다. 확실한 것은 2000년대의 글로벌교육은 1980년대보다 더욱 많은 정책적 관심과 주목을 받고 있다는 점이다. 영국 지방 정부들은 교사를 위한 국제교육과 연수(International Education and Training)에 보다 많은 재원과 정책 지원을 아끼지 않았고, 옥스팜과 같은 글로벌시민단체들은 빈곤 타파, 사회정의, 생명, 평화를 지역 현장에서 실천하기 위한 교육적 활동을 전개하고 있다. 아울러 영국의 국제개발청(Department for International Development)은 전 세계 빈곤 해소를 위한 세계시민적 활동을 추진하면서 시민교육의 글로벌 차원에 대한 담론을 주도하고 있다(Davies, Evans, & Reid, 2005).

그러나 세계시민교육은 그것의 지향성과 목적의식으로 인해서 국민국가 단위의 교육과정에서 적극적으로 다루어지지 않았으며, 그 개념과 실천에 있어서 도전과 과제를 남겨두고 있다. 특히 세계시민교육을 방법론적으로 추진하는 데 있어서 고려할 도전 사항은 몇 가지 있다. 현대사회는 '국가주의 vs 탈국가주의' 간 괴리가 분명히 존재한다. 국가주의적 관점에서 세계시민교육은 전 세계를 지배할 엘리트시민을 양성하기 위한 도구적 교육으로 변환될 수 있지만, 탈국가주의적 관점에서는 세계평화와 지구공동체의 번영을 위한 시민교육으로 방향성을 찾게 된다. 다시 말해서 세계시민교육은 국가의 글로벌 인재개발교육으로 정치되거나, 혹은 반대로 세계 공영을 위한 시민교육이라는 두 가지의 평행선을 내포하고 있다. 이는 현대세계의 두 가지 모순적 체제와 맞물린다. 하나는 강력한 지역적 자치와 지역주의(localism)이며 나머지 하나는 보다 강한 글로벌리즘(globalism)의 개념으로서 글로벌 가버넌스(governance)를 지지하는 입장이다. 그러나 오늘날 국가간의 이해관계를 대변하는 유엔(UN)의 한계를 인식한다면 글로벌 멤버십이라는 아이디어를 표현할 실질적 장치가 구축되지 않은 현실에서 세계시민적 정체성은 무정부적 자유주의로 변질될 우려가 있다. 자유주의적 전통에서 시민권은 완전히 개인주의적 용어로 구성되기 때문이다. 한편 마르크스주의적 사상에서 시민권은 세계체제가 상정하는 자본의 재생산을 비판하고, 사회적 약자를 위한 아래로부터의 연대를 모색하는 것이 세계시민교육의 실현방법으로 규정할 것이다. 이처럼 세계시민교육은 그것이 가진 이념적 스펙트럼에 따라 다양하게 전개될 수 있고 이상적 담론이 아닌, 실질적인 세계시민교육의 토대를 형성하는 글로벌 가버넌스와 프로그램이 미비한 한계가 노정되어 있다.

세계시민주의에 대한 회의적 입장을 탈식민주의 관점, 엘리트 세계시민주의의 관점, 그리고 신슈미트주의 관점이라는 세 측면에서 분석한 허영식의 연구(2012)는 세계시민교육의 제약을 분석하였다. 탈식민주의적 관점은 글로벌 이동이 빈번한 이주사회에서 세계시민의 모습은 관광객과 방랑자로 표현될 수 있기 때문에 하버마스의 공공적 담론을 통해 세계시민성을 재구조화할 필요가 있다. 여기서 지구적 수준에서 발생하는 불평등의 구조를 파악하고, 탈식민주의적 역사적 성찰이 요구된다. 다음으로 엘리트 세계시민주의는 문화적 자본을 갖춘 교육 받은 시민, 지식인, 예술가들이 '아래로부터의 세계시민주의'를 설파하는 계몽적 세계시민성이 강조하고 있어서 지역 풀뿌리 차원의 소수자를 포용하는 세계시민주의적 민주주의를 실현하는 데 한계를 가진다는 관점이다. 마지막으로 신슈미트주의적 관점에서는 오늘날 세계시민주의적 민주주의가 기존의 권력구도의 재편을 민주화하려는 혁신적 시도를 취하는 교육개혁으로 이어지지 못하는 한계가 있으며, 심각한 글로벌 이슈를 평화적으로 해결하는 절대적 대안이 될 수도 없다는 점을 비판한다. 그 이유는 첫째, 세계시민주의적 민주주의의 구상은 국민국가의 민주화를 전제로 하는 취약점을 갖고 있다. 밑으로부터의 합의도출을 통한 민주주의 구현은 현재로서는 공상적 희망에 가까울 수 있다는 것이다. 둘째, 오늘날 지구촌문제가 민주주의의 보급과 확산을 반드시 보장하지 못한다는 것이다. 오히려 권위주의 정권은 글로벌 이슈의 위험담론을 이용하여 정치적 개입을 강화하고 권위주의적 정권 안정화에 이용할 수 있는 여지가 많다. 셋째, 규범적 원칙과 가치의 결속력이 세계시민교육의 한계를 노정한다는 점이다. 정치적 패권과 지배권이 존재하는 상황에서 인류의 규범과 가치가 모든 국가와 민족을 민주적으로 결속시킬 수는 없다.

따라서 세계시민교육이 국가 단위에서, 또한 초국적 단위에서 제대로 실천되기 위해서는 이러한 담론구조의 복합성과 한계를 분석하고, 탈국가적 시민으로서 성찰적으로 행동하는 행위주체의 참여가 무엇보다 중요하다. 마지막으로 세계시민교육에서 '세계'와 내가 몸 담고 살아가고 있는 '지역'의 관계성에 대한 치열한 고찰이 경험적 사례를 통해서 체계적으로 이루어지지 않았다는 점도 도전과제이다.

Ⅳ. 다문화교육과 세계시민교육의 조우: 교육적 함의와 쟁점

지금까지 다문화교육과 세계시민교육의 개념과 특징을 살펴보았다. 개념의 포괄성과 다양한 해석적 접근으로 인해 이들 교육을 한 마디로 정의하기는 쉽지 않다. 교육을 실천하는 각 국가의 교육목표 및 상황에 따라 상이할 뿐만 아니라, 전 지구적 이슈의 발생과 국제 관계의 성격에 따라 조금씩 달라질 수 있기 때문이다. 본 절에서는 다문화교육과 세계시민교육의 관계를 살펴보고 이들이 조우하면서 도출되는 교육적 함의를 분석하고자 한다.

1. 다문화교육과 세계시민교육의 개념적 근접성과 교수방법의 유사성

본 연구의 양대 분석 축을 형성하는 다문화교육과 세계시민교육은 글로벌화가 심화됨에 따라 교육과 학습 양식이 새롭게 재구조화되는 국제교육의 본령을 형성하는 교육 분야이다(Sleeter & Grant, 2009).

다문화주의와 세계시민주의를 융합하게 될 경우, 기존의 국민국가 단위의 문화단일주의에서 설정해 온 교육 내용, 교수법, 교육문화, 그리고 교육 관계는 재구성된다. 2009년 개정 교육과정에 따르면 사회과 교육과정 내용(2011년 고시)에서 예비교원 및 현직교원을 위한 다문화교육의 필요성이 높아지고 있음을 알 수 있다. 또 오늘날 모든 교육지표와 사회지표는 OECD의 세계지표를 기준으로 비교·해석되고 있기에, 세계 간 상호연관성은 교육계에서도 긴밀해 지고 있다. 더욱이 전술하였듯이 2010년에 우리나라가 OECD DAC에 가입하여 공적개발원조 분야에 활발히 참여하면서, 우리나라의 이해관계를 넘어서 세계의 빈곤 해소와 지구 공동체의 발전을 위해서 세계시민교육의 중요성이 강조되고 있다.

이를 볼 때 첫째, 다문화교육과 세계시민교육은 정치사회적 맥락에 따라 그 수요와 필요에 민감한 영향력을 주고받기에 교육적 외재성이 높은 영역이라는 점에서 공통점을 가진다.

둘째, 다문화교육과 세계시민교육은 다양성을 근간으로 하는 글로벌시대에 맞는 창의적이고 능동적인 민주시민을 키우는 교육이라는 점에서도 또한 공통점을 가진다.

셋째, 기존의 교육세계가 준거로 삼아 온 동일한 언어적, 민족적, 집단적 배경을 가진 동형질 국민국가 중심의 접근(nation state – centred approach)에 대한 변화를 기획하는 교육 기제이다. 즉 교육내용, 환경, 방법, 체제에서 '이질성(heterogeneity)'과 '다양성(diversity)'을 인식하고, 학습자의 열린 변화를 촉구하는 교육이라는 점에서 공통의 특징을 가진다.

넷째, 다문화교육과 세계시민교육은 주지주의(主知主義) 교육학이 상정한 이론과 관념 중심의 교육이라기보다는 '경험'과 '활동'을 통해 학습자의 성찰과 실천을 중요시한다는 점에서 유사하다. 즉 교수자는 학습자의 다양한 학습경험을 하나의 유의미한 교수학습의 자원으로 활용한다.

다섯째, 교수방법 및 전략 측면에서 두 교육 분야는 학습자 중심주의 교수법(learner centred pedagogy)과 평등주의 교수법(equity pedagogy)을 적용할 때 높은 학습 성과를 가져올 수 있다.

여섯째, 다문화교육과 세계시민교육은 학교교육의 경계를 넘어서 평생학습 차원에서 지속적으로 전개되어야 하는 교육영역이다. 정해진 학령기 학습자가 특정한 시기에 배워서 한 번에 달성할 수 있는 정형화된 교육목표와 내용을 가진 분야가 아니기 때문에, 정규 교육체제를 넘어서 인간이 전 생애 동안 경험하게 되는 다문화상황, 글로벌화 맥락을 삶의 역동적 단계에서 조응하는 지혜와 역량이 필요하다.

일곱째, 다문화교육과 세계시민교육은 학급환경을 하나의 커뮤니티로 상정하고, 작은 커뮤니티 내에서 폭력, 차별, 편견, 사회정의 등 다문화적이고, 전 지구적인 국제이슈를 상황별로 적용하는 실제 학습(real learning)이 이루어지도록 총체적 접근을 강조한다는 점에서 유사성을 가진다(Noddings, 2005).

마지막으로, 다문화교육과 세계시민교육은 '나'의 개별적 능력을 극대화하고 지식의 총량을 제고하는 교육이라기보다는 '모두가 함께 살아가는 학습(learning to live together)'라는 점에서 모종의 공동체 지향성을 담보하는 교육이다.

2. 다문화교육과 세계시민교육의 통약 불가능한 특수성

근접 개념으로서 다문화교육과 세계시민교육은 공통 요인과 포괄적인 교차 지점을 가지지만, 차이점도 분명히 있다. 비교 분석을 위해 두 교육을 정리하자면, 다문화교육은 인종, 민족, 언어, 종교, 성별, 계층, 장애 등 다양한 구분으로 인해 개인과 집단이 차별받지 않도록 평등한 교육기회를 보장하는 교육이다. 이는 단순히 문화 간 이해 증진 교육이라기보다는 평등(equity), 다양성(diversity), 정의(justice)를 핵심가치로 추구하며 '사회변화'를 촉구하는 개혁적 민주시민교육이다. 반면 세계시민교육은 국가를 넘어서 전 지구적 문제 해결을 위해 세계공동체의 연대와 협력을 강조하고, 세계인이 전 지구적 이슈를 '이해'하고 '참여'하는 역량을 키우는 시민교육이다. 그런 측면에서 학습자는 국제사회의 시민으로서 지구촌이 직간접적으로 직면하는 빈곤, 인구, 인권, 환경, 평화의 문제에 대한 비판적 사고력과 참여 능력을 함양할 수 있는 교육이다.

다문화교육과 세계시민교육을 실천적 측면에서 보자면, 현재 우리나라에서 다문화교육은 한국 사회가 다인종·다문화사회로 전환되기 시작함에 따라 정부 차원에서 대응책을 마련하고 정책적 지원으로 실행되고 있으나, 세계시민교육은 탈국가적 시민성을 강조하는 특성으로 인해서 국민 국가 단위의 정부가 적극적인 의지를 가지고 교육과정 내에서 정책적으로 추진하는 교육이 아니라는 점에서 차이가 있다. 물론 2015년 인천 송도에서 열린 세계교육포럼(World Education Forum) 이후 유엔 중심의 국제사회의 공통의 교육의제로서 세계시민교육을 한국정부가 확산하는 노력이 있지만, 탈국가적 세계시민의 본질에 대한 정부, 학계, 시민사회의 다각적인 토론과 성찰은 간과되어 온 측면이 크다. 전자는 사회통합을 위해서 필수불가결한 교육적 처지이자 개입으로 인식되지만, 후자는 어느 정도 중요성은 인정되지만 중장기적인 지구사회의 과제이기에, 국가의 교육 정책으로서 민감도와 우선수위에서 유약한 것이 사실이다.

    지금까지 다문화교육과 세계시민교육을 비교·분석한 연구는 거의 없었지만, 다문화교육과 유사 개념으로서의 국제이해교육 및 세계시민교육을 논의한 연구들(강순원, 2009; 김진희, 2011a; 김진희, 2013; 김현덕, 2007; 설규주, 2004)에서는 다양한 해석을 시도한다. 김현덕(2007)은 다문화교육은 국가 내 이민족간의 갈등을 해소하고 공존을 목적으로 발현된 교육이며, 국제이해교육은 공동체적 시각을 통해 세계 간 상호이해와 세계문제를 공동으로 해결하기 위해 출발한 교육으로 정의하면서, 초기에 갈등구조에 놓여있던 다문화교육과 국제이해교육은 그 발전과정에서 점차 통합적 양상을 보인다고 설명하였다. 강순원(2009)은 현재의 다문화교육은 분리주의에서 융합주의로 나아가고 있다고 진단하고, 국제이해교육은 인민의 평등권, 평화유지, 인종차별금지, 지속가능한 개발과 국제협력교육의 일환으로 전개되고 있음을 설명하였다. 그는 다문화에 대한 존중과 이해는 자칫 문화상대주의로 흐를 수 있음을 경계하고 세계시민교육은 가치 중심의 정체성과 실체가 없는 세계정부의 가버넌스(governance)로 인해서 한계를 가진다는 점을 비판하였다. 김진희(2011b)는 한국사회에 유입된 새로운 구성원으로서 결혼이주민과 이주노동자에 대한 실증 연구를 통해서, 일반시민과 이주민 모두를 위해서 복합적 시민성(plural citizenship)을 개발하고 평생학습 차원의 세계시민교육이 전개되어야 한다고 주장했다. 이민경(2008)은 다문화교육이 국민국가 유지를 위한 사회화의 도구로 활용되는 기능주의적 교육론으로 접근되는 경우가 많기 때문에 이제는 다문화적 지식 제공보다는 다문화사회에서, 넓게는 세계공동체에서 살아가는 비판적이고, 책임 있는 글로벌 시민의 태도를 함양해야 한다고 주장했다.

    이러한 논의들을 볼 때, 다문화교육은 지식과 내용에 초점을 두고 있고 교육 체제 내에서 반편견교육과 평등교육을 실천함으로써 변화를 유도하는 교육이지만, 세계시민교육은 지구적 이슈에 대한 인식을 함양함으로써 학습자들이 학교 담장을 벗어나서 세계시민적 행위를 실천할 수 있도록 유도하는 보다 거시적인 시민교육이다. 말하자면 다문화교육과 세계시민교육은 여전히 통약 불가능한 그 나름의 상이점과 특수성을 가지고 있다고 하겠다.

다문화교육의 주된 목적은 인종, 민족, 언어, 종교, 성별, 계층, 장애, 성적 취향 등 다양한 특성을 가진 개인들이 어떠한 형태의 차별이나 소외로부터 자유로운, 평등한 교육기회를 누리는 데 목적을 두고 있다. 즉 다민족 '국가 내' 민족 간의 갈등 해소와 공존을 모색하기 위해 시작된 교육으로서 다양한 집단 간의 차이점이나 공통점에 대한 '이해'보다는 이들의 특성을 존중하고 평등과 사회정의를 위해 '개입'하자는 측면에서 '차별을 해소하는 사회변혁적 교육'을 가리킨다(김진희, 2012; 김현덕, 2009; Banks & Banks, 2010). 형평성(equity), 다양성 내의 통합(unity within diversity), 정의(justice) 등을 핵심가치이자 목표점으로 해서 민주사회를 형성해야 한다는 것이다. 특히 미국의 다문화교육은 (1) 평등교수법을 실천하는 평등지향운동을 목표로 하고, (2) 다양한 관점에서의 교육과정을 재검토하는 교육과정개혁이며, (3) 자신의 문화적 관점뿐만 아니라 타인의 문화적 관점도 이해하게 되는 과정으로서 다문화적 역량을 함양하고 (4) 인종차별주의, 계급차별주의와 같은 모든 유형의 차별과 편견에 대한 저항으로서 사회정의를 지향하는 가르침을 실행하는 것을 그 목표로 설정하고 있다(Bennett, 2010).

그러나 세계시민교육은 발생배경 자체가 세계화와 밀접하게 관련되어 있다(허영식, 2012). 국가 내의 갈등과 문제가 아니라, 국가를 넘어서 전 지구적 문제 해결을 위해 지구적 연대와 협력을 강조한다. 그것은 국경을 초월해 세계인이 하나의 공동체 시각을 갖고 세계체제를 '이해'하고 전 지구적 이슈를 '해결'하는 역량을 키우는 교육이다. 여기서 교육 목적은 학습자들이 국제사회의 시민으로서 타국의 문화와 세계문제에 대한 이해를 증진하여 지구촌 전체가 직간접적으로 경험하고 있는 빈곤, 인구, 인권, 환경, 교육의 문제에 관심을 갖고 이에 대한 공동체적 해결방안을 모색하는 데 초점을 둔다. 즉, 세계시민교육은 국가 간 이해와 세계 공존, 평화교육, 국제사회 문제해결, 국제사회 책임의식 등에 세계적 시각과 참여적 태도를 강조하는 것이다. 이는 단순히 하나의 국가 내에서 소수민족집단 간의 평등 및 조화로운 균형의 문제라기보다는, 모든 지구촌 구성원 간의 열린 태도와 초국적 상호학습 맥락(transnational learning context)을 존중하는 교육이다. 따라서 다문화교육은 소수 집단이 주류사회에서 차별과 소외를 받지 않도록 공정한 학습기회를 제공하는 '사회변혁적' 교육이라면, 세계시민교육은 세계를 하나의 단위로 인식하여 세계 안에 다양한 문화 및 사람들과의 상호의존성을 이해하는 '보편적 인류 공영'을 추구하는 가치 지향적 교육이자 그 실천이라는 점에서 차이점을 가진다.

이러한 이질성과 특수성으로 인해서 다문화교육학자는 세계시민교육이 국내 문제에 무관심하고 지역 내 다양성과 평등한 교육 기회에 대해 개입하지 않는 국제적 엘리트주의자의 허상이라고 비판하고, 반면 세계시민교육론자들은 다문화교육이 소수자의 지위향상만 강조함으로써 오히려 문화적 분리주의를 조장하고 세계가 당면한 국제 이슈와 세계 간 불평등과 차별에 대해서는 안일한 태도를 견지하는 협소한 개혁이라고 비판하는 것이다(김현덕, 2007). 이러한 맥락에서 다문화교육을 많이 받은 학습자라 할지라도 반드시 세계시민적 역량이 높다고 장담할 수 없고, 세계시민교육을 충분히 받은 학습자라 할지라도 다문화역량 및 다문화 실천도가 반드시 높다고 할 수 없을 것이다.

3. 다문화교육과 세계시민교육의 융합

다문화교육과 세계시민교육은 그것의 관계론적 유사성과 차이점이 있지만, 두 교육 영역의 조우는 오늘날 교육현장에 주는 시사점이 적지 않다. 학계에서도 다문화교육과 세계시민교육은 분명히 구별해야 한다는 입장, 다문화교육이 세계시민교육을 포괄한다는 관점, 역으로 세계시민교육이 다문화교육을 포괄하면서 종합적인 글로벌교육으로 나아가야 한다는 관점 등이 상이하게 혼재되어 있다. 분명한 것은 '다문화'와 '세계시민성'은 태생적 차이를 가진 개념이고, 실제로 이를 교육 영역에서 반영하고 수렴하는 것은 교육적 상황과 맥락에 따라 달라질 수 있다는 점이다.

설규주(2004)는 상호 양립 불가능한 성격을 내재한 두 교육 분야를 설명하면서 다문화교육은 태생적으로 '다양성'을 잉태한 개념이고, 세계시민교육은 특수성을 초월하는 인류 '보편성'을 강조한다는 점에서 선명한 차이를 가진다고 보았다. 그러나 그는 이어서 세계시민교육의 보편성이 획일주의로 환원되지 않도록 지원하고 개입하는 교육이 다양성을 중시하는 다문화교육일 수 있으며, 특수한 집단과 정체감의 폐쇄성이 문화적 분리주의와 방관적 다문화주의로 고착화되지 않도록 보완하는 교육이 세계시민교육이 될 수 있다고 보았다. 이를 볼 때 다문화교육의 핵심적 가치는 문화적 다양성의 인정과 인간의 존엄성 그리고 보편적 인권에 대한 존중이라는 점에서 그것은 세계시민교육이 지향하는 바와 양립 불가능한 대척지점에 놓여 있지는 않다.

따라서 다문화교육과 세계시민교육은 상보적 관계를 형성할 수 있는 것이다. 다문화주의의 출발이 한 국가 내에서의 다양한 문화의 존재를 인정하고 이해하는 것이라면 이것이 한 단계 나아가, 국가 단위를 초월해 세계 수준으로 확장시켰을 때는 '함께 살아가는 교육'이 국가적(national) – 지역적(regional) – 국제적(international) 단위에서 전개될 수 있는 것이다. 그런 측면에서 다문화교육과 세계시민교육은 단순히 교육과정을 일부 개정하거나 학교체제의 변화에 머무는 것이 아니라, 글로벌 시대에 살아가는 우리 구성원들이 주체적으로 사고하고 참여하면서 사회 전체의 질적인 변화를 도모하는 평생학습차원의 민주시민교육으로 볼 수 있다(김진희, 2012).

이를 볼 때 두 교육영역의 상호 보완을 통해서 융복합 교육프로그램이 개발되는 것은 유의미하다. 즉 다문화교육과 세계시민교육의 융복합 프로그램의 목표는 "우리 동네와 내 삶의 다문화적 동태를 바라보고, 세계의 눈을 통해 다시 우리(지역)를 돌아보고 참여할 수 있는 성찰적 세계시민을 키워내는 교육"으로 재구조화될 수 있다.

향후 우리 교육계에서는 보다 깊은 고민과 성찰이 필요하며, 다음과 같은 과제를 제시하고자 한다.

첫째, 우리사회에서는 누구나 인종, 종교, 국적, 계층, 성의 배경에 차별받지 않고 평등한 교육 기회를 전 생애에 걸쳐 향유할 수 있도록 보장하는 교육적 안전망이 필요하다.

둘째, 혈연 중심의 민족주의, 국가주의를 넘어서 자신이 살고 있는 세계 공동체의 책임 있는 시민으로서 지역 커뮤니티와 국제사회에 긍정적 영향을 끼칠 수 있는 시민 양성이 이루어져야 할 것이다.

셋째, 글로벌교육으로 범주화되는 다문화교육과 세계시민교육을 보다 활성화시키기 위해서는 대화와 소통을 유도하는 공론의 장이 폭넓게 마련되어야 할 것이다. 예컨대 우리사회에서도 절대 빈곤상태로 살아가는 취약 계층이 엄연히 존재하는데, 왜 굳이 저 멀리 떨어진 아프리카 대륙에서 에이즈와 기아로 죽어가는 어린이를 지원해야 하는지에 대한 논쟁부터 의미 있을 것이다. 하버마스의 의사소통행위이론(theory of communicative action)은 공론의 장에서의 합리적 의사소통과 개별주체의 반성이 건강한 시민사회를 형성하는 기제라는 것을 역설하였다. 따라서 인식의 공유와 토론, 이를 통한 사회적 환기는 우리 사회를 민주적으로 성숙하게 하는 소통의 시발점이라 할 수 있다.

넷째, 교육현장의 변화를 이끄는 물꼬는 교사에서부터 출발해야 한다. 교사도 끊임없이 배우는 학습자이다. 글로벌교육 체제에서 강조되는 다문화교육과 세계시민교육의 핵심 가치와 내용을 교육과정(형식적/잠재적 교육과정)에 유의미하게 융합할 수 있도록 교사 스스로 세계시민적 정체성을 가지고 새로운 배움을 지속적으로 이어질 수 있도록 교직사회의 문화적 토양이 형성되어야 한다. 이는 글로벌 체제가 강화되는 새로운 변화의 시대에 교사와 학생간의 교육적 감화가 시작되는 토대라는 점에서 중요하다.

다섯째, 다문화교육과 세계시민교육의 성숙을 위해서는 특정한 연령, 시기, 공간에서 단시간에 이루어지는 교육이 아니라, 생애에 걸쳐 지속적으로 재구성되는 평생학습과정이며, 평생교육적 실천이 수반되어야 한다.

V. 결론: 담론적 가능성과 과제

지금까지 본 연구는 다문화, 글로벌화 맥락에서 새로운 교육적 대응으로 주목받고 있는 다문화교육과 세계시민교육의 제 특징과 관계성, 그리고 교육적 함의를 고찰하였다. 새로운 교육환경의 도래는 다문화주의와 세계시민주의를 반영한 교육 철학의 재정립, 다문화·세계공동체적 인식론을 융합한 교육 내용의 변화, 다양한 인종적, 민족적, 문화적 배경을 가진 학습자 및 초국경 학습 경험에 대한 이해, 비판적 사고력과 실천을 강조하는 평생학습 차원의 교수방법의 다각화, 세계 체제적 관점에서의 교사교육 지평 확장 등 교육 사회의 변화를 요청하고 있다.

본고는 다문화교육과 세계시민교육은 모두가 함께 살아가는 학습(learning to live together) 여정이라는 것을 강조한다. 이에 두 교육 영역은 특정 시기, 특정 대상, 특정 공간을 넘어서 학교 안과 밖의 경계를 넘나들면서 시민사회에서 꾸준히 전개되는 것이 보다 바람직하다. 다문화교육과 세계시민교육은 다른 어떤 교육보다도 '세계'와 '나'의 관계성을 고찰하는 학습자의 성찰과 반성적 실천(praxis)을 요청하는 교육 영역이다. 따라서 학습자가 수동적으로 '받는' 교육보다는 자신의 경험과 실천을 바탕으로 '참여하는' 교육으로 거듭나, 다양성과 사회정의를 존중하고, 더 나아가 지역사회를 무대로 세계시민교육의 실제가 구현되도록 기획하는 것이 보다 효과적이다.

　　요컨대 세계 간 상호의존성이 점증하고 전 지구적 영향력이 일상세계까지
미치는 오늘날, 우리는 글로벌시대에 알맞은 창의적이고 혁신적인 교육이 필요
하다. 다문화교육과 세계시민교육은 글로벌시대에 재편되는 교육의 내용과 체
제 변화를 보여주는 중추적인 교육분야이다. 다시 말해 다문화·다인종사회에서
이질적인 사회구성원들과 소통하며 새로운 변화를 모색하는 다문화교육과 국가
의 경계와 범주를 초월하여 사고하고, 성찰하고, 행동하는 것을 도모하는 세계
시민교육은 그리 멀지 않다. 다문화교육은 교육자와 학습자, 우리 스스로가 다
문화적 존재(multicultural entity)로서 다양한 경계를 넘을 수 있는 유연성을 가지
도록 하며 참여와 소통을 통한 다원적 시민성을 키워가는 견인차적 역할을 한
다. 또한 문화 다양성을 수용하고, 다문화적 의사소통력을 키우는 것은 세계인
으로서의 자질과 태도 형성과 밀접한 관계를 가진다. 세계시민교육의 실현 역
시 다문화적 학교환경, 다문화적 지역사회에서 풀뿌리 형태로 전개될 수 있다
는 점에서 두 영역은 지속적으로 교차하면서 상보적 관계를 가진다. 따라서 앞
으로 교육자들은 다문화교육과 세계시민교육을 교육과정 측면에서, 교육내용
차원에서, 교수방법 측면에서, 학습 성과 과정에서 다양하게 활용하는 연구와
실천적 노력이 필요하다.

　　앞으로 이를 위해 크게 두 가지 접근이 필요할 것이다. 첫째, 교육 당국은
다문화, 글로벌화에 발맞추어 세계시민으로서의 교수자와 학습자의 정체성을
고양할 수 있는 교육적 지원 사업이 학교교육에서 뿐만 아니라 학교 밖의 다양
한 영역에서도 꾸준히 전개될 수 있도록 정책적 지원을 아끼지 않아야 한다. 둘
째, 교육현장의 능동적 참여와 변화를 유도하기 위해서는 체계적이고 효과적인
교원 연수 프로그램이 제공되어야 한다. 실제로 교육 현장에서 최근의 일련의
변화에 대해 교사들은 혼돈과 갈증을 경험하고 있으며, 동시에 다문화교육과
세계시민교육을 잘 가르치고자 하는 의욕도 적지 않다. 체계적인 교원 연수(직
전교육/현직교육)를 통해 교사들이 다문화교육과 세계시민교육에 대한 이해의 지
평을 넓히고, 우리나라 교육현장의 질적 변화가 추동되도록 해야 한다. 교사 간

자발적 학습공동체를 통해서 다문화교육과 세계시민교육의 개념과 실제를 연구하고, 교육적 적용 방안을 마련할 수 있다면 글로벌교육이 현재의 교육 체제에서 보다 유의미하게 수렴될 수 있을 것이다. 다문화교육과 세계시민교육을 통해 우리 교육은 새로운 교육사적 여정을 써내려가고 있다고 볼 수 있다.

다문화교육과 세계시민교육: 개념, 담론, 관계

이 논문은 전 지구적 이동(global mobility)이 증대하고 세계간 상호영향력이 심화되는 오늘날, 글로벌교육의 주요 교육영역으로서 새롭게 주목받는 다문화교육과 세계시민교육의 특징과 그것의 교육적 함의를 고찰하는 데 목적을 두었다. 이를 위해 다문화교육과 세계시민교육의 담론 동향을 각각 분석하고, 다문화교육과 세계시민교육이 조우할 경우 개념적·교육 실천적 측면에서 나타나는 유사성과 특수성 등 다층적인 관계를 분석하였다. 현재 우리나라의 교육 지형은 글로벌화·다문화 맥락이 투영되면서 조금씩 변화하고 있으나, 여전히 현장의 교육자들은 다문화교육과 세계시민교육의 다양한 기호들로 인해서 개념적 혼란을 겪으며 그것의 실천 방안에 물음표를 제기하고 있는 것이 사실이다. 이에 이 글에서는 두 교육 개념의 이론적 윤곽을 정교화하고 교육실제에 대한 이해의 지평을 넓혔다. 마지막으로 다문화교육과 세계시민교육이 새로운 시대의 교육적 필요와 학습자의 다변화된 수요를 능동적으로 반영할 수 있도록, 단순히 학령기의 정규 교육체제에서뿐만 아니라 평생학습차원에서도 지속적으로 외연을 확장해야 한다는 방향성을 논리적으로 제시하였다.

주제어: 다문화교육, 세계시민교육, 평생학습

Understanding Multicultural Education and Global Citizenship Education: Theory, Discourse and Conceptual Relations

Thanks to the impact of globalized educational discourses and the resulting changes, much attention has been paid to multicultural education and global citizenship education in Korea. This study attempted to demonstrate the characteristics and conceptual relations of similarity and differences between multicultural education and global citizenship education. Finally, the study sought to produce educational implications and policy recommendations in response to a change in global education discourse and the accompanying practices.

The major findings of the study showed that multicultural education and global citizenship education could be conceptualized as mechanisms for "learning to live together," emphasizing diversity, equality and involvement in a global community. This type of education should be promoted while espousing an epistemology of lifelong learning, not only within the formal education system, but also in society as a whole. Despite the differences between multicultural education and global citizenship education, both fields are capable of continuously complementing each other. The study shows that multicultural education and global citizenship education emphasize critical reflection and engagement (praxis) by the learner rather than the formulation of knowledge and skills.

It was argued that teacher education and teacher training is a very important part of nurturing multicultural education and global citizenship education in practice, which can bring about changes for the better in the current field of education. As democratic citizenship education, both educations could play an important role in reshaping Korean education.

Keywords: Multicultural education, Global Citizenship Education, Lifelong learning

참고문헌

강순원(2009). 다문화교육의 세계적 동향을 통해서 본 국제이해교육과의 상보성 연구. 국제이해교육연구, 4(1), 5−56.

(Translated in English) Kang, S. W. (2010). A Study on the Interconnection of Education for International Understanding with Multi−cultural Education in the Global Context. *Education for International Understanding Studies*, 4(1), 5−56.

김진희(2011a). 다문화시대의 한국과 호주의 국제이해교육 특성과 과제. 비교교육연구, 21(1), 33−63.

(Translated in English) Kim, J. H. (2011a). A Study on Characteristics and Development of Education for International Understanding(EIU) in the Republic of Korea and Australia in the multi−cultural era. *Korean Journal of Comparative Education*, 21(1), 33−63.

김진희(2011b). 국제결혼이주여성과 이주여성노동자의 교육 참여 현실과 평생교육의 방향성 모색. 평생교육학연구, 17(1), 25−51.

(Translated in English) Kim, J. H. (2011b). Present education state of marriage−migrant women and female migrant workers: Reshaping lifelong education. *The Journal of Lifelong Education*, 17(1), 25−51.

김진희(2012). 호주사회의 국제난민을 둘러싼 다문화담론과 난민 이주민을 위한 교육. Andragogy Today, 15(3), 209−237.

(Translated in English) Kim, J. H. (2012). Discourses of multiculturalism and features of adult education provisions for refugee background immigrants' in Australia. *Andragogy Today : Interdisciplinary Journal of Adult & Continuing Education*, 15(3), 209−237.

김진희(2013). 국제개발협력 참여 경험을 통한 간문화 의사소통과 세계시민성 함양: 다문화교육에의 시사점. 청소년대상 다문화시민성 함양 교육 포럼 발표자료집, 23−40.

(Translated in English) Kim, J. H. (2013). *Enhancing Intercultural*

Communication Competency and Global Citizenship engaging with International Development Cooperation: Implications to Multicultural Education. Forum documents of Education for Multicultural Citizenship for Adolescent, 23–40.

김현덕(2007). 다문화교육과 국제이해교육의 비교연구: 미국사례를 중심으로. 비교교육 연구, 17(4), 1–23.

(Translated in English) Kim, H. D. (2007). A Comparative Study of Multicultural Education and Global Education in the U.S. *Korean Journal of Comparative Education,* 17(4), 1–23.

김현덕(2009). 미국에서의 다문화교육과 국제이해교육과의 통합에 관한 연구: 교사교육 과 대학교육을 중심으로. 비교교육연구, 19(4), 29–51.

(Translated in English) Kim, H. D. (2009). A Study on the Integration of Multicultural Education and Global/International Education in the U. S. *Korean Journal of Comparative Education,* 19(4), 29–51.

류방란·오성배(2012). 중도입국 청소년의 교육기회와 적응 실태. 다문화교육연구, 5(1), 29–50.

(Translated in English) Rieu, B. R., & Oh, S. B. (2012). An Analysis of Educational Opportunities for and Adaptation of Immigrant Youth. *Multicultural Education Studies,* 5(1), 29–50.

서덕희(2013). 이주민 집단에 따른 이주 배경 학생의 학교생활: 공통점과 차이점에 대한 메타분석을 중심으로. 다문화교육연구, 6(2), 23–58.

(Translated in English) Seo, D. H. (2013). Meta–Synthesis of Qualitative Research on School Lives of Students with Migration–Background. *Multicultural Education Studies,* 6(2), 23–58.

설규주(2004). 세계시민사회의 대두와 다문화주의적 시민교육의 방향. 사회과교육, 43(4), 31–54.

(Translated in English) Seol, K. J. (2004). The Rise of Global Civil Society and the Orientation of Multicultural Citizenship Education. *Theory and Research in Citizenship Education,* 43(4), 31–54.

이민경(2008). 한국사회의 다문화교육 방향성 고찰: 서구 사례를 통한 시사점을 중심으로. 교육사회학연구, 18(2), 31 – 54.

(Translated in English) Lee, M. K. (2008). Reflexion on the multicultural education in Korea: Focusing on implication of multicultural education in western country. *Korean Journal of Sociology of Education*, 18(2), 31 – 54.

유네스코 한국위원회(2013). 2012 Rainbow 청소년 세계시민프로젝트 활동보고서.

(Translated in English) UNESCO Korean National Commission (2013). *Report on adolescent's global citizenship project*. Seoul: UNESCO.

윤인진(2008). 한국적 다문화주의의 전개와 특성: 국가와 시민사회의 관계를 중심으로. 한국사회학, 42(2), 72 – 103.

(Translated in English) Yoon, I. J. (2008). The Development and Characteristics of Multiculturalism in South Korea – With a Focus on the Relationship of the State and Civil Society. *Korean Journal of Sociology*, 42(2), 72 – 103.

장인실·전경자(2013). 초등교사의 다문화교육 인식과 실행에 관한 사례 연구. 다문화교육연구, 6(1), 73 – 103.

(Translated in English) Chang, I. S., & Jeon, K. J. (2013). Case Study of Elementary Teachers' Perception and Practices for Multicultural Education. *Multicultural Education Studies*, 6(1), 73 – 103.

정세구(2002). 시민윤리교육과 도덕교육의 관련성 연구. 서울대학교 BK 21 연구보고서.

(Translated in English) Jung, S. G. (2002). *Theoretical relations between Civic Education and Moral Education*. Seoul National University Brain Korea 21 Reports.

한양대학교 다문화교육센터(2013). 청소년대상 다문화시민성 함양 교육을 위한 프로그램 주제 분류 및 가이드라인 자료집.

(Translated in English) Hanyang University's Multicultural Education Center (2013). *Program development and guideline for Education for multicultural citizenship for adolescent*. Seoul: Hanyang University.

허영식(2012). 다문화·세계화시대를 위한 세계시민주의의 담론과 함의. 한·독사회과학논총, 22(3), 57 – 86.

(Translated in English) Huh, Y. S. (2012). Discourse and Implications of Cosmopolitanism for a Multicultural and Global Age. *Journal of Korean –*

Germany Social Science, 22(3), 57－86.

Banks, J. A., & Banks, C. A. (2010). *Multicultural education: issues and perspectives*. Hoboken, N.J.: John Wiley and Sons.

Bennett, C. (2010). *Comprehensive Multicultural Education: Theory and Practice* (7th ed). Boston: Allyn & Bacon.

Branson, M. (1998). *The Role of Civic Education*. A forthcoming Education Policy Task Force Position Pa from the Communitarian Network.

Conley, M. W. (1989). Theories and attitudes towards political education. In M. A. McCleod (Ed.). *Canada and citizenship education*. Toronto Canadian Education Association.

Falk, R. (1994). The Making of Global citizenship. In B. Van Steenbergen (Ed.), *The condition of citizenship*. London: The Sage Publications.

Giroux, H. A. (1980). Critical theory and rationality in citizenship education. *Curriculum Inquiry*, 10(4), 329－366.

Gustavsson, B., & Osman, A. (1997). Multicultural Education and Life－Long learning. In S. Walters (Ed.), *Globalization, adult education and training*. London & New York: ZED books.

Habermas, J. (1998). *Die postnationale Konstellation*. Frankfurt: Suhkamp.

Heater, D. (1998). *World citizenship and government*. London: Macmillian Press.

Davies, I., Evans, M., & Reid, A. (2005). Globalising Citizenship Education? A Critique of 'Global Education' and 'Citizenship Education'. *British Journal of Educational Studies*, 53(1), 66－89.

Ichilov, O. (1998). Conclusion: The challenge of Citizenship education in a changing world. *Citizenship and Citizenship education in a changing world*. London: The Woburn Press.

Jarvis, P. (2007). *Globalisation, lifelong learning and the learning society*. London: Routledge.

Noddings, N. (2005). *Educating Citizens for Global Awareness*. Teachers College Press

Osborne, K. (1997). Citizenship education and Social Studies. In I. Wright & A.

Sear (Eds.), *Trends & issues in Canadian Social studies*. Vancourver: Pacific Educational Press.

Russel, T. (2005). *Learning to be Australian: provision of education programs for refugee young people on—journey and upon resettlement*. UNSW: The centre for Refugee Research.

Selby, D. (1994). Kaleidoscopic mindset: New meaning within citizenship education. *Global education*, 2, 20−31.

Sleeter, C. E., & Grant, C. A. (2009). *Making Choices for Multicultural Education: Five Approaches to Race, Class and Gender*(6th ed). Wiley.

Soutphommasane, T. (2006). After Cronulla: Debating Australian Multiculturalism and National Identity. Australian Mosaic, March−April.

Torres, C. A. (1998). Democracy, *Education and Multiculturalism: Dilemmas of Citizenship in a Global World*. Boston: Rowman & Littlefield.

세계시민의식과 도덕교육
: 글로벌 윤리와 중학교 도덕교육과정

글로벌시대의 세계시민교육

제3장

Ⅰ. 서론

마샬 맥루한(Marshall Mcluhan)은 급변하는 미디어의 기술적 발전이 가져다 주는 문화의 발전이 지구를 하나의 마을로 묶어줄 것으로 예측하면서 이미 1965년에 '지구촌'이라는 단어를 최초로 사용하였다. 20세기에 발의한 그의 예측은 적중했고 전 지구적 차원에서 세계화(globalization)와 지방화(localization)가 동시에 진행되면서, 글로벌 공동체라는 하나의 세계적 활동무대가 가시적으로 형성되었다. 실제로 21세기에 가속화되고 있는 글로벌화의 촘촘한 관계망과 상호 영향력은 정치, 경제, 문화, 그리고 교육의 제 측면에서 나타나고 있다. 그리스의 경제 파산과 영국의 유럽 연합 탈퇴 같은 굵직한 국제 뉴스들이 먼 나라 일로 치부되는 것이 아니라, 우리나라의 외환 및 주식 시장에 파장을 형성하고 일상 생활세계에 영향을 미친다. 유럽에서 발생하는 잇단 테러사건은 한국인에게도 '이주'와 '다문화주의'에 대한 거부감과 잡히지 않는 공포감을 조성하게 하거나, 심지어 평범한 시민들에게 유럽여행의 불안감을 형성하는 심리적 파장까지 주기도 한다. 시리아 내전으로 인해서 삶터를 잃은 국제 난민도 한국에 유입되기 시작했으며, 난민 지위를 인정받은 시리아 출신 소년이 전라도의 한 초등학교에 입학하게 되는 사례가 소개되면서 우리나라의 다문화교육을 되돌아보는 계기들이 더욱 빈번하게 발생하고 있다.

흔히 지구촌, 글로벌 공동체를 논할 때 중심체로 논의되는 기구가 193개의 회원국을 보유한 유엔(UN)이다. 유엔에서 상정하고 선포하는 국제적 약속과 의제들이 국내적으로 크고 작은 영향을 미치는 사회에 살고 있다. 이러한 유엔을 중심으로 한 국제사회가 2000년에 선포했던 새천년개발목표(Millennium Development Goals)의 달성 기한이 2015년에 종료됨에 따라, 2016년부터 2030년까지 전 세계의 교육발전을 이루기 위한 새로운 글로벌 교육의제들이 2015년 9월에 유엔 총회에서 역사적으로 선언되었다. 유엔 회원국인 한국 역시 이러한 움직임에 동참하여 글로벌 교육의제를 이행하기 위한 후속 조치에 관심을 기울이게 되었는데, 그중에서도 한국 정부가 국내외적으로 집중하고 있는 의제가 세계시민교육이다(김진희 외, 2014: 155). 이러한 노력은 국가 수준의 교육과정에서 지향하는 인재상의 변화에서도 감지된다. 한국 교육부가 발표한『2009 초중등학교교육과정 총론』에서 '추구하는 인간상'을 보면, 이전과는 달리 '세계와 소통하는 시민으로서 배려와 나눔의 정신으로 공동체 발전에 참여하는 사람'이라는 문구가 추가되어 있다는 점을 알 수 있다(교육과학기술부, 2009). 이는 일종의 세계시민교육적 접근이 국가 수준에서 최초로 언급된 것이라 할 수 있다.

그런데 세계시민교육이란 무엇인가? 세계시민주의와 세계시민성이 배태하는 광범위하고 복합적인 개념으로 인해서 하나의 합의가 학술적으로, 정책적으로 이루어진 것은 아니다. 그럼에도 불구하고 그것의 포괄적인 의미와 개념적 경계선은 다음의 윤곽을 가지고 있다.

세계시민교육은 발생배경 자체가 글로벌화와 밀접하게 관련되어 있다. 국가 내의 계층적, 문화적, 인종적 갈등과 공존의 문제가 아니라, 국가를 넘어서 전 지구적 문제 해결을 위해 전 지구적 수준의 연대와 협력을 강조하는 세계시민교육은 세계인이 하나의 공동체 시각을 갖고 세계체제를 '이해'하고 국제 이슈를 해결하는 데 '참여'하는 역량을 키우는 교육이다. 또한 세계시민교육은 세계를 하나의 단위로 인식하여 세계 안에 다양한 문화 및 사람들과의 상호의존성을 이해하는 보편적 인류 공영을 추구하는 가치 지향적 교육이자 사회적 실천을 도모하는 교육이다(김진희, 2015: 60; UNESCO, 2014).

국제사회에서 세계시민교육이 중요하다는 선언이 어떤 의미를 가지는지, 한국사회가 세계시민교육을 어떤 방식으로 이해하고 실천할 것인가에 대한 이론적 논의와 실천 방안을 고민한 최근 연구(김진희, 2015; 김진희 외 2014; 이성희 외, 2015; 이정우 외, 2015; 장의선 외, 2015a)들이 켜켜이 쌓여가기 시작한 것은 주목할 부분이다. 국제사회의 의제로서 세계시민교육이 중요하게 부상한 입지 때문만이 아니라, 우리나라에서는 글로벌화의 심화로 인해 국제 관계를 인식하는 중장기적인 관점에서 범 교과 차원의 세계시민의식 향상을 위한 접근이 다각도로 전개되기 시작했다. 해외 사례에 대한 비교 검토부터 시작해서, 국내의 교사－학생의 세계시민성 함양 정도에 대한 측정, 국내 범교과 차원의 접근에 대한 고민뿐만 아니라 개별 교과를 통한 세계시민성 구현에 대한 고민까지 다양한 주제에서 세계시민교육이 논의되고 있다. 본 연구는 이러한 맥락에서 한국에서 세계시민교육을 어떻게 교육적으로 담아낼 것인가를 이론적이고 방법론적으로 풀기 위해서 도덕 교육을 중심에 두고 있다.

그렇다면 왜 세계시민의식과 도덕 교육인가? 그것은 이론적으로 세계시민성과 동등 선상에서 거의 교차적으로 혼용되거나 논의되는 코스모폴리타니즘(cosmopolitanism)이 가진 담론에서 연관지을 수 있다. 코스모폴리타니즘은 모든 인간이 규범적으로 하나의 공유된 도덕성(shared morality)을 가진 단일한 공동체에 속해 있다고 보는 하나의 관점이자, 이데올로기이다. 이 공동체는 글로벌한 국가와 지역 단위를 포함하는 것이며 포괄적인 도덕성에 기초하면서도, 공유된 망을 가지는 경제적 관계나 정체적 구조에 기초하고 있다. 코스모폴리타니즘 이론을 연구하는 철학교수인 콰메 앤소니 아피아(Kwame Anthony Appiah, 2006)는 모든 개인이 각자 품고 있는 종교적, 정치적 신념이 상이함에도 불구하고 개별 주체는 타자와의 관계에서 상호 존중의 관계를 맺어야 하며 인류 보편적인 도덕성을 품어야 한다고 주장하였다. 바로 이러한 논의로 인해서 세계시민의식이라는 것이 도덕적 이상주의에 그친다는 논쟁이 있으며, '인간이 세계 공통으로 이타적인 존재인가'라는 철학적 물음으로 번지기도 한다. 분명한 것은 세계시민교육이 교육 분야 가운데서도 특히 윤리적인 가치 지향성을 가지고 있다는 점에서 도덕 교과는 매우 밀접한 연관을 가진다는 점이다.

그러나 역설적으로 우리나라에서 도덕교과는 사회과를 비롯한 인접교과에 비해 세계시민성에 대한 논의가 일천한 실정이다. 세계시민교육과 유사 개념인 국제이해교육, 다문화교육을 교과 내부로 끌어들여 담론이 전개된 시점 자체가 늦었을 뿐더러, 사회과와 차별성을 강조하기 위해 기존에 교과에 내재해 있던 정치 교육, 민주시민교육의 발전 방향을 충분하게 논구하지 못한 데서 그 원인을 찾을 수 있다. 또한 교과 내부의 사정으로 말미암아, 2007 개정 교육과정 이전까지 교육과정에 구현된 '도덕과의 성격'에 대한 지난한 논쟁이 이어졌고, '다양한 학문을 토대로 하되 윤리학적 접근을 중심으로 한다'는 거대 담론의 합의가 뒤늦게 이루어지는 바람에, 세계 조류에 민감하게 반응할 수 있는 구조가 형성되지 않았다.

그런데 전술하였듯이 세계시민을 연구하는 이론가들은 세계시민성을 기르기 위한 유의미한 장으로 도덕 교육을 주목하고 있다. 타인의 고통에 무관심하지 않고, 나의 존엄성에 비추어 전 인류의 존엄성을 고양해야 함을 주장한다는 점에서 세계시민교육은 분명 도덕교육에서 지향하는 인간상과 일정 부분을 공유한다고 할 수 있을 것이다. 이는 교육과정 개정 때마다 '바람직한 한국인 육성'과 '비판적 시민 육성' 사이에서 어느 지점에 방점을 찍어야 할지 고민하는 도덕과의 성격 논쟁과 밀접한 연관을 갖는다고 생각한다. 특히 글로벌 정체성과 국가 정체성이 상호보완적으로 작용하는 다중정체성을 지닌 융합적 인재 육성이 필요한 현시점에서 한국적 사회 상황에 맞는 세계시민성에 대한 개념 정립이 요구되고 있다(장의선 외, 2015b: 3).

따라서 본 연구에서는 한국적 사회 상황에 맞는 세계시민 개념 정립을 위한 교육의 여러 장면 중 특히 학교 교육에 주목하되, 그중에서도 세계시민의식 함양 및 실천이라는 목표를 공유하고 있는 중학교 도덕 교육을 분석하고자 한다. 이를 위해 두 가지 연구 질문을 설정하고 답을 찾아가고자 한다. 첫째, 세계시민의식 함양이 도덕 교육에 주는 의미가 무엇인가? 토마스 마샬(Thomas Marshall)의 시민성 담론 이후로 비교적 최근에 등장한 세계시민성이라는 개념이 도덕 교육에 주는 시사점은 무엇이며, 도덕 교육은 이를 어디까지 수용해야 할 것인지 탐색하고자 한다. 둘째, 현장에서 적용되고 있는 중학교 도덕 교육은 세계시민의식의 내용을 얼마나 반영하고 있는가? 세계시민성과 관련하여 도덕 교육이 지향해야 할 방향을 설정하는 데서 그치지 않고, 실제적인 지침을 주기 위해선 현 실태에 대한 정확한 진단이 선행되어야 한다. 이에 이 연구에서는 현행 도덕

교육에서 세계시민의식 관련 내용이 어느 정도 반영되어 있는지, 쟁점이 무엇인지 분석하고자 한다. 이를 통해서 세계시민의식과 도덕교육의 이론적이고 실천적인 관계를 고찰하고자 한다.

II. 이론적 배경

1. 세계시민과 도덕의 관계론: 칸트, 아렌트, 너스봄, 아피아 논의

세계시민이론의 근대 철학적 토대는 칸트에서 시작된다. 일찍이 칸트(I. Kant)는 『영구평화론』을 통하여 그의 세계시민적 이상을 드러낸 바 있다. 칸트는 그가 꿈꾸던 『영구평화론』이 언뜻 실현 불가능해 보이지만, 조금씩이나마 그 이상을 향해 진보해 나가고 있으며 그 동력은 신이나 운명이라고도 불리는 자연에 의해 산출된다고 보았다. 그는 인간이 일상생활에서 지닌 감각이 아닌, 이성의 눈으로 현상을 바라볼 것을 주문했다. 그런 측면에서 칸트는 "인간의 의지에 반하더라도 인간 상호 간의 불화를 통해서 인간 사이의 화합을 창출해 내려는 합목적성이 명백히 나타나고 있다."(Kant, 1796/2008: 45)고 주장했다. 칸트의 사상에 따르면 인간은 아무리 악마 같은 속성을 지니고 있다고 하더라도, 적으나마 이성을 지니고 있는 한 영구적으로 평화를 바랄 수밖에 없다. 따라서 비록 좁은 의미에서는 공화국 안의 시민으로 자신을 규정할지 몰라도, 넓은 의미에서는 국제연맹이라는 큰 틀 속에서 자신을 세계관찰자로 규정할 수 있어야 한다는 점을 강조했다.

세계 시민으로서의 자기규정이라는 칸트의 논의는 훗날 한나 아렌트(Hannah Arendt)에 의해 정치철학적으로 재해석된다. 그는 공정성(impariality)을 지닌 관찰자(observer)라는 개념에 주목하였다. 아렌트가 볼 때, 관찰자의 시각에 서는 경험은 매우 중요하다. 왜냐하면 첫째, 행위자가 아닌 관찰자만이 전체 구조를 볼 수 있는 위치에 설 수 있기 때문이다. "행위자는 사태의 한 부분이기 때문에 자신의 부분을 연출해야 한다. 그는 정의상 부분적이나 관찰자는 정의 상 부분적이지 않다."(Arendt, 1992/2002: 113) 둘째, 행위자는 타인의 평가에 민 감하게 반응할 수밖에 없다. 행위자는 명성(doxa)을 추구하는데 이것은 '남에게 어떻게 보이는가'에 달린 것이다. 따라서 자율적일 수 없다. 하지만 관찰자는 자기 외부에 있는 타인의 시각에 신경쓰지 않고 내면의 기준에 따라 행위를 하 기 때문에 자율적일 수 있다(Arendt, 1992/2002: 114). 이런 의미에서 아렌트는 칸트적 의미의 관찰자만이 "재판관이 판결을 내릴 때 동원하는 일반적인 관점, 즉 공정성(impariality)"에 도달할 수 있다고 말한다(Arendt, 1992/2002: 114). 전체 주의 권력을 비판하고 인간의 자유의지와 평화를 철학적으로 논의한 아렌트는 다음과 같이 말했다.

> 누구도 자신의 동료 인간을 지배할 수 없다는 단순하고도 초보적인 의미에서의 '자 유'와 인류의 통일을 위한 조건으로서 국가들 간의 '평화'만을 역사의 필연적 과정으 로 보게 된다.
>
> (Arendt, 1992/2002: 118-119)

아렌트는 여기서 한 걸음 더 나아가 칸트의 관찰자 개념을 활용해 세계시 민의식을 이끌어낸다. 그는 칸트의 보편의식(sensus communis) 개념을 활용해 서, 그가 공동체 일원으로서 판단을 내리지만, 인간이라는 단순한 사실에 근거 해서 세계공동체의 일원이 될 수 있다는 것을 도출한다(Arendt, 1992/2002: 145). 그는 이를 인간의 '세계시민적 실존(cosmopolitan existence)'이라고 명명했다. 그 리고 여기에 아렌트는 한 가지 실천을 주문했다. "사람이 판단을 내리고 또 정 치적 문제 가운데 행위할 때, 자신이 세계시민이라는, 따라서 자신이 세계관찰 자(Weltbetrachter)라는 이념을 염두에 둘 것"이 바로 그것이다.

아렌트가 제시한 세계관찰자의 정반대편에 있는 인물로『예루살렘의 아이히만』에서 제시한 아이히만(Adolf Eichmann)을 들 수 있다. 아렌트는 그를 보며, 악의 평범성(banality of evil)을 논했다. 아이히만이 유대인 학살이라는 끔찍한 악행을 저지르고도 태연할 수 있었던 이유는 "타인의 관점에서 바라볼 수 있는 능력이 없기" 때문이라고 보았다. 아렌트는 그가 "말하는 데 무능력(inability to speak)"하고, 더 나아가 "생각하는 데 무능력(inability to think)"하다고 보았다 (Arendt, 1964/2006). 세계시민이 되기 위해서 비판적 사유가 왜 필요한지를 이론적으로 보여주는 지점이다. 또한 자존적인 존재인 신이 아닌 이상 인간은 말하고 사유하고 행위하는 공론의 장을 통해서 자신의 존재 의미를 확인하게 된다. 진정한 의미의 인간의 자유는 공적 영역에서만 얻을 수 있으며(Arendt, 1958/1996), 그 장이 도덕성의 실험이 구현되는 맥락이 될 수 있다.

이렇게 세계관찰자를 주창하는 아렌트의 이념은 도덕 교육에서 놓치지 말아야 할 중요한 지향점을 보여준다. 한국에서 도덕과는 2007 개정 교육과정부터 가치 관계 확장법을 계열성의 조직 원리로 삼고 있다. 현행 2009 개정 교육과정의 '도덕적 주체로서의 나 → 우리·타인과의 관계 → 사회·국가·지구공동체와의 관계 → 자연·초월적 존재와의 관계'라는 도덕과 내용 조직의 계열성은 아렌트가 언급한 바 있는 사적 영역에 한정되지 않는 '나'와 '세계'를 연결하는 공적 영역에 대한 관심을 나타낸다. 그리고 도덕적 주체로서의 나 영역 중 '도덕적 상상력', '도덕적 성찰', 우리·타인과의 관계 영역 중 '타인에 대한 관심' 등도 자신의 힘으로 사유할 힘과, 타인에 대한 고려라는 점에서 아렌트의 이론과 접하는 지점이 있다.

마샤 너스봄(M. Nussbaum)은 1990년대 중반 "애국주의와 세계시민주의"라는 논쟁적인 저작을 통해 애국주의와 세계시민주의 사이의 논쟁을 불러일으킨 바 있다. 그는 디오게네스의 "나는 세계시민이다"는 주장에 대한 음미가 필요하다고 보았다. 왜냐하면 이 한 줄의 문장이 가지는 의미와 파급력이 세계라는 하나의 단위로 살아가는 현대인에게 주는 의미가 다층적이기 때문이다. 즉 내가 태어난 지역적 공동체뿐만 아니라, 인류라는 공동체에 대한 소속감을 언급하고 있다. 여기서 공동체는 단순히 특정 시간과 공간을 점유한 현실적 권력을 의미하는 게 아니라, 전 인류를 포괄하는 도덕적 공동체를 의미한다(Nussbaum, 2002: 6-7).

너스봄은 자신의 저서를 통해서 세계시민주의의 특성을 도출하기 위해 스토아 학파의 주장을 일별한다. 그가 볼 때, 스토아 학파의 논의는 세 가지 특징을 지니고 있었다. 첫째, 인간성에 대하여 깨닫기 위해선 무엇보다도 먼저 자기 자신에 대한 이해가 선행되어야 한다. 자신의 이성에 눈을 뜰 때, 이성적인 (reasonable) 인간들의 관계를 동등하게 바라볼 수 있기 때문이다. 둘째, 우리가 맞닥뜨리게 되는 문제를 해결하기 위해선 집단의 정치적 삶을 넘어서는 상호 연합이 필요하다고 보았다. 마지막으로, 무엇보다도 정의와 선 그리고 연합에 관한 역량 등 내재적인 능력을 갖출 것을 역설했다(Nussbaum, 2002: 8). 이러한 스토아 학파 주장의 독특성은 그들이 세계시민적 삶을 옹호했지만, 결코 지역적 정체성을 포기하지 않았다는 점이다. 그들은 지역적 정체성에 대한 애정을 담지한 채, 이를 좀 더 넓은 범위의 세계시민적 정체성으로 확대해 나가는 일련의 동심원(a series of concentric circles)을 강조했다고 할 수 있다(Nussbaum, 2002: 9).

철학자이자 교육자인 너스봄은 스토아 학파의 주장에서 교육적으로 네 가지 함의를 도출해 낸다. (1) 세계시민교육을 위해 우리는 우리 자신에 관해 더 깊이 배워야만 한다. (2) 우리는 국제적인 협력을 요구하는 문제를 해결하기 위해 전진해야 한다. (3) 우리는 미처 알려지지 않은 외부 세계에 대한 '도덕적 의무'를 지고 있다는 점을 인식해야 한다. (4) 우리는 차별에 반대하는 지속적인 논쟁을 해야 한다(Nussbaum, 2002: 11-14). 이 연구에서 우리는 너스봄의 세계시민주의가 도덕 교육의 지향점과 중첩된다는 점에 주목할 필요가 있다. 첫째, 양자 모두 자신에 대한 이해를 중시한다. 거대한 세계이론과 타자에 대한 이해에 앞서서 자아 이해와 정체성에 대한 관심을 강조한다. 둘째, 나와 타인에 대한 도덕적 의무에 주목한다. 셋째, 주체와 타자의 연대를 강조한다. 너스봄이 주창한 세계시민주의에 의하면 도덕 교육의 지향과 방법론에서 차이를 보이지 않는다고 할 수 있다.[1]

마지막으로 아피아(K. Appiah)의 '세계시민적 애국심(Cosmopolitan Patriots)'
에 대해 살펴보고자 한다. 아피아는 세계시민주의에 대한 내셔널리스트들의 비
난이 '뿌리없음(rootless)', '기생적임(parasitic)'이라는 두 지점에 있다고 진단한
후, 이에 대해 반박하고 있다(Appiah, 2002: 22). 그가 볼 때 세계시민주의는 내셔
널리즘과는 다른 성격을 지니고 있다. 내셔널리즘이 이데올로기적인 반면, 세계
시민주의는 정감에 기초하고 있다(Appiah, 2002: 23). 따라서 내셔널리즘에 의거
한 삶보다는 세계시민주의적 삶이 덜 독단적(arbitrary)이라고 할 수 있다(Appiah,
2002: 29).

그런데 세계시민주의적 삶이 덜 독단적인 이유는 무엇일까? 염운옥은 아피
아의 이론을 해설하면서, '뿌리없는 세계시민주의(rootless cosmopolitanism)'는 보
편적 준칙과 이성의 지배를 최우선으로 내세운 나머지 강대국 중심의 식민주의
와 제국주의의 논리가 될 수 있다고 보았다(염운옥, 2012: 24). 이러한 우려가 일
리 있는 지적임에도 불구하고 국민국가의 헤게모니와 이해관계를 무조건 충성적
으로 따르는 시민이 아니라, 보편적 도덕성이 과연 실존하는가를 탐구하는 세계
시민주의가 독단적 국가주의나 민족주의의 위험에 빠지는 것을 경계할 수 있다
는 점은 분명하다. 이에 비해 아피아의 '뿌리내린 세계시민주의'는 '보편적 가치
에 대한 충성'과 동시에 '지역적 헌신을 요구하는 세계시민주의'라고 할 수 있다.
이러한 측면에서 아피아의 '뿌리내린 세계시민주의'가 우리나라의 현행 도덕 교
육에서 길러내고자 하는 인재상을 표현하는 데 적합한 용어라고 본다. 현행 『
2009 개정 도덕과 교육과정』에 나타난 도덕과 교육의 목표를 보면 다음과 같은
구절이 있다.

---

1 최성환은 너스봄의 『Not for Profit』과 『Poetic Justice』를 분석하여 그의 시민교육론이 ①
  보편성을 통한 '혐오감 극복' ② 합리적 감정의 소유자로서의 '분별 있는 관찰자'라는 두 개
  의 특징을 지니고 있다고 보았다(최성환, 2015).

　　오늘날 우리 사회에는 급속한 사회·문화적 변화와 지구적 차원의 환경 위기에 상응하는 도덕적·정신적 성숙이 요구되고 있다. 따라서 우리 사회의 급격한 다원화와 세계화 추세에 따라 발생하는 도덕 문제의 해결을 위해, 도덕과는 ㉠ 차이와 다양성을 존중하는 태도와 함께 ㉡ 개인의 가치관 및 국가 정체성 확립과 우리 사회의 공통적인 도덕적 가치 기반의 공고화를 그 중점 과제로 삼고 있다. 또한 지구 온난화로 인한 기후변화 등 환경문제에 대한 지구촌의 위기의식이 고조되고 있는 상황에서, 도덕과는 학생들이 환경윤리적인 측면에서 환경친화적인 삶의 가치를 인식하고 환경문제 해결에 필요한 올바른 도덕적 판단 능력과 적극적인 실천 역량을 습득하도록 하는 데 기여하고자 한다.

　　㉠ '차이와 다양성을 존중하는 태도'는 '뿌리 없는 세계시민주의'의 몰인정한 휴머니즘에 대한 반박과 통하고, ㉡ '개인의 가치관 및 국가 정체성 확립'은 '뿌리내린'과 일맥상통한다고 할 수 있다. 특히 이 부분은 아렌트의 '세계관찰자' 개념에서 차용할 수 있는 부분을 지니고 있다는 데 주목해야 한다. '세계관찰자'는 자신의 힘으로 사유하는 존재이자, 공론장에 대한 지속적 관심을 가지고 접근하는 이를 의미한다. 사적인 영역에 매몰되지 않고 공적인 영역에 대한 헌신할 수 있는 태도를 지닌 세계관찰자야말로 도덕교과에서 목표로 하는 인간상을 잘 드러내고 있다는 점에서 세계시민교육과 도덕교육을 접목할 가능성이 필연적으로 항존한다고 할 수 있다.

2. 도덕 교과에 대한 분석틀 구안

　　세계시민의식을 가진 사람은 무엇이 다르며, 그것은 어떤 측면에서 나타날까? 세계시민의식을 측정 가능한 세부 지표로 제시하는 것은 매우 복잡다단한 작업이지만(김진희, 2015) 그럼에도 불구하고 이러한 의문들을 뒷받침하기 위해서 세계시민 의식을 측정하기 위한 지표를 개발하는 연구(Morais & Ogden, 2011; UNESCO, 2014)가 수행되었다. Morais & Ogden은 측정 가능한 지표로 ①

글로벌 역량(Global Competency) ② 세계시민적 개입(Global Civic Engagement) ③ 사회적 책임(Social Responsibility) 등 세 가지를 제안했다(Morais & Ogden, 2011). 유엔 체제에서 글로벌 교육을 주관하는 UNESCO(2014)는 세계시민교육 지표를 인지적 측면, 사회정서적 측면, 그리고 실천행위적 측면에서 구분하여 제시하였다. 첫째, 인지적 지표는 학습자는 세계 간 상호연결성과 상호의존성을 인식하고, 글로벌 이슈에 대한 지식을 습득하고, 이를 비판적으로 이해하는 것을 중심으로 구성된다. 둘째, 사회정서적 지표는 인류 공동의 인본주의를 견지하고 전 지구 공동체에 대한 소속감을 느끼고, 다양한 가치와 책임 그리고 인권을 존중하는 것을 중심으로 제시된다. 셋째, 실천행위적 지표에서는 평화롭고 지속가능한 세계를 만들기 위해서 사람들이 지역차원, 국가 차원, 나아가 글로벌 차원에서 책무감을 가지고 참여하는 것이 중요한 준거가 된다(UNESCO, 2014; 김진희, 2015: 81 재인용).

이러한 논의를 종합해 보았을 때, 세계시민의식을 측정할 수 있는 중요한 지표가 중첩된다는 점을 알 수 있다. 주로 ① 세계시민으로서 자기 자신을 인지하고 정의할 수 있는 역량 ② 세계 시민으로서 판단을 내리고 글로벌 이슈에 개입하려는 의지와 힘 ③ 세계시민적 정체성 확립과 이를 지속시키기 위한 교육 참여 등을 들 수 있다. 이를 개념적으로 분류하자면, 세계시민적 소속감의 정체성(belonging), 세계시민적 태도(attitude), 세계시민적 개입(engagement)으로 간략화할 수 있다. '정체성, 태도, 개입'이라는 세 가지 측정 지표는 앞 절의 이론에서 살펴봤던 '뿌리내린 세계시민주의, 세계관찰자, 도덕적 공동체' 담론과 등가성을 지니고 있다. 이를 종합하여 세계시민성 측정 지표가 도덕과 어떤 지점에서 연계될 수 있는지 정리하면 <표 1>과 같다.

'뿌리내린 세계시민주의를 지향하는가?'는 지역적 정체성과 보편적 가치의 양립 가능성을 주장하는 아피아의 이론과 맥락이 통하고, '세계관찰자의 태도를 키워주는가?'는 칸트와 아렌트가 제기했던 '세계관찰자'로서의 세계시민성과 연관된다. '인류를 포괄하는 도덕적 공동체를 지향하는가?'는 정체성을 일련의 동심원으로 파악하고, 나의 정체성을 인류 차원으로 확장할 것을 요구하는 너스봄의 입장과 관련성이 높다.

이러한 분석틀을 바탕으로 본 연구는 Ⅳ에서 세계시민주의라는 시각으로 도덕 교과를 구체적으로 분석하고자 한다. <표 1>이 광범위한 세계시민교육론의 제약을 극복하고 분석의 효용성을 담지할 수 있는 유의미한 틀이 될 수 있다. '뿌리내린 세계시민주의', '세계관찰자', '도덕적 공동체'라는 세계시민성 담론의 주요 개념이 도덕과에 얼마나 영향을 미치고 있는지 분석함으로써, 적어도 도덕 교과가 세계시민이 갖추어야 할 지향점에 어느 정도 접근하고 있는지를 파악할 수 있을 것이다.

표 1 세계시민이론에 의거한 도덕 교과의 세계시민교육 측정 준거

구 분	준거 질문	하위 질문
정체성 (belonging)	뿌리내린 세계시민주의를 지향하는가?	나는 세계라는 큰 공동체에 속해 있는 사람인가?
		보편적 가치에 대한 충성과 더불어 자신의 지역적 정체성을 가질 수 있는가?
		한국이란 지역사회에 살면서도 세계시민이 될 수 있는가?
태도 (attitude)	세계관찰자의 태도를 키워주는가?	관찰자 시각에서 사태를 비판적으로 바라보고 말할 수 있는가?
		자신의 동료 인간을 고려하는 '자유'를 중시하는 태도를 가질 수 있는가?
		국가 간의 '평화'를 지향하는 태도를 가질 수 있는가?
		자유를 위해 공적 영역에 헌신하는 자세를 지닐 수 있는가?
개입 (engagement)	인류를 포괄하는 도덕적 공동체를 지향하며 참여하는가?	자신의 모습을 성찰하고 인류공동체에 기여할 수 있는가?
		국제적 협력의 필요성에 대해 공감할 수 있는가?
		자신의 외부 세계에 대해 도덕적 의무감을 가지고 실천할 수 있는가?
		각종 차별에 민감하게 반응하고, 반대할 수 있는가?

3. 한국 도덕 교육계의 세계시민교육 관련 논의 동향

도덕 교육계 내부에선 아직 세계시민교육 관련 담론이 활성화되지 못하고 있다. 국내 학회지를 통해 학계에서 진지한 논의가 이루어진 역사가 짧을 뿐더러, 관련 저서와 논문이 양적으로 부족하다. 또한 세계시민교육을 도덕교과 전반과 관련지어 논의하기보다는 통일 교육 등 도덕 교육 내부의 특정 부분과 연계하여 일종의 제언 정도 수준에서 다루고 있는 실정이다(박성춘, 2008). 그 외 학술적인 논의도 구체적인 수준에서 이루어지기보다는 도덕 교육과 어떻게 접목해야 할 것인지 거시적인 담론 위주로 이루어지고 있다. 연구 동향은 크게 네 부류로 나눌 수 있다.

첫째, 도덕과의 성격, 목표, 내용, 방법, 평가 등 교육과정 문서 일련의 과정을 세계시민교육이라는 틀에 비추어 조망하고 있다. 강인식(2003)은 세계시민의식 함양을 위한 교육 목표와 영역을 토대로 교과학습을 통하여 교육 내용을 추출하여, 도덕과의 성격, 목표, 내용, 방법, 평가 등 각 항목을 살펴보았다.

둘째, 도덕과에서 세계시민교육을 수용할 때 쟁점이 되는 부분을 탐색하고 있다. 손경원(2006)은 세계시민교육을 도덕과에서 수용하기 전에 선결되어야 할 과제로 ① 국가시민성과 세계시민성의 조화, ② 세계시민성의 윤리적 기초 재정립, ③ 실천 중심의 세계시민교육, ④ 세계시민성과 시민성의 관계 정립 등 네 가지를 들고 있다. 정창우(2010: 252-253)는 ① 국가 시민성과 글로벌 시민성의 관계 ② 애국주의의 한계와 세계시민성의 요청 등 두 과제가 선결되어야 한다고 지적한다.

셋째, 세계시민교육의 의미와 필요성에 대한 개념적 논의를 진행한 후 세계시민교육의 동향에 대해 고찰하고, 이를 바탕으로 도덕과 교육과정을 분석하고 있다. 이근호 연구진은 세계시민교육의 형태를 세 가지로 나누어 ① 영국 Oxfam Education에서의 세계시민교육 ② 미국 'The Council for Global Education'에서의 세계시민교육 ③ 뱅크스(Banks)의 세계시민교육을 분석한 후

(이근호 외, 2009: 17-18), 세계시민교육이 ① 전 지구적인 문제들에 대한 자각과 공동 해결을 모색하는 세계시민교육, ② 다양한 맥락의 허용과 보편적 가치에 대한 규범적 우선성을 추구하는 세계시민교육, ③ 보다 깊은 시민성(deep citizenship)을 획득하도록 돕는 세계시민교육 등 세 가지 성격을 지니고 있다고 규정하였다(이근호 외, 2009: 17-18). 이후 이 연구에서는 국내 교육과정으로 눈을 돌려 ① 제7차 도덕과 교육과정과 ② 2007년 개정 도덕과 교육과정 그리고 ③ 제7차 교육과정에 따른 도덕교과서의 소재와 내용을 분석하였다(이근호 외, 2009: 48-53).

넷째, 글로벌 시티즌십 개념을 '글로벌 윤리' 개념으로 대체하여 논의를 진행하는 입장이 있다. 정창우는 "글로벌 이슈에 대한 도덕적 탐구의 목적은 … (중략)… 글로벌 시민으로서의 도덕적 역량을 함양하는 것이며, 이를 위해 '왜(why)', '무엇을(what)', '누가(who)', '어떻게(how)'의 물음, 특히 '누가'와 '어떻게' 물음에 대해 체계적으로 사고해 나가다 보면, 윤리 이론의 대입 차원에서 이루어지는 단선적 사고의 문제점과 한계를 넘어설 수밖에 없다"고 보았기 때문에 글로벌 윤리를 정립하는 것이 글로벌 시티즌십을 형성하는 데 우선적인 과제라고 하였다(정창우, 2010: 244-245). 특히 그는 "다양한 윤리 이론에 기초하여 글로벌 맥락에서 발생하는 다양하고 복잡한 윤리적 이슈와 사건에 대해 탐구해 나감으로써 학생들은 글로벌 윤리와 관련된 지식과 이해, 기술, 가치와 태도 등을 형성해 나갈 수 있게 된다"고 설명하면서 세계시민교육과 관련해서 글로벌 윤리 정립이 중요한 과제라는 점을 지적하고 있다(정창우, 2010). 그는 기존의 글로벌 시티즌십 연구를 종합하여 ① 글로벌화 및 상호의존성 ② 사회정의 ③ 평화/갈등 ④ 사회 문화적 다양성(문화) ⑤ 인권 ⑥ 환경 등 6가지 중요 이슈를 도덕과의 세계시민교육적 내용 요소로 정립하였다(정창우, 2010: 263). 이것은 세계시민교육의 주요 주제이자 내용영역으로 편성될 수 있다.

이를 종합하여 볼 때, 도덕 교육계 내부에서 이루어진 세계시민주의 논의들은 복합적이고 세부적인 질문들을 내포하고 있다. 이는 곧 도덕 교과의 과제이기도 하다. '현행 도덕 교육에 세계시민교육에서 제기된 문제의식을 어떻게 담아낼 것인가?' '세계시민교육과 도덕 교육 간 다양한 비교 연구가 가능한데 양자의 방향을 어떻게 조율할 것인가?' '중첩되는 내용 요소를 어떻게 선별할 것인가?' '양자의 교육 방법론에는 어떤 공통점과 차이점이 있는가?' 등 여기서 산파되는 다양한 연구 분야를 떠올릴 수 있다.

본 연구에서는 Ⅲ에서 도덕 교육과 세계시민교육의 방향에 대해 탐색하고, Ⅳ에서는 양자의 내용 요소를 비교하는 데 주력하고자 한다. 또한 이를 통해 학교 교육을 통해서 학생들을 세계시민으로서 양성할 수 있는 도덕 교육의 방법을 도출해 보고자 한다.

Ⅲ. 세계시민의식 함양이 도덕 교육에 주는 의미 분석

1. 세계시민의식과 글로벌 윤리

[1] 세계시민성 논의의 양면성과 고려 요소

나딩스(N. Noddings)는 세계시민성을 정의하려는 시도가 굉장히 어렵다고 보았다. 그러면서 그는 "글로벌 생활방식은 있는가? 일부의 사람들은 글로벌 생활방식이 존재할 수 있을 뿐만 아니라 심지어는 존재해야 한다고 생각하지만 자칫 그들이 생각하는 글로벌 생활방식은 그들만의 울타리에서 적용되는 방식 아닌가?"라는 질문을 제기한다(Noddings, 2005/2009: 13). 그는 세계시민성이라는 단어가 자칫 공허한 담론이 되거나, 지배 계층의 이데올로기를 확장하기 위한 하위 논리로 전락하지 않도록 네 가지 측면에 유의해야 한다고 생각했다.

세계시민의식을 정의하기 위해 그가 제기한 요소는 다음과 같다. 첫째, 이기적 관심보다는 배려적 관심(concern)을 다루어야 한다. 이기적 관심은 나 자신, 혹은 내가 속한 집단의 이익만을 바랄 뿐, 세계 시민으로서 지녀야 하는 포용성을 담아내지 못한다. 둘째, 경제성장에 역점을 둔 세계화가 지구 환경의 문제를 확장했다는 점에 주목해야 한다. 셋째, 세계시민의식을 단순히 경제적인 차원으로만 해석하려는 경향을 경계해야 한다. 따라서 경제적 정의뿐만 아니라, 사회·문화적 정의에 관심을 기울여야 한다. 넷째, 세계화의 개념을 글로벌 경제라고 지칭할 때, 우리는 누가 제시한 경제적 이상(vision)이 채택되어야 하는지에 대해 비판적으로 물어야 한다(Noddings, 2005/2009: 13-18).

하지만 나딩스가 볼 때 위에서 제시한 네 가지 요소 중에서 경제적·사회적 정의, 지구보전, 사회적·문화적 다양성, 평화교육 등에 대한 논의만으로는 부족한 점이 있다. 세계시민성을 정의하기 위해서 반드시 선결해야 할 과제가 있다. 그것은 바로 "배려적 관심을 촉진하려는 것으로 이해한 글로벌 시민의식이 국가적 시민의식(national citizenship)과 양립할 수 있는지"에 대한 탐구이다(Noddings, 2005/2009: 18). 이러한 물음은 세계시민의식에 대한 근본적 물음이라고 할 수 있다. '세계시민성은 자신이 속한 지역적 정체성을 부정하고 보편적 시민성을 추구하려는 것인가? 아니면 보편적 가치에 헌신하면서도 자신이 속한 지역적 정체성을 담아낼 수 있는가?'라는 물음에 어떻게 답하느냐에 따라, 지난 기간 논의된 시민성과 세계시민성의 관계에 대한 해석이 달라지기 때문이다. 더 나아가 시민성보다 세계시민성이 우월한가, 아니면 세계시민성은 시민성의 발전 과정에서 필연적으로 거치게 되어 있는 필요조건인가라는 물음에 어떻게 답하는지에 따라 근대 이후 형성된 국민 국가에 대한 시각이 바뀌게 될 수도 있다. 따라서 지역 중심 관점 혹은 보편 세계 중심 관점이라는 세계시민성의 이중성은 무엇보다도 먼저 해결되어야 할 중요한 물음이다.

툴리(James Tully)가 지적한 대로, 세계시민성은 세계화(globalization)와 시민성(citizenship)이라는 용어의 역사에서 검증을 거쳐 결합한 게 아니다. 오히려 이 양자의 결합으로 인해 국제 정부(global governance)와 세계시민성의 의미에 관한 새로운 질문이 발생했다고 할 수 있다(Tully, 2014: 4). 시민성(citizenship),

세계화(globalization), 세계시민성(global citizenship) 등의 용례가 확고하거나 결정되어 있지 않은 이유는 이것이 위로부터 전해진 것이 아니라, 필요 때문에 아래로부터 형성된 개념이기 때문이다. 따라서 '세계시민성'과 같은 개념을 이해하기 위해서는 특정한 사례에 적용되는 보편적인 규칙의 적용과 같은 것을 기대해서는 안 된다(Tully, 2014: 5). 오히려 각각 다른 사례에서 취한 개념들의 종합과 같이 '유사성, 관계성, 그것에 관련된 전체적인 일련의 것들'을 중첩해서 살펴봐야 한다(Tully, 2014: 5). 이에 따라 그는 시민성이 여러 가지 방식에 따라 대립 관계로 묶인 두 가지 양상을 지니고 있다는 점을 논한다. 시민성은 <표 2>에서 이와 같은 모습을 볼 수 있다.

표 2 공민적 시민성과 글로컬한 시민성의 분류

공민적(civic) 시민성	글로컬한(glocal) 시민성
근대적 시민성	다양한 시민성
시민적(civil) 시민성	코스모폴리탄적(cosmopolitan) 시민성
위로부터(from above)의 세계시민성	아래로부터(from below)의 세계시민성
낮은 정도(low intensity) 세계시민성	높은 정도(high intensity)의 세계시민성
대의적(representative)	직접적(direct)
헤게모니적(hegemonic)	반헤게모니적(counter-hegemonic)
사해동포적(cosmopolitan)	지역기반의(place-based)
보편적(universal)	다측면적(multiversal)

자료: Tully, 2014: 7-8

이처럼 세계시민성을 분석적으로 이해하기 위해서 개념적 구분과 적용의 다층적인 맥락을 제시할 수 있다. 그러나 중요한 것은 세계시민이론에 대한 이론이 모종의 완결된 형상을 갖추기 위해서는 그에 대한 현상학적 이해와 분석

을 통해서 논의를 다시 해체하고 재구조화해야 할 뿐만 아니라, 실제 교육적인
개입이 어떻게 이루어져야 하는지도 구안되어야 한다는 점이다.

(2) 세계시민의식과 글로벌 윤리의 관계

세계시민의식과 글로벌 윤리는 밀접한 관련을 가지는 개념이다. 기존의 글
로벌 윤리에 관한 연구 동향은 크게 두 가지로 대별된다. 첫째, 글로벌 윤리의
존재 근거를 종교, 의무론, 공리주의, 그리고 덕과 같은 네 가지 원천에서 찾는
다. 둘째, 글로벌 윤리의 존재 근거에 대한 상이한 대답을 분류한 연구도 존재
한다(김욱성, 2012). 특히 글로벌 윤리가 성립하게 되는 토대를 다룬 후자의 연
구는 서로 구별되는 세 가지 흐름으로 분류된다. 우선, 종교를 기반으로 글로벌
윤리의 기반을 다지려는 흐름이다. 대표적으로 한스 큉(Hans Küng)을 들 수 있
는데 그의 주장은 "상이한 종교 간의 대화를 통해 종교 간의 차이를 극복하고,
종교 간 공통적이며 공유 가능한 종교적 가치를 찾고 이를 글로벌 윤리의 출발
점으로 삼아야 한다"고 요약할 수 있다(김욱성, 2012: 60). 둘째, 종교가 아닌 세
속적인 윤리 이론을 기반으로 글로벌 윤리를 정위시키려는 입장이 있다. 이 입
장에서는 글로벌 시대에 등장하는 제 문제에 대한 윤리적 탐구에서 글로벌 윤
리의 기반을 확보할 수 있다고 본다. 셋째, 종교와 윤리 이론을 배제하고, 현존
하는 국제질서에 내재한 윤리적 가치를 추적하고 발견함으로써 글로벌 윤리를
탐색할 수 있다고 보는 흐름이다. 대표적으로 프로스트(Frost)를 들 수 있는데,
그는 "글로벌 윤리는 국제 사회(international society)와 글로벌 시민사회(global
civil society)의 구성에 내재된 윤리적 가치(주권과 인권)를 반성적으로 확인하는
작업"이라고 주장한다(김욱성, 2012: 61).

국제관계 이론가들은 세계시민성(global citizenship)과 글로벌 윤리(global
ethics)가 개념적으로 완결되지 않았고 아직 취약하다고 지적한다(Carnegie Council,
2014; James, 2014). 두 개념 모두 다양한 양태와 관점이 충돌할 수 있기에 현실
세계를 살아가는 인간의 행위에 구체적인 지침으로 작동하기 어려운 추상성을

가지고 있다. 예를 들어 글로벌 윤리의 경우, '국제공동체에 속한 모든 국가를 아우를 수 있는 윤리적인 약속의 일체로서 수용되는 실체가 있는가?'라는 질문에 직면하게 된다. 또한 '인류 보편적으로 추구해야 하는 윤리적 약속으로 대표될 수 있는 국제법이나 국제조약에 도덕적 권리를 체계적으로 정의한 것이 있는가?'라는 질문에 대해 답하길 주저하게 된다. 더욱이 '각 국가보다, 지역마다, 민족공동체마다 도덕과 윤리에 대한 의견이 분분하고 다양하게 해석되는 문제를 어떻게 해결할 것인가?'라는 거대한 물음에 간명한 해답을 내릴 수 없다. 심지어 유엔 헌장에 명시된 근본적인 원칙도 해당 국가와 지역의 이해관계와 충돌할 경우 구속력 있는 규제를 담보하기 어렵다.

결국은 글로벌한 윤리와 세계시민으로서의 갖추어야 할 지식과 기술을 논할 때 수렴되는 지점이 구체적이고 손에 잡히는 지역 맥락이라는 것은 누구도 부정할 수 없는 상황이 되었다. 궁극적으로 구체적인 단위 맥락에서 공통으로 세계시민의식을 정의하고 윤리에 대한 공통적 합의(collective agreement)가 이루어져야 한다. 바로 이러한 측면에서 한 국가의 도덕 교과는 학교 교육 내부에서도 매우 구체적인 단위 맥락을 보여주는 장이라 할 수 있다. 세계시민의식이 순수하게 이상주의적으로 보이거나 그것의 추상적인 특성으로 인해서 주관적으로 해석될 여지를 많이 남겨두고 있기 때문에, 도덕 교육에서 인식론적으로, 존재론적 목적으로서 도덕적 권리와 도덕적 진리가 무엇이고, 어떻게 구현될 수 있는지를 개념적으로 정립하고 실제상황에서 적용하고 실천해야 한다.

2. 글로벌 윤리와 도덕 교육

(1) 글로벌 윤리와 도덕 교육의 공통점과 차이점

허친스(Robert Maynard Hutchings)는 글로벌 윤리란 "사람들 간의 전 지구적 상호의존과 상호연결로부터 발생되는 윤리적 질문과 문제를 다루는 이론적 연구 영역"이라고 정의하고 있다(김욱성, 2012: 59). 즉 글로벌 윤리(global ethics)

에 대한 학문적, 실천적 접근은 글로벌화된 세계에서 발생하는 윤리적 이슈를 밝히고 구현하는 영역을 의미한다(김욱성, 2012). 글로벌 윤리는 신학, 정치철학, 윤리학 등을 배경 학문으로 하며, 주로 의무론, 계약론, 결과론, 덕(德)윤리, 비판이론 등 전통적인 윤리 이론을 기반으로 논의를 전개한다. 따라서 윤리학적 탐구를 기반으로 하는 도덕 교육과 출발점을 공유한다고 할 수 있다. 하지만 개인 내적인 탐구에서 출발하여 지역 공동체와 국가, 전 지구적 비전까지 아우르는 범주를 다루는 도덕 교육은 궁극적으로 다양한 이해관계를 분석적이고 비판적으로 사유하고 행위를 할 수 있는 인간의 육성이라는 교육적 목표를 명확히 하고 있는 것이다. 이와 달리 글로벌 윤리는 핵확산개입, 빈곤, 난민, 기후변화, 전쟁과 평화, 테러, 안락사 등 글로벌한 이슈를 주제 영역에서 다루는 것이며, 이에 대한 연구 개발은 물론 정책적 변화까지 포괄한다는 점에서 차이를 보인다고 할 수 있다. 그런 측면에서 도덕 교육에서는 글로벌 윤리를 내용적 요소로 다룰 수 있고, 글로벌 윤리 영역에서는 도덕 교육이 실천적 기제가 될 수 있는 상호보완성을 가지고 있다.

　　한편 나딩스(N. Noddings)는 글로벌 윤리를 다루는 교육에서 어떤 교과가 책임감을 가져야 하느냐는 질문에서 사회과, 과학과, 문학, 수학과, 외국어, 음악, 미술, 체육 등 거의 모든 교과목을 들고 있다. 세계 각국에서 가르치는 교육과정의 차이가 있고, 사회과와 도덕과를 따로 구분하지 않는 나라도 있기 때문에 사실상 대부분 과목이 세계시민의식을 함양하는 교과가 될 수 있으며, 세계시민교육을 위한 과업에 동참해야 한다고 주장한다(정창우, 2010: 235; Noddings, 2005/2009). 그중에서도 이 논문은 도덕 교육이 글로벌 윤리를 내용 영역으로 체계적으로 편입시켜야 하며, 학습자들이 글로벌 윤리의 다양한 쟁점을 비판적으로 사유하고 분석할 수 있도록 교수 방법을 고민해야 한다는 점을 강조하고자 한다.

(2) 도덕 교육의 내용 요소와 글로벌 윤리

글로벌 윤리와 도덕 교육의 관계에 관해 논한 김옥성은 도덕 교육에서의 글로벌 윤리 관련 내용의 편협성을 극복하기 위해 세 가지 과제를 제안했다. 첫째, 도덕 교과 내에서 글로벌 윤리 관련 내용을 대폭 확대할 것이다. 둘째, 도덕 규범과 가치에 중점을 두면서도 사실의 문제에 대해 적절히 고려하는 것이다. 셋째, 도덕 교육에서 글로벌 윤리와 유관 학문 분야와의 관계 설정을 위해 노력할 것 이 필요하다(김옥성, 2012: 69-71).

특히 김옥성의 연구에서는 두 번째로 제기된 '글로벌 이슈 등 사실 문제에 대한 고려'에 중점을 두었다. 그 이유는 글로벌 윤리 연구가 글로벌 이슈라는 사실(존재)에 대한 이해에서 출발하기 때문이다(김옥성, 2012: 70). 사실로서의 글로벌 이슈에 대한 이해의 중요성에도 불구하고 현행 도덕 교육에서의 글로벌 윤리 관련 내용은 사실보다는 당위적 가치와 규범에 더 치중해 교과 내용을 구성하고 있기에(김옥성, 2012: 71), 세계시민성을 기르기 위해 다각적으로 다루어야 하는 이슈에 대한 관심을 추동하기에 부족하다고 보이기 때문이다.

3. 세계시민의식과 글로벌 윤리, 그리고 도덕 교육

앞서 살펴본 논의를 종합해 보건대 세계시민의식과 글로벌 교육, 그리고 도덕 교육은 상호 중층적으로 연관되어 있다. 세계시민성을 분석적으로 이해하기 위해서는 다층적인 요인에 대한 고려가 필요한데 이는 자칫 추상적 논의에 치우칠 가능성이 크다. 따라서 실천적인 구인을 확보하기 위한 논의로 글로벌 윤리의 담론을 참조해야 한다. 글로벌 윤리는 전 세계 수준에서 제시되는 이슈를 다루기 때문에 논의의 구체성을 확보할 수 있기 때문이다. 그러나 세계시민의식과 글로벌 윤리는 우리에게 사태를 정확하게 파악할 수 있는 사유의 힘을 길러주고, 실천 의지와 동기를 부여하는 데 강점을 지니지만, 지역적 맥락에서 행동하는 구체적인 개인을 위한 실천력을 담보하지 못한다는 약점을 가진다. 따라서 최종적 실천을 위한 궁극적이고 구체적이며 지역적인 맥락의 논의가 필요하며, 여기서 도덕 교육의 필요성이 요청된다.

정리하자면, 세계시민의식이 구체화한 양태인 글로벌 윤리를 통해 구체적인 글로벌 이슈에 대해 반성적으로 사고하고 그에 개입하려는 태도를 지니며, 도덕 교육을 통해 실천적 맥락을 담보할 수 있다. 다시 말해 지역에 뿌린 내린 세계시민으로서의 정체성을 도덕교육에서 어떻게 함양할 수 있을지, 지구공동체에 대한 존중과 다양성에 대한 이해를 어떻게 촉진할 수 있을지, 나아가 자신이 속한 작은 지역과 거시적인 외부 세계에 대한 연결망을 인식하고 도덕적 책무를 다할 수 있는 참여 방식이 무엇인지를 성찰할 수 있도록 한다는 점에서 도덕 교육은 세계시민교육을 실천적 맥락에서 재현할 수 있는 중요한 장이라고 할 수 있다.

IV. 현행 중학교 도덕 교육의 세계시민의식 반영 현황 및 실태분석

1. 분석 방법 및 분석 대상

도덕 교육과 세계시민교육의 관계에 대해 논하기 위해선 다양한 접근법이 가능하다. 이는 양자의 관계에 대한 연구가 다각적인 접근의 가능성을 지니고 있지만, 적절히 조절되지 않으면 자칫 방향을 잃고 무엇을 위한 분석인지 모른 채 단순 비교에 그치게 될 가능성이 높다는 것을 암시한다. 따라서 본 연구에서는 II의 2절 <표 1>에서 기술하였던 바와 같이 세계시민의식의 분석 범주를 세 가지로 수렴하여 정체성(belonging), 태도(attitude), 개입(engagement)이라는 핵심 개념이 현행 도덕 교육에 어떻게 반영되어 있는지 확인하고자 한다.

특히 교과 교육의 기반이 되는 교육과정을 중점적으로 살펴보고자 한다. 교육과정은 교육의 방향을 정하는 중요한 문서이기 때문이다. 주 분석 대상은 2013학년도 중학교 1학년부터 적용되어 현재 활용되고 있는 2009 개정 교육과 정으로 한다. 교육과정의 성격, 목표, 내용 등을 뿌리내린 세계시민주의, 세계관 찰자, 도덕적 정체성이라는 개념을 중심으로 분석해 봄으로써 도덕 교육계 내 에서 세계시민의식이 어떻게 수용되고 있으며, 그 변화 양상이 어떤지 살펴보 고자 한다.

2. 분석 결과

(1) 뿌리내린 세계시민주의 지향

뿌리내린 세계시민주의를 지향하는지를 파악하기 위해선 ① 나는 세계라 는 큰 공동체에 속해 있는 사람인지 ② 보편적 가치에 대한 충성과 더불어 자 신의 지역적 정체성을 중시할 수 있는지 ③ 한국이란 지역사회에 살면서도 세 계시민이 될 수 있는지 고려해야 한다. 이 부분은 특히 3영역 사회·국가·지구 공동체와의 관계 중 '(아) 세계화 시대의 우리의 과제'와 내용 관련성이 높다는 것을 알 수 있다.

(아) 세계화 시대의 우리의 과제

세계화 시대에 ㉮ 한국인으로서의 정체성의 원천을 '효, 선비 정신, 풍류 정신, 국난 극복 정신, 평화 애호, 자연 애호' 등과 같은 정신적·도덕적 가치의 측면에서 파악하고 이를 바탕으 로 세계 속의 한국인의 역할과 과제를 인식한다. 또한 ㉯ 지구 공동체의 구성원으로서 경제 및 사회 정의, 지구 환경 보호, 문화적 다양성, 평화의 문제 등 오늘날 지구공동체가 처한 상황을 어떻게 개선할 것인가에 대해 자신의 입장을 정립한다.
　　① 한국인의 정체성은 어디에서 오는가?
　　② 세계 속의 한국인의 역할과 과제는 무엇인가?

③ 오늘날 지구공동체가 처한 상황을 어떻게 개선할 것인가?

해당 성취수준을 보면 '㉮ 한국인으로서의 정체성의 원천을 '효, 선비 정신, 풍류 정신, 국난 극복 정신, 평화 애호, 자연 애호' 등과 같은 정신적·도덕적 가치의 측면에서 파악'에서 '지역적 정체성에 대한 중시'를 확인할 수 있고, '㉯ 지구 공동체의 구성원으로서 경제 및 사회 정의, 지구 환경 보호, 문화적 다양성, 평화의 문제 등 오늘날 지구공동체가 처한 상황을 어떻게 개선할 것인가에 대해 자신의 입장을 정립'에서 '보편적 가치에 대한 충성'을 확인할 수 있다. 따라서 현행 도덕 교육에서 세계시민의식의 보편성과 지역적 정체성을 적절히 조화시키고 있다는 것을 알 수 있다.

다만, 한국인으로서의 정체성을 단지 '정신적·도덕적 가치'에서 찾는 것이 과연 세계시민성에서 언급하고 있는 '지역적 정체성'을 모두 포괄할 수 있는지에 대해선 별도의 논의가 필요하다. 또한 보편적 가치의 관점에서 세계를 바라보는 관점을 가져야 한다는 세계시민성의 논의가 '경제 및 사회 정의, 지구 환경 보호, 문화적 다양성, 평화의 문제' 등 현 교육과정에 열거된 문제만으로도 충분한 것인지에 대해서도 논의가 되어야 한다.

(2) 세계관찰자의 자질 함양

세계관찰자로서 자질을 함양하기 위해서는 ① 관찰자의 시각에서 사태를 비판적으로 바라보고, 자신의 힘으로 생각하고 말할 수 있는가? ② 자신의 동료 인간을 고려하는 '자유'를 중시하는 태도를 가질 수 있는가? ③ 국가 간의 '평화'를 지향하는 태도를 가질 수 있는가? ④ 자유를 위해 공적 영역에 헌신하는 자세를 지닐 수 있는가? 등의 네 가지 물음에 대해 긍정적으로 답을 할 수 있어야 한다. 이에 교육과정의 성격, 목표, 내용에서 이와 관련된 내용이 포함되어 있는지 확인하고자 한다.

2009 개정 교육과정을 살펴보면, ①~④와 관련성이 높은 내용 요소가 곳

곳에 들어 있다. 특히 1영역 '도덕적 주체로서의 나'를 보면, '(다) 도덕적 성찰, (바) 자율과 도덕, (자) 도덕적 탐구'와 3영역 '사회·국가·지구공동체와의 관계' 중 '(아) 세계화 시대의 우리의 과제'의 내용 관련성이 높다는 것을 알 수 있다.

(다) 도덕적 성찰

㉮ 자기 자신의 내면과 현실세계를 도덕적인 관점에서 성찰하는 삶의 중요성을 인식하고, 도덕적인 인간이 지닌 덕과 성품, 보편적인 도덕 원리 등을 도덕적 성찰을 위한 준거로 이해한다. 또한 동양의 전통수양법으로 활용해 왔던 것들과 명상이나 일기쓰기 등의 도덕적 성찰을 위한 방법을 자신의 삶에 적용한다.

① ㉯ 자신을 도덕적으로 성찰하는 삶

② 도덕적 성찰의 준거

③ 도덕적 성찰의 방법

(바) 자율과 도덕

타율과 복종이 빚어내기 쉬운 도덕 문제점을 인식하고, ㉰ 도덕적 삶에는 자유와 자율이 주제가 된다는 점과 자율에 따른 도덕 행동에는 반드시 책임이 뒤따른다는 점을 이해한다. 그리고 이를 토대로 도덕으로 자율 인간이 되기 한 다양한 방법에 대해 열거한다.

① 타율의 문제점은?

② 자율과 도덕의 관계는?

③ 도덕적으로 자율인 인간이 되기 위해서는?

(자) 도덕적 탐구

도덕적 탐구에서 ㉱ 도덕적 상상력과 도덕적 추론, 비판적 사고와 같은 핵심 개념들을 구체적인 사례를 통해 이해한다. 그리고 도덕적 문제 해결을 위한 방법의 하나로서 토론의 중요성과 방법을 파악하여 도덕 공부를 하거나 일상생활에서 도덕 문제를 해결할 때 활용한다.

① 도덕적 상상력과 도덕적 추론

② 비판적 사고

③ 도덕 문제 해결을 위한 토론의 중요성과 방법

(아) 세계화 시대의 우리의 과제

세계화 시대에 한국인으로서의 정체성의 원천을 '효, 선비 정신, 풍류 정신, 국난 극복 정신, 평화 애호, 자연 애호' 등과 같은 정신적·도덕적 가치의 측면에서 파악하고 이를 바탕으로 세계 속의 한국인의 역할과 과제를 인식한다. 또한 ⑪ 지구 공동체의 구성원으로서 경제 및 사회 정의, 지구 환경 보호, 문화적 다양성, 평화의 문제 등 오늘날 지구공동체가 처한 상황을 어떻게 개선할 것인가에 대해 자신의 입장을 정립한다.

① 한국인의 정체성은 어디에서 오는가?
② 세계 속의 한국인의 역할과 과제는 무엇인가?
③ 오늘날 지구공동체가 처한 상황을 어떻게 개선할 것인가?

이를 구체적으로 살펴보면, 우선 '㉮ 자기 자신의 내면과 현실세계를 도덕적인 관점에서 성찰하는 삶의 중요성'과 '㉯ 자신을 도덕적으로 성찰하는 삶' 그리고 '㉰ 도덕적 상상력과 도덕적 추론, 비판적 사고와 같은 핵심 개념들을 구체적인 사례를 통해 이해'는 '① 관찰자의 시각에서 사태를 비판적으로 바라보고, 자신의 힘으로 생각하고 말할 수 있는가?'와 연관된다. 다음으로, '㉱ 도덕적 삶에는 자유와 자율이 주제가 된다는 점과 자율에 따른 도덕 행동에는 반드시 책임이 뒤따른다는 점을 이해'는 '② 자신의 동료 인간을 고려하는 '자유'를 중시하는 태도를 가질 수 있는가?'와 관련성이 있다. 그리고 '㉲ 지구 공동체의 구성원으로서 경제 및 사회 정의, 지구 환경 보호, 문화적 다양성, 평화의 문제 등 오늘날 지구공동체가 처한 상황을 어떻게 개선할 것인가에 대해 자신의 입장을 정립'은 '③ 국가 간의 '평화'를 지향하는 태도를 가질 수 있는가?'와 관련성이 있다고 할 수 있다.

종합해보건대, 현행 도덕과 교육과정에선 세계관찰자를 키우기 위한 다섯 가지 하위 기능 중 ①~③을 골고루 다루고 있다. 하지만 마지막인 '④ 자유를 위해 공적 영역에 헌신하는 자세를 지닐 수 있는가?'를 직접적이고 명시적으로 다루는 부분은 현재 교육과정에서 찾기가 어렵다. 이 부분은 3영역의 '(나) 법과 규칙의 준수'에서 간접적으로 연관될 뿐이다.

(나) 법과 규칙의 준수

㉺ 질서 있고 안전한 사회생활을 영위하기 위해 법과 규칙을 지키는 일이 중요함을 이해하고, 이를 생활 속에서 잘 실천하려는 자세를 지닌다. 이를 위해 법과 규칙을 잘 지켰을 때의 좋은 점과 지키지 않았을 때의 문제점을 찾아보고, 준법을 실천한 모범 사례를 탐구하여 본받는다.

① 준법의 중요성과 우리가 지켜야 할 법과 규칙

② 법과 규칙을 어기게 되는 이유와 잘 지키기 위한 방법

③ 법과 규칙을 잘 지키기 위한 다짐과 실천

'㉺ 질서 있고 안전한 사회생활을 영위하기 위해 법과 규칙을 지키는 일이 중요함을 이해하고, 이를 생활 속에서 잘 실천하려는 자세를 지닌다'는 성취기준은 실제 교육 현장에서는 '나의 자유와 다른 사람의 자유를 모두 보장받기 위해 법질서의 중요성을 익혀야 한다'는 취지의 수업으로 구현되고 있다. 따라서 이 부분을 명확하게 '공적인 영역에 대한 헌신'이라고 직접 해석하기에는 무리가 있지만, '우리 모두의 자유를 위한 공적인 것에 대한 헌신의 중요성' 정도의 간접적 연관성은 인정될 수 있을 것이다.

이상에서 현행 2009 개정 교육과정에선 세계관찰자를 키우기 위한 내용을 충분히 다루고 있다고 할 수 있다. 도덕 교육은 관찰자의 관점에서 행위를 성찰하고, 주체적으로 관점을 기르고 행동하며, 인류 공동의 자유를 중시하고, 평화를 지향하는 태도를 지닐 것을 요구한다. 다만 상대적으로 공적 영역에의 헌신을 강조하는 내용이 부족하다는 점은 주목할 지점이며, 이를 교육과정에서 보완한다면 한국의 도덕 교육이 학습자들에게 세계관찰자의 자세를 함양하는 데 이바지할 수 있을 것이다.

[3] 인류를 포괄하는 도덕적 공동체 지향

세계시민주의적 관점에서 인류를 포괄하는 도덕적 공동체를 지향하는 마음가짐을 가지기 위해선 다음 네 가지 질문에 긍정적으로 답할 수 있어야 한다. ① 자신을 모습을 성찰하고 인류 공동체에 기여할 수 있는가? ② 국제적 협력의 필요성에 대해 공감할 수 있는가? ③ 자신의 외부 세계에 대해 도덕적 의무감을 가지고 실천할 수 있는가? ④ 각종 차별에 민감하게 반응하고, 반대할 수 있는가? 교육과정에 대한 분석을 통해 위 내용의 포함 여부를 확인하고자 한다.

2009 개정 교육과정을 살펴보면, ①~④와 관련성이 높은 내용 요소가 곳곳에 들어 있다. 특히 1영역인 '도덕적 주체로서의 나'의, '(다) 도덕적 성찰, (사) 도덕 자아상'과 3영역 '사회·국가·지구공동체와의 관계'의 '(가) 인간 존엄성과 인권, (아) 세계화 시대의 우리의 과제'의 내용 관련성이 높다는 것을 알 수 있다.

(다) 도덕적 성찰

㉑ 자기 자신의 내면과 현실세계를 도덕적인 관점에서 성찰하는 삶의 중요성을 인식하고, 도덕적인 인간이 지닌 덕과 성품, 보편적인 도덕 원리 등을 도덕적 성찰을 위한 준거로 이해한다. 또한 동양의 전통수양법으로 활용해 왔던 것들과 명상이나 일기쓰기 등의 도덕적 성찰을 위한 방법을 자신의 삶에 적용한다.

① 자신을 도덕적으로 성찰하는 삶
② 도덕적 성찰의 준거
③ 도덕적 성찰의 방법

(사) 도덕 자아상

나의 존재에 한 도덕 인식을 통해 정체성을 형성하고, ㉔ 자기 이해와 가치에 대한 올바른 관점을 바탕으로 건전하고 도덕적인 인생관과 도덕적인 자아상을 설계한다. 그리고 이를 자신의 삶 속에서 구현하기 위해 노력하려는 태도를 지닌다.

    ① 나는 누구인가?

    ② 나의 인생관은 무엇인가?

    ③ 나는 어떤 사람이 되고자 하는가?

(가) 인간 존엄성과 인권

    ⑭ 인간 존엄성과 인권이 보편적 가치임을 이해하고, 사회적 약자의 고통과 불행에 대한 공감을 바탕으로 소외받는 이에 대한 보호의 당위성을 깨달아 내면화한다. 또한 성에 대한 편견을 극복하고 양성의 상호 보완성을 바탕으로 상호 존중을 실천하려는 태도를 지닌다.

    ① 인간 존엄성과 인권의 보편성

    ② ⑮ 사회적 약자의 고통과 불행에 대한 공감

    ③ 양성 평등의 도덕적 의미와 실천

(아) 세계화 시대의 우리의 과제

    세계화 시대에 한국인으로서의 정체성의 원천을 '효, 선비 정신, 풍류 정신, 국난 극복 정신, 평화 애호, 자연 애호' 등과 같은 정신적·도덕적 가치의 측면에서 파악하고 이를 바탕으로 세계 속의 한국인의 역할과 과제를 인식한다. 또한 ⑯ 지구 공동체의 구성원으로서 경제 및 사회 정의, 지구 환경 보호, 문화적 다양성, 평화의 문제 등 오늘날 지구공동체가 처한 상황을 어떻게 개선할 것인가에 대해 자신의 입장을 정립한다.

    ① 한국인의 정체성은 어디에서 오는가?

    ② 세계 속의 한국인의 역할과 과제는 무엇인가?

    ③ 오늘날 지구공동체가 처한 상황을 어떻게 개선할 것인가?

    이를 구체적으로 살펴보면, 우선, '㉮ 자기 자신의 내면과 현실세계를 도덕적인 관점에서 성찰하는 삶의 중요성을 인식'과 '㉯ 자기 이해와 가치에 대한 올바른 관점을 바탕으로'는 '① 자신의 모습을 성찰하고 인류 공동체에 자신이 기여할 수 있는가?'와 밀접한 연관성을 지니고 있다. 다음으로, '㉮ 지구 공동체의 구성원으로서 경제 및 사회 정의, 지구 환경 보호, 문화적 다양성, 평화의 문제 등 오늘날 지구공동체가 처한 상황을 어떻게 개선할 것인가에 대해 자신의 입장을 정립'은 '② 국제적 협력의 필요성에 대해 공감할 수 있는가?'와 관련성이 높다. 그리고 '㉯ 인간 존엄성과 인권이 보편적 가치임을 이해하고, 사회적 약자의 고통과 불행에 대한 공감을 바탕으로 소외받는 이에 대한 보호의 당위성을 깨달아 내면화'는 '③ 자신의 외부 세계에 대해 도덕적 의무감을 가지고 실천할 수 있는가?', '④ 각종 차별에 민감하게 반응하고 반대할 수 있는가?'라는 두 질문과 높은 관련성을 지닌다. 마지막으로, '㉰사회적 약자의 고통과 불행에 대한 공감'은 '④ 각종 차별에 민감하게 반응하고 반대할 수 있는가?'라는 과제를 정면에서 다루고 있다.

지금까지 논의를 종합하자면, 현행 도덕 교육을 통해서 인류를 포괄하는 도덕적 공동체를 지향하는 마음가짐을 기를 수 있을 것으로 판단된다. 학습자들이 자신의 모습을 성찰하고, 국제적 협력의 필요성에 공감하며, 외부 세계에 대한 도덕적 의무감을 지니고, 불공정과 차별에 단호하게 반대할 수 있는 인간상은 도덕과 내용요소에 충분히 반영되어 있기 때문이다. 물론 도덕 교육을 통해 학습자들이 중장기적 변화를 어떻게 도모하였는지를 분석할 수 있을 것인가라는 새로운 과제로 남아있다. 즉 세계시민의식을 반영한 도덕교육의 영향력을 교육학적으로 검토하고 분석하는 과업을 점차 풀어가야 할 것이다.

V. 결론: 교육과정의 재구조화와 성찰

세계시민교육은 전 지구를 하나의 공동체 차원에서 인식하고 인류공영을 위한 평화의 질서를 구축하도록 연대와 협력을 도모하는 교육이다. 그러나 더 깊이 들여다보면 세계시민주의와 세계시민성 개념의 포괄성과 추상성으로 인해서 세계시민의식을 교육적으로 적용하는 맥락은 다층적일 수밖에 없다(Peters, Blee & Britton, 2008). 본 연구는 단순히 유엔을 비롯한 국제기구들이 세계시민교육을 글로벌 의제로 채택하고 선언한 이후, 한국을 포함한 세계 각국이 세계시민을 양성하기 위한 일률적 노력에 동참해야 하기 때문에 시작한 것이 아니다. 그보다, 이 같은 교육 외재적 요인에서 문제의식을 가진 논의가 세계 간 상호의존성과 연계성이 증대된 현대 사회에서 교육을 통해서 어떠한 시민을 양성할 것이냐는 철학적 질문을 근원적으로 내포하고 있다.

이에 따라 본 연구는 한국적 사회 상황에 맞는 세계시민의식 개념 정립을 위한 교육의 여러 장면 중 특히 학교 교육에 주목하였고, 그중에서도 바람직한 시민 육성과 비판적 시민 육성을 달성하고자 하는 중학교 도덕 교육에서 세계시민교육의 실천적 양태에 관해 고찰하였다. 그동안 세계시민의식은 사회 교과의 전유물 혹은 범교과학습을 통하여 다룰 소재 정도로 여겨졌다. 하지만 세계시민육성이라는 큰 범주는 범교과 학습의 일개 소재로 다루기에는 그 중요성이 매우 크고, 사회과의 민주시민 양성이라는 테두리 안에 갇혀 있기보다는 연관성 있는 교과로 그 범위가 확장될 수 있기에, 바람직한 시민과 비판적 시민을 육성하고자 하는 도덕 교과와 긴밀한 관계를 맺는다. 따라서 세계시민성 함양을 위한 도덕 교육의 역할이 강조된다.

본 연구의 논의를 통해 밝혀진 점은 크게 세 가지로 정리될 수 있다. 세계시민의식이란 자기 자신에 대한 이해를 기반으로 자기를 둘러싼 세계라는 관계망에 대한 관심을 놓치지 않는 것을 의미한다. 이는 아렌트가 역설했듯이 세계관찰자의 시점을 갖춰야 한다는 점을 의미한다. 또한 세계관찰자는 인류 전체가 도덕적 공동체를 구성하는 데 무관심하지 않다. 마지막으로 세계관찰자의 의식은 세계를 향해 있지만, 아피아가 주장했듯이 자신이 기반을 두고 있는 지역 공동체에 무관심하지 않다. 따라서 '① 뿌리내린 세계시민주의를 지향하는가?, ②

세계관찰자의 태도를 키워주는가?, ③ 인류를 포괄하는 도덕적 공동체를 지향하는가?' 이 질문들은 각각 정체성(belonging), 태도(attitude), 개입(engagement)으로 개념적으로 구조화될 수 있다. 본 연구에선 세 가지 물음이 세계시민의식 정도를 측정할 수 있는 유의미한 척도라는 점을 밝히고자 했고, 이에 대한 핵심 지표를 질문 형태로 제시하였다.

　　다음으로 세계 시민 의식과 도덕 교육의 관계성에 관해 논하였다. 세계시민의식을 지닌 세계 관찰자는 세계 곳곳에서 일어나는 사건과 쟁점을 다루는 글로벌 윤리를 자신의 행동 준거로 삼는 자라고 할 수 있다. 앞으로 도덕 교과에서는 글로벌 윤리를 보다 체계적으로 내실 있게 다룰 필요가 있으며, 도덕 교과는 세계시민교육의 주요 장이 될 수밖에 없다는 점을 논증하였다.

　　마지막으로, 이 연구는 2009 개정 교육과정 중학교 도덕교과에서 세계시민의식 요소를 구체적으로 점검하고 분석하였다. 앞서 제시한 세 가지 질문을 중심으로 분석한 결과, 한국의 현행 도덕 교육과정은 세계시민의식을 함양하기 위한 내용을 직간접적으로 반영하고 있는 것으로 나타났다. 다만, 세계 관찰자와 관련하여 '자유를 위해 공적 영역에 헌신하는 자세를 지닐 수 있는가?'를 직접 다루는 부분이 없기에 이를 체계적으로 보완하는 요소가 필요하다는 점을 지적하였다. 이는 현행 도덕 교육에 지구공동체에 대한 헌신과 참여를 반영하는 부분이 상대적으로 취약하다는 해석으로 이어진다. 따라서 향후 도덕 교육에서는 세계시민의식에 대한 민감도를 높이는 데 안주하기보다는 세계시민으로서, 더 큰 지구촌의 민주시민으로 참여할 수 있는 마음가짐과 실천적 태도를 지닌 적극적 시민성을 키우기 위한 교육적 노력이 구체화되어야 할 것이다.

　　그 노력은 다각적으로 전개되어야 할 것이다. 일차적으로 도덕 교육 연구자와 실천가들이 세계시민성에 대한 이해를 높여서, 교육과정을 글로벌 교육 환경에 조응하여 재구조화할 필요가 있다. 또한 도덕 교육을 실천하는 교육자의 세계시민성에 대한 인지도를 높이고, 효율적인 교수법을 구현할 수 있는 지원이 마련되어야 할 것이다. 더불어 지역적 공동체에서 자율적이고 주체적으로 사유하고, 공적 영역에 참여할 수 있는 민주시민을 길러내는 노력이 전 지구적인 차원에서 이어질 수 있도록 교육의 방향을 재구조화해야 한다. 마지막으로 세계시민의식을 증진하기 위한 도덕교육계의 논의가 활성화될 수 있는 환경이 조성되어야 할 것이다. 끝으로 덧붙이자면 도덕 교육이 글로벌 자본화와 인간 소외가 심화하는 현대 사회에서 어떠한 힘과 가치를 발휘할 수 있는지 근원적인 질문과 비판적 성찰이 끊임없이 환기되어야 할 것이다.

세계시민의식과 도덕교육: 글로벌 윤리와 중학교 도덕교육과정

이 논문은 세계시민의식과 밀접한 연관을 가지고 있는 도덕 교육을 이론적으로 검토하고, 세계시민교육의 실천을 위해서 한국교육과정 맥락에서 세계시민성의 개념 정립이 필요하다는 문제의식에서 출발하였다. 세계시민의식 함양이 도덕 교육에 주는 의미를 분석하고 현행 중학교 도덕 교육에 세계시민의식의 내용이 얼마나 반영되어 있는지 진단하고자 하였다. 이를 위해 칸트, 아렌트, 너스봄, 아피아를 중심으로 세계시민과 도덕의 관계에 대한 이론을 분석하였고, 각 이론에서 중시한 '세계관찰자, 도덕적 공동체, 뿌리내린 세계시민' 담론을 세계시민적 정체성(belonging), 세계시민적 태도(attitude), 세계시민적 개입(engagement)과 연계지어 논리적으로 정련함으로써 도덕 교육에서 세계시민의식을 측정할 수 있는 분석틀을 도출하였다. 분석결과, 세계문제에 대한 다양한 쟁점을 다루는 글로벌 윤리 개념이 세계시민의식과 도덕 교육 사이에서 징검다리 역할을 할 수 있다는 점을 밝혔다. 한국의 현행 도덕 교육과정은 세계시민의식과 관련한 내용과 지식을 직간접적으로 반영하고 있으나, '공적 영역에 대한 헌신'을 반영하는 내용 요소는 빈약한 것으로 드러났다. 본 연구는 한국교육의 상황에 맞는 세계시민의식의 개념 정립을 위해 한국의 중학교 도덕 교육에서 세계시민교육을 내실화하는 단초를 이론적으로 제시하였다.

주제어: 세계시민의식, 도덕 교육, 글로벌 윤리, 도덕과 교육과정, 세계시민교육

The Theoretic Relationship between Global Citizenship and Moral Education: Global ethics and the Moral Education Curriculum for Middle School Students in South Korea

This study explores the theoretical relationship between global citizenship and moral education to enhance global citizenship as espoused within a moral education context.

I employed a literature review methodology on global citizenship theorists such as Kant, Arendt, Nussbaum and Appiah.

Major findings showed that global citizenship should be meaningfully implemented while engaging aspects of moral education. Particularly, global ethics should form a central component to imbed it properly within the curriculum. Also, this study revealed that the current national moral education curriculum has already adapted to the concept of global citizenship to some degree. However, it should be stated that devotion and engagement in the public sphere is poor when compared to other elements.

This study could contribute to expanding the theoretical understanding of moral education and could contribute to nurturing global citizenship in practice by utilizing a specific subject.

Keywords: global citizenship, moral education, global ethics, curriculum

참고문헌

강인식(2003). 도덕과를 통한 세계시민교육. 교육과학연구, 5(1), 1–25.

교육과학기술부(2009). 2009 초중등학교교육과정 총론(고시 제2009–41호).

김욱성(2012). 도덕과 교육에서 글로벌 윤리의 과제. 윤리연구, 85, 55–76.

김진희(2015). Post 2015 맥락의 세계시민교육 담론 동향과 쟁점 분석. 시민교육연구, 47(1), 59–88.

김진희·차윤경·박순용·이지향(2014). 평화와 협력을 위한 세계시민교육: 2015 세계교육회의 의제 형성 연구. 서울: 유네스코 한국위원회.

박성춘(2008). 다문화교육과 글로벌 에듀케이션이 통일교육에 주는 시사점. 통일교육협의회 회보, 26. 8–11.

손경원(2006). 도덕과 교육에서의 세계시민교육의 방향과 과제. 윤리교육연구, 11, 1–24.

염운옥(2012). 아피아의 세계시민주의와 다문화주의 비판. Homo Migrans, 5·6, 21–28.

이근호·김덕근·민병수·오현정·엄정민·김효정·박준식·김종람(2009). 세계 시민의식 고취를 위한 중학교 사회과·도덕과 교육과정 선진화 연구(RRC 2009–13). 서울: 한국교육과정평가원.

이성희·김미숙·정바울·박영·조윤정·송수희(2015). 세계시민교육의 실태와 실천과제(RR 2015–25). 서울: 한국교육개발원.

이정우·조지민·박상복·김현수·이미미(2015). 한–아세안 세계시민교육 국제 비교 연구(CRE 2015–2). 서울: 한국교육과정평가원.

장의선·이화진·박주현·강민경·설규주(2015a). 글로벌 시티즌십 함양을 위한 교과별 교사학습 지원 방안: 중학교 국어과와 사회과를 중심으로(RRI 2015–4). 서울: 한국교육과정평가원.

장의선·이화진·박주현·강민경(2015b). 중학교 교사·학생의 글로벌 시티즌십 인식 실태와 교수학습 지원 방안(ORM 2015–50–20). 서울: 한국교육과정평가원.

정창우(2010). 초·중등 도덕과에서 글로벌 윤리교육의 과제와 지향. 윤리연구, 79, 233－275.

최성환(2015). 다문화 시민교육의 이념: M. 왈쩌의 관용론과 M. 너스봄의 시민교육론을 중심으로. 다문화콘텐츠연구, 18, 97－129.

Appiah, Kwame Anthony (2002). Cosmopolitan patriot. In J. Cohen (Ed.). *For love of country*(pp. 21－29). Boston: Beacon Press.

Appiah, Kwame Anthony (2006). Cosmopolitanism: Ethics in a world of strangers. New York ; London : W.W. Norton

Arendt, Hannah (1996). 인간의 조건 (이진우, 태정호 공역). 서울: 한길사. (원저 1958 출간)

Arendt, Hannah (2002). 칸트 정치철학 강의 (김선욱 역). 서울: 푸른숲. (원저 1992 출간)

Arendt, Hannah (2006). 예루살렘의 아이히만 (김선욱 역). 파주: 한길사. (원저 1964 출간)

Carnegie Council (2014). *A Dialogue on Global Citizenship, Global Ethics, and Moral Rights*. Retrieved August 29, 2016, from
http://www.globalethicsnetwork.org/profiles/blogs/a－dialogue－on－global－citizenship－global－ethics－and－moral－rights

James, Paul (2014). Globalization and politics(Vol.4: Political philosophies of the global). London: Sage Publications.

Kant, Immanuel (2008). 영구 평화론 (이한구 역). 파주: 서광사. (원저 1796 출간)

Morais, Duarte B., & Ogden, Anthony C. (2011), Initial development and validation of the global Citizenship Scale. Journal of Studies in International Education, 15(5), 445－466.

Noddings, Nel. eds. (2009). 세계 시민의식과 글로벌 교육 (연세기독교교육학포럼 역). 서울: 학이당. (원저 2005 출간)

Nussbaum, Martha Craven (2002). Patriotism and cosmopolitanism. In J. Cohen (Ed.). *For love of country*(pp. 3－20). Boston: Beacon Press.

Peters, Michael., Britton, Alan., & Blee, Harry (2008). *Global citizenship education: Philosophy, theory and pedagogy*. Rotterdam; Taipei: Sense Publishers.

Tully, James (2014). *On global citizenship*. London, UK and New York, USA: Bloomsbury Academic.

UNESCO (2014). *Global citizenship education: Preparing learners for the challenges of the twenty-first century*. Paris: UNESCO.

세계시민교육과 공정여행 수업활동
: 고등학교 비교과 활동의 세계시민적 의미

글로벌시대의 세계시민교육

제4장

I. 서론

세계 간 상호연관성과 의존성이 점차 높아지는 오늘날 우리 교육계에서도 글로벌 사회에서 능동적인 역할을 수행하고, 세계시민의 정체성을 가지고 지역사회의 다양한 실천 영역에 참여하는 시민을 길러내는 것이 중요하다는 공감대가 확산되고 있다(강순원, 2009; 김신일, 1995; 김진희·허영식, 2013; Ian, Evans, & Reid, 2005). 그동안 학교교육체제에서 사회과 교과를 중심으로 세계시민교육에 대한 여러 연구와 교육적 실천에 대한 논의가 조금씩 전개되어 오고 있으며(모경환·임정수, 2014), 평생교육 차원에서도 민간 영역의 시민사회단체와 미디어가 주도적 역할을 수행하면서 학교와 지역사회를 파트너로 삼아 아동과 청소년의 세계시민의식을 고양하기 위한 논의와 실천이 전개되고 있다(김민호, 2003). 이러한 움직임은 우리교육의 내용과 방향이 점차 변화하고 있는 모습을 보여주는 것이라 할 수 있다. 그동안 한국이라는 단일 국가 내에서의 시민의 지식, 태도 그리고 역할에 초점을 두어왔다면, 이제는 사람과 자원의 초국적 이동이 확대되는 세계화, 개방화, 다양화 흐름이 가속화되면서 우리사회 구성원들의 세계시민적 정체성과 참여방향에 대한 고민이 발아하기 시작한 것이다.

특히 글로벌화, 다문화화된 사회에서 살아가는 미래세대의 주역이자, 본격적인 성인기로 접어들기 직전 단계에 놓인 청소년을 위한 세계시민성 함양은 중요하다. 세계에 대한 논리성과 추론적 발달을 심화하며 세계관을 확장해 가는 청소년들이 유의미한 교육과정과 학습 프로그램을 통해서 세계시민의 한 사람으로서 성장하며 사회의 변화를 도모할 수 있도록 해야 한다. 즉 복합다층적 사회에서 살아가는 청소년들에게 한 국가의 일원적 시민성을 넘어서, 민족, 종족, 문화, 공동체 안에서 특수성을 이해하면서도 인류 보편적 인권과 사회정의에 대해서 다양한 경계를 뛰어넘는 보편성을 품을 수 있는 다원적 시민성(plural citizenship)이 요청되고 있다(Kymlicka, 1995).

 이러한 시대적 요구에도 불구하고 현재 청소년들이 세계시민교육에 접근할 수 있는 양질의 교육과정이나 프로그램이 체계적으로 구비되지 않았고, 여러 교과에서 세계시민 관련 교육 요소와 내용만 발췌해서 산발적이고 단기적으로 다루어지고 있기 때문에 교육의 지속적 효과도 미흡한 것이 사실이다. 이에 본 연구에서는 고등학생을 위한 세계시민교육의 일환으로 학교교육 현장에서 실제로 적용 가능한 세계시민교육 수업을 시범적으로 설계하고 이를 실행한 후의 학습자의 변화를 살펴보고자 한다. 이를 위해 범교과 차원에서 다룰 수 있는 세계시민교육의 개념과 주제를 정의하고, 이를 촉발할 수 있는 교육 소재로서 공정여행(fair travel) 전문 도서를 활용한 읽기 수업 활동이 고등학생의 세계시민성교육에 미치는 교육적 함의를 고찰하고자 한다. 구체적으로 본 연구에서 다루고 있는 연구 문제는 다음과 같다. 첫째, 공정여행 개념을 매개로 한 읽기 중심 수업활동이 세계시민교육에 어떻게 활용될 수 있는가? 둘째, 공정여행 수업활동이 고등학생의 세계시민성 함양에 어떠한 변화를 주는가? 이를 분석하기 위해서 본 연구는 구성주의 이론에 기반을 두고, 학습자의 성찰적 사고과정을 통하여 인식의 변화를 관찰하고자 한다. 비교과 수업활동의 맥락을 살리고자, 국가적 경계를 자유롭게 뛰어넘는 여행이라는 소재와 그것의 공공성과 사회 정의를 결합한 '공정여행'을 중심으로 학습자들이 독서활동을 통해 어떠한 의식의 변화를 경험하는지를 살펴본다. 궁극적으로 이것이 세계시민교육으로서 가지는 교육적 의미를 분석하는 데 의의를 두고자 한다.

Ⅱ. 세계시민교육의 현황과 의미

1. 학교교육에서의 세계시민교육

1995년 김영삼 정부의 '5·31 교육개혁'에서는 세계화시대의 교육이라는 이념과 방향 아래 개방화, 국제화시대의 교육개혁과 인재양성의 새로운 틀을 제시한 바 있다. 이러한 흐름을 이어 2007년 개정된 교육과정과 2009년에 개정된 교육과정에서도 세계시민교육의 윤곽이 강조되고 있음을 알 수 있다. 2009년 교육과정이 추구하는 인간상은 '세계와 소통하는 시민으로서 배려와 나눔의 정신으로 공동체 발전에 참여하는 사람'으로 정의되어 있다.

표 1 교육과정이 추구하는 인간상

2007 개정 교육과정	2009 개정 교육과정
가. 전인적 성장의 기반 위에 개성을 추구하는 사람	가. 전인적 성장의 기반 위에 개성의 발달과 진로를 개척하는 사람
나. 기초 능력을 토대로 창의적인 능력을 발휘하는 사람	나. 기초 능력의 바탕 위에 새로운 발상과 도전으로 창의성을 발휘하는 사람
다. 폭넓은 교양을 바탕으로 진로를 개척하는 사람	다. 문화적 소양과 다원적 가치에 대한 이해를 바탕으로 품격 있는 삶을 영위하는 사람
라. 우리 문화에 대한 이해의 토대 위에 새로운 가치를 창조하는 사람	라. 세계와 소통하는 시민으로서 배려와 나눔의 정신으로 공동체 발전에 참여하는 사람
마. 민주 시민 의식을 기초로 공동체의 발전에 공헌하는 사람	<삭제>

출처: 교육부(2010)

중앙정부의 교육정책에서뿐만 아니라 지역교육현장에서도 세계시민적 가치는 점차 강조되고 있다. 경기도교육청(2012)은 국가 교육과정이 추구하는 인간상을 바탕으로, 미래 사회의 핵심 가치를 보다 종합적인 관점으로 체계화하고 구체화하여 '더불어 살아가는 창의적인 민주시민'을 육성하는 데 주력하고 있다. 민주 시민의식의 범위를 국내에 한정하지 않고 세계로 확대해서 본다면, 글로벌 시대에 세계인으로서 가져야 할 민주시민의식을 세계시민성이라는 확장적 개념으로 지평을 넓히고 있는 것이다.

　　그러나 이처럼 중앙 부처와 지역교육청에서 세계시민교육의 중요성이 강조되는 것과 달리, 학교 현장에서의 교육적 실천은 산발적으로 이루어지고 있고 그만큼 편차도 큰 것이 사실이다. 손경애 외(2009)는 국민공통기본교육과정 중 민주시민교육과 가장 관련이 깊은 사회과 교과목의 교육과정 및 교과서를 분석하여 학교 민주시민교육의 실태를 연구하였다.[2] 여기서 민주시민 교육을 위한 체계적인 교육과정 운영 및 지원 체계 부족, 교수 학습의 관행을 민주시민교육의 관점에서 개선하려는 노력 부족 등을 문제점으로 지적하였다. 또한 지식 영역에 편중된 민주시민 교육 대신에 건전한 가치관과 태도 및 실질적 사회 참여와 실천능력을 함양할 수 있는 조화로운 교육적 경험이 제공되어야 함에도 불구하고 민주주의 참여·실천 영역과 관련한 교육적 개입은 매우 한정적으로 이루어질 뿐이다. 예를 들어 초등학교 3, 4학년 단계에서는 지역사회 참여가 강조되며, 중등학교 단계에서는 지구촌 문제에 대한 참여가 제시되고 있으나, 세계적 이슈나 지구촌 문제의 참여 제시가 상대적으로 적은 편이다.

　　이를 볼 때 국민공통기본교육과정에서 세계 수준에서의 참여에 대한 내용을 보다 더 강화하고, 학생들이 학교생활 속에서 민주시민의식을 자연스럽게

---

2 학교 민주시민 교육의 실태를 살펴보기에 앞서 실시한 학생 인식 조사 결과 학교에서 민주시민 교육이 '어느 정도'(51.4%) 또는 '적극적으로'(19.5%) 이루어져야 한다고 주장하였다. 한편 8.3%의 학생들은 '민주시민 교육에 대한 학생들의 인식 부족'(23.8%), '학생들의 시간적 여유 부족'(22.9%), '학생들의 학습 분량 문제'(19.8%) 등의 이유로 학교에서 민주시민 교육이 이루어질 필요가 없다고 주장하고 있다. 초·중등학교 교사들 또한 학교 민주시민 교육의 실천 정도에 대해서 긍정적으로 평가하지 않았는데, 그 이유로 지식 위주의 교육, 교사의 역량 부족, 학교 환경의 비민주성을 지적하였다.

체득할 수 있는 적절한 교육 내용과 방법을 모색하여, 지역사회에서도 적극적으로 참여하는 세계시민성을 교육을 통해 함양할 수 있도록 환경의 개선이 필요하다는 주장은 설득력을 가진다.

2. 세계시민교육의 개념적 이해

세계시민교육의 이론적 토대를 마련한 여러 학자들은 세계시민교육을 개념화하는 데 있어서 추상적 지식뿐만 아니라 학습자의 참여와 실천을 강조하고 있다(Lynn, 2006). 세계시민성을 연구한 히터(Heater)와 포크(Falk) 역시 세계시민교육은 첫째, 전 지구적인 개혁활동으로서의 세계시민교육, 둘째, 경제적인 영역의 초국가적 활동의 지지와 참여, 셋째, 세계정부 혹은 지구적 질서의 관리활동에 참여하는 의식 고양, 넷째, 시민 구성원들이 터한 지역사회에 대한 정치의식을 키우고 참여하는 교육, 다섯째, 초국가적 사회 운동을 진작하는 교육으로 보고 있다(김진희·허영식, 2013).

전세계적으로 세계시민교육 프로그램을 제공하는 글로벌 시민단체인 옥스팜(OXFAM)은 세계시민의 개념을 다음과 같이 정의한다. (1) 글로벌화된 세계를 자신의 공동체로 인식하는 사람, (2) 다양성을 존중하고 가치있게 생각하는 사람, (3) 세계가 어떤 방식으로 돌아가는지를 비판적으로 이해하는 사람, (4) 사회적 정의를 실천하고 작은 공동체에 참여하는 사람, (5) 자신의 의사결정에 책임감을 가지는 주체로서의 시민이 그것이다. 이처럼 지적, 정의적, 행위적 측면을 포괄하는 논의는 세계시민교육을 통해서 길러지는 학습자의 모습을 투영하고 있다. 이를 참조하여 본 연구에서는 세계시민교육의 개념을 다음과 같이 정의하고 논의를 전개하고자 한다.

· 지구 사회의 한 구성원으로서의 세계시민적 정체성을 가지는 교육
· 국제 관계를 구조적으로 이해하고 비판적으로 사고하도록 하는 교육
· 인류 보편적 가치와 윤리적 행동을 추구할 수 있도록 가르치는 교육
· 지구의 모든 사람과 동물, 그리고 환경이 공동체라는 의식을 가르치는 교육
· 지구적 문제에 공동 대응하고 세계적 이슈를 가지고 지역사회에 참여하는 교육

물론 현재까지 학자들 사이에서도 세계시민교육에 대한 개념적 합의가 일괄적으로 이루어지거나 세계 각국이 모두 수용할 수 있는 보편적인 교육내용이 정립되지 못한 것이 사실이다(Ian, Evans, & Reid, 2005). 주로 사회과 교육과정에서 교육주제와 내용영역으로 세계시민성이 긴밀하게 다루어져 왔다. 모경환·임정수(2014)의 연구에서는 사회과 교육과정에서 '글로벌 시티즌십 교육'의 강조점이 달라지고 있는 것을 보여주었다. 전통적으로 교육과정에서 세계의 다양한 문화에 대한 이해와 전지구적 쟁점에 대한 학습을 강조해 왔으나 최근에는 간문화적 자질을 함양하며, 다양성에 대한 편견해소와 소수자의 인권을 강화하는 도덕 교육적 접근, 나아가 세계시민으로서의 자각과 책임의식이 조명 받고 있다는 것을 역설하고 있다.

한편 세계시민교육과 밀접한 맥락에서 살펴볼 수 있는 민주시민교육의 경우, 2009년 개정 국민공통 기본교육과정에서 살펴보면 민주주의의 '지식' 영역으로 민주주의 제도(하위 7개 요소 포함), 경제제도(6개 요소), 민주주의 발전(1개 요소)으로 주로 정치, 경제적인 내용 위주로 구성되어 있다. 민주주의의 '가치·태도' 영역으로는 인간의 존엄성, 준법 의식, 정체성 등을 비롯한 총 15개의 하위 요소가 정의되어 있다.[3] 민주주의의 '참여·실천' 영역에는 정치참여(4개 요

---

3 ① 인간의 존엄성(중3), ② 자유의 존중(중3), ③ 평등한 대우(초4, 중1, 중3), ④ 다수결의 존중(초4), ⑤ 공동체 의식(초6), ⑥ 책임감(초6), ⑦ 준법 의식(초6), ⑧ 정의(고1＝인권보장), ⑨ 대화와 타협(초4, 초6), ⑩ 관용과 개방(초6), ⑪ 비판적 태도(중1), ⑫ 합리적 태도(초6, 중3, 고1), ⑬ 소수자 보호(초4), ⑭ 국민적 정체성(초6, 중3), ⑮ 다문화적 인식(초3, 초4, 초6, 중1)

소), 경제참여(2개 요소), 사회참여(1개 요소)로 정의되어 있다.[4]

　이러한 변화에서 나타나는 공통점은 세계라는 구조 속에서 사람들이 평화롭고 평등하게 공생할 수 있도록 정의롭고 평화로운 지구를 만들어 나갈 수 있는 주체로서 세계시민을 양성하는 것이 강조된다는 점이다. 또한 세계시민교육은 인간 생활의 산물인 정치, 경제, 문화뿐 아니라, 인간과 관계를 맺고 있는 또 다른 생명체인 동·식물과 자연환경에 대한 부분까지로 그 담론의 영역을 확장하는 추세이다. 이런 맥락에서 전인적 차원에서 통합적 세계시민성을 함양하는 학습 기회는 제도적으로 확장되어야 한다. 이상의 논의에 근거하여, 이 연구에서는 논의의 준거를 설정하기 위해서 세계시민교육의 내용을 '인권', '경제', '문화', '정치', '환경'의 5가지 주제 영역으로 구성하고, 각 영역에 대하여 학습자들이 습득하고 함양하는 '지식', '가치', '기능'이 어떤 측면에서 도출되는지 살펴보고자 한다.

3. 세계시민교육 일환으로서 공정여행 수업활동의 의미

　세계화시대를 살아가는 개인은 지구사회에 대한 책무의식을 가진 윤리적 시민으로서 세계적 이슈에 참여하는 윤리적인 태도를 견지할 필요가 있다(Heater, 1998). 신자유주의가 가속화되면서 노동과 생산, 소비에 이르는 전 과정에서 윤리적 덕목을 주목하기 시작했다. 최근 몇 년간 이 같은 세계시민성을 반영한 공정무역(公正貿易, fair trade)의 개념이 사회 전역으로 확대되고 있고 국제적으로 공정무역 시장은 점차 증가하는 추세이다(Fair Trade Advocacy Office, 2010). 신자유주의적 소비에 대한 반성과 새로운 형태의 윤리적 소비주의를 바탕으로 한 공정무역은 최근 들어 여행으로까지 확대되어, 여행자와 여행대상국의 국민들이 평등한 관계를 맺는 여행, 이른바 '공정여행(fair travel)'에 대한 의

---

4 7차 교육과정에서 사회참여의 하위요소가 지역 참여와 지구촌 문제참여의 두 가지였던 것에서 2009년 개정교육과정에서는 지구촌 문제 참여가 삭제되어 1개의 하위요소만이 남아 있다.

식과 실천이 활발하게 논의되기 시작했다.

공정여행이란 1996년 북런던대학(University of North London), 투어리즘 컨선(Tourism concern) 등이 제안한 개념으로 생산자와 소비자가 대등한 관계를 맺는 공정무역(fair trade)의 시도가 관광산업 영역에서도 일어날 수 있도록 하자는 취지로 출발하였다. 그것은 지속가능한 관광의 핵심개념으로서 여행을 통하여 지역 경제와 개발에 직접적인 도움이 되고, 지역 원주민의 권리가 보장되며, 동등한 관계 속에서 협의와 조정이 가능한 평등성이 보장된 개발과정의 정의까지 내포한 보다 깊고 넓은 의미에서의 공정성을 추구하는 여행이다(Tepelus, 2006). 임영신·이혜영(2009)은 공정여행을 통하여 세계인으로서 인권, 경제, 정치, 환경, 문화, 교육에 대하여 제대로 된 지식을 습득하고 책임감 있게 행동하는 세계시민의식을 가진 여행자가 될 필요성을 강조한다. 공정여행은 2009년에 국내에 소개된 이후 급속도로 그 가치와 의의를 인정받아 서울시 지역구청의 지역개발 사업 프로그램으로 도입되기도 하였고,[5] 공정여행을 배우고 가르치는 형식적, 비형식적 교육기관과 공정여행을 실천하는 여행관련 업체가 단기간 내에 급속히 늘어나고 있는 추세이다. 그러나 국민기본공통과정 10개 학년의 전 교과를 모두 살펴보아도 극소수로 등장할 정도로 아직까지 학교교육과정 내에서 공정여행이 소개되거나 교육 내용으로 활용되는 동향은 학교 밖의 변화에 비해 현저히 느린 편이다.[6]

이상의 논의에 터하여 본 연구에서는 세계시민교육을 다양한 교수－학습 활동을 통해서 실천하기 위한 하나의 시론적 모형으로서 '공정여행'을 활용한 수업활동을 시도하고 그것의 교육적 의미를 살펴보고자 한다. 즉 학교현장에서

---

5 서울시 종로구청(2011년 9월), 영등포구청(2013년 4월) '공정무역' 프로그램 운영

6 국민기본공통과정 10개 학년 전체의 전과목에서 단 세 번밖에 등장하지 않는다. 도덕(초 6), 사회(중 2), 국어(고 1) 교과서에서 공정여행이 1~2페이지에 걸쳐 간략히 제시되어 있는 반면 대안교과서인 '살아있는 지리교과서(전국지리교사연합회, 2011)에서는 비교적 자세히 소개되어 있다.

다양한 형태로 전개되는 비교과 활동의 일환으로서 공정여행을 활용한 수업활동을 실시한 후 세계시민교육과 관련성을 가진 교육적 의미를 도출하고 그 시사점을 고찰하고자 한다.

III. 연구 방법

1. 연구 참여자

본 연구는 공정여행 개념을 활용한 수업활동이 학습자의 세계시민성 함양에 어떠한 변화를 불러일으키는지를 파악하기 위해서 학습자의 내러티브와 자기 성찰일지를 중점적으로 분석하는 질적 연구방법론을 활용하였다. 본 연구의 주요 참여자는 경기도 소재 공립 외국어고등학교의 3학년 학생 44명이고 연령은 만 17~19세이다. 구체적으로, A반 18명(여 12, 남 6)과 B반 26명(여 18, 남 8)으로 총 44명(여 30, 남 14)이며 모두 3년간 영어와 러시아어를 전공과 부전공으로 배우고 있다. 이 연구의 참가자들은 외국어고등학교의 국제이해교육 계획에 의거하여 해외 자매학교와의 홈스테이 및 해외 수학여행 등 다양한 국제교류 활동에 참가해왔기에 일반적인 고등학생들에 비하여 기본적인 외국어 능력이 우수하고, 국제교류 경험이 많은 편에 속한다는 특수성을 가진다. 그렇지만 공립학교의 특성상 교사의 능력이나 학생 개인의 사회경제적 배경은 일반고 학생이 가진 환경과 크게 다르지 않다는 보편적인 측면 또한 가지고 있다.

2. 연구 수행 과정

이 연구는 고등학생들로 하여금 공정여행 전문도서를 읽고, 자기 성찰적 사고의 과정을 통하여 세계시민성이 어떻게 함양되는지를 고찰하기 위해 [읽기 전 활동] - [읽기 중 활동] - [읽기 후 활동]의 3단계로 설계되었다.

　　이러한 3단계 읽기교육 방법은 구성주의 읽기교육 이론에 바탕을 두는 비계화된 읽기경험 모형(Scaffolded Reading Experiences, SRE)으로 읽기 수업활동을 통하여 학습자의 지식, 가치, 기능 측면에 나타나는 변화를 고찰하기 위한 것이다. 이것은 Graves & Graves(1994)가 개발한 읽기수업 모형이다. 학생들에게 텍스트를 읽고, 학습하고, 즐길 수 있는 기회를 제공하기 위하여 읽기 전, 읽는 중, 읽은 후 활동으로 구성되며, 교사가 학생과 글에 따라 다양하게 변용할 수 있다. 여기서 학습자들은 수동적인 위치에 있는 것이 아니라, 묵독과 자기 성찰적 사고의 과정을 통하여 적극적으로 그들 자신만의 의미 있는 학습을 만들어 간다는 점에서 본 연구에 적합한 수업모형이라고 할 수 있다. 또한 자신의 배경 지식과 흥미를 읽기 목적과 통합하고, 읽는 과정에서 안내를 받으며, 글에서 수집한 정보를 종합하고 평가할 수 있는 학습경험을 가지게 된다. 이처럼 학습기회를 촉진시키는 경험들은 학습자가 텍스트를 구조적으로 파악하고 활용하는 중요한 기제가 된다(Tierney & Readence, 2005/2012).

　　이러한 형태의 수업 모형은 단순한 독서교육이 아니라 비계화된 읽기경험을 통해 학습자들이 주체가 되어 지식을 구성하고 세계와 자아에 대한 체계를 재구성하는 실천에 참여하도록 이끌게 된다. 본 연구에서 살펴보는 공정여행 수업활동은 2014년 4월 1일부터 6월 19일까지 12주간 진행되었다. 세부적인 분석과정과 절차는 다음과 같다.

(1) 읽기 전 활동

　　비계화된 읽기 경험 모형(SRE)에서 읽기 전 활동은 학습자들의 흥미를 유발하고 선행지식을 활성화하거나 학습자들이 이해하기 힘든 개념이나 어휘들을 미리 가르치도록 교사가 적절히 개입한다.[7] 본 연구에서는 세계시민교육의 주제 영역에 대한 학생들의 관심을 유발하고 스키마를 확장하는 단계로, 5차시에 걸쳐 인권, 문화, 성, 환경과 관련된 신문기사, 영화, 다큐멘터리 필름을 감상하였다.

1차시 수업에서는 성적 소수자로서 자신의 성 정체성을 주장하는 남성의 요구가 기각된 2014년 4월 3일자 신문기사의 내용을 가지고 개인의 자유와 의무에 대하여 학생들이 자유롭게 찬·반 토론을 벌임으로써 사회적 약자 중 성적 소수자에 대한 인식을 서로 공유하였다. 이어서 2~3차시에는 인권영화 '여섯 개의 시선'을 감상하면서 세계시민으로서 가져야 할 문화다양성과 인권의 의미에 대해 생각하는 시간을 가졌다. 끝으로 4~5차시에는 관광개발의 역효과로 사라져가는 열대 우림과 이로 인한 지구의 환경 문제를 다루는《EBS 지식채널 e》와 관광객들의 오락을 위해 고통 받는 동물 이슈를 보여주는《EBS 다큐멘터리》영상을 감상하였다. 이를 통하여 인간의 권리뿐만이 아니라, 지구 생태를 구성하며 함께 살고 있는 동물과 식물, 나아가 자연환경을 소중하게 보호하는 것에 대한 가치에 대하여 생각하는 기회를 가졌다.

(2) 읽기 중 활동

비계화된 읽기 경험 모형(SRE)에서 읽기 중 활동은 학생들이 글을 읽을 때 학습자 스스로 하거나 아니면 교사가 학습자를 돕기 위해 할 수 있는 촉진적 활동을 말한다. Graves & Graves(1994)는 읽기 중 활동으로 '묵독'을 가장 많이 사용해야 한다고 주장하였다. 그 이유는 학생들이 평생 가장 많이 하게 될 읽기 활동이 묵독이기 때문이다. 학생들은 묵독에 능숙해질 수 있도록 가능한 많은 기회가 주어져야 하며, 따라서 교사들은 학생들이 읽을 수 있는 책을 주의 깊게 선정해야 하고 학생들이 책을 묵독할 수 있도록 적절하게 준비시켜야 한다고 하였다. 본 연구에서는 읽기 수업의 주교재로 공정여행 전문 도서인 『희망을

---

7 읽기 전 활동은 다음과 같은 요소들을 포함한다. 1) 동기부여, 2) 배경지식 활성화하기, 3) 읽을 글과 관련한 특수한 지식 형성하기, 4) 읽기를 학생들의 삶과 관련시키기, 5) 어휘 미리 가르치기, 6) 개념 미리 가르치기, 7) 미리 질문하기, 8) 예상하기, 9) 방향설정, 10) 읽기이해전략 가르치기

여행하라』를 선정하였는데, 국내에 공정여행의 개념을 처음으로 소개한 이 책
이 국내에서 출판된 관련 도서 중 공정여행에 관한 개념과 가이드라인을 제시
한 부분에서 위상을 인정받고 있는 점에 근거하였다.

　　읽기 중 활동으로 학습자들로 하여금 6주 동안 공정여행 도서인 '희망을
여행하라'를 자기주도적으로 묵독하게 했다. 학습자의 자유롭고 자발적인 독서
활동이 될 수 있도록 교사의 개입을 최소화하여, 학습자들이 각자 자신의 기호
와 능력에 맞게 읽고 이해할 수 있는 개방적인 설계가 가능하도록 허용하였다.
학습자는 6주간의 충분한 시간동안 자기주도적인 묵독을 통하여 성찰적 사고를
반복하는 과정에서 자기 형성, 성장과 관련하여 특별한 의미를 갖게 된다. 최홍
원(2012)은 세계시민으로서의 책임감 있고 윤리적인 태도가 미래의 행동을 향한
방침이라는 속성을 가진다면, 성찰적 사고는 무엇을 추구해야 하는가의 차원과
함께, 그래서 어떻게 행동해야 하는가의 실천윤리를 모두 포함한다고 설명했다.
이와 같이 태도교육으로서 성찰적 사고의 의의는 자아보다 더 큰 세계의 존재
를 깨닫고 그 속에서 삶의 원리와 본질을 터득함으로써 끊임없이 자기를 만들
어가는 자기 형성적 태도의 함양이라 할 수 있다.

[3] 읽기 후 활동

　　비계화된 읽기 경험 모형(SRE)에서 읽기 후 활동은 학습자들에게 읽기 자
료에서 얻은 정보를 종합 및 정리하고 그 정보들을 확실히 이해했는지 평가할
수 있는 기회를 제공해준다.[8] 본 연구에서는 읽기 수업의 목표를 성찰적 사고의
마지막 과정을 통하여 세계와 자아의 관계에 대한 이해와 그에 따른 태도의 형
성으로 보았기 때문에 읽기 후 활동으로 총 10차시에 걸쳐 자기 성찰적 사고를
더욱 확산하여 개념을 형성해낼 수 있도록 하기 위하여 4가지 수업 활동을 구

---

8 비계화된 읽기 경험 수업에서 읽은 후 활동은 1) 질문하기, 2) 토론, 3) 쓰기, 4) 연극, 5)
　예술적이고 시각적이며 비언어적인 활동, 6) 적용 및 확장 활동, 7) 다시 지도하기로 이루어
　질 수 있다.

성하였다.

첫 번째로 1~2차시에는 '자기 성찰적 내러티브 공유' 활동을 하였다. 이야기의 중심에 '나'가 있고 그 '나'를 둘러싼 타자의 시선을 의미화함으로써 자신과 타자를 가로지르는 수렴과 확산의 '자기 성찰'을 가능케 한다. 피쉬볼(fishbowl) 집단사고의 원리에서 차용한 방법으로 2개의 원을 만들어 안쪽 원과 바깥쪽 원의 학생들이 서로 교대로 독서 내용과 관련한 자기 성찰적 사고의 내용을 1분씩 이야기하였다. 그 과정을 통하여 학급 친구들 중 절반에 해당하는 친구들의 생각을 경청할 수 있고, 자신도 1분 스피치를 10회 이상 반복적으로 이야기하는 과정을 통하여 간결하면서도 명확하게 자신의 말을 전달하는 연습이 동시에 이루어졌다. 이 과정이 끝난 후 전체 학생이 하나의 원을 만들어 둘러 앉아 자신의 감상을 다시 1분씩 말한다. 이미 10회 이상 반복적으로 연습한 자신의 감상을 효과적으로 전달함으로써 학생들은 가장 정제된 언어와 표현으로 서로의 감상을 나누었다.

친구들과의 나눔의 시간을 가진 후 두 번째로 3~5차시에 걸쳐 '자기 성찰적 글쓰기' 활동을 하였다. '자기 성찰적 글쓰기'는 '자기 서사, 자기 기술, 자기 탐색, 자기 표현' 등의 내포적 의미를 함축한다. 자기 성찰적 글쓰기는 나 개인에 대한 성찰을 시작으로 '너'라는 타자를 거쳐 '우리'라는 공동체의 문제의식까지도 함께 고민하는 수렴과 확산의 비판적 사고력을 내포할 수 있다.

6~8차시에는 '저자와의 만남' 시간을 구성하여 이 책의 저자인 임영신 씨를 초대하여 3시간 동안 저자와 대화하는 시간을 가졌다. 질적연구의 면담기법 중 하나인 반구조화된 심층 면담(semi-structured in-depth interview)의 방식을 차용하여 학습자들이 자신의 성찰적 사고의 내용을 저자와 함께 공유하면서 성찰적 사고를 해체하고 재구성하는 경험을 가질 수 있었다.

마지막 9~10차시는 총평의 시간으로서 본 연구에서 공정여행을 활용한 수업의 전 과정에 참가한 학생들의 내러티브를 듣고 그 서사 방식을 통해서 학습자의 인식 변화를 다각도로 확인하였다. 읽기 후 활동 4가지는 각각 독립적인 개념들이 아니라 자기 성찰적 사고라는 축을 중심으로 회귀적(recursive)으로 점차 심화, 확산되어 가는 구조이다.

3. 자료 분석과 해석

본 연구의 분석 및 해석에 이용된 자료는 모두 세 가지로, 첫째, '자기 성찰적 내러티브 공유' 활동 녹음 전사자료, 둘째, '자기 성찰적 글쓰기' 원고, 셋째, '저자와의 만남' 대화를 녹음한 전사자료이다. Strauss & Corbin(2006/2011)의 근거이론을 바탕으로 지속비교분석법을 적용하여 각각의 자료를 반복적으로 읽으면서 '지식', '기능', '가치'의 영역으로 개념을 분류하고 이를 종합 비교하기 위해 개방형 코딩을 실시하였다.

본 연구에서 수행한 개방코딩의 목적은 자료에서 나타난 특정한 개념(하위범주 - 범주 - 핵심범주)을 밝히고, 개념들의 속성과 차원을 발견하기 위한 분석의 과정이라 할 수 있다. 자료에 대한 미시분석(micro-analysis)이 중요하기 때문에 원 자료(raw data)를 대상으로 단어별, 문장별, 문단별 단위분석을 통하여 특정한 개념과 하위범주(sub-categories)를 생성하고 그것의 개념적 관계를 파악하고자 노력했다. 본 연구에서는 개방형 코딩 자료에서 학습자의 인식 변화를 질적으로 살펴보기 위해 학생들의 자료들 간의 맥락과 자료가 생성된 상황적 맥락을 고려하였다. 이를 [영역] - [개념] - [하위범주] - [범주]로 나누어 분석한 결과, '지식', '가치', '기능'이라는 3개의 영역에서 총 70개의 개념, 10개의 하위범주, 5개의 범주가 도출되었다.

이 같은 코딩 결과를 검증하기 위해서 연구자는 3차례에 걸친 동료검토 및 연구 결과에 대한 학습자의 상호 검증 방식을 면대면으로 실시하였다. 이를 통해서 연구질문에 의거하여, 첫째, 공정여행 수업활동이 세계시민교육 내용으로서 어떻게 적용되는지를 분석하고, 둘째, 공정여행 수업활동을 통하여 고등학생들의 세계시민성에 어떠한 유의미한 변화가 나타났는지를 살펴보았다.

IV. 연구 결과

1. 공정여행 수업활동의 세계시민교육적 의미 분석

(1) 교수-학습 활동 측면

'공정여행' 수업활동을 통하여 학생들은 여행과 관련하여 다층적으로 일어나고 있는 국제사회의 여러 문제에 대하여 정확히 알고 [지식 영역], 자기반성적 성찰과 숙고의 과정을 통하여 인식의 변화를 경험하며 [가치 영역], 변화된 인식을 사회 참여의 형태로 실천할 수 있는 [기능 영역] 세계시민성이 함양되는지 분석하였다. 그런데 세계시민교육은 학습자 내면의 인식체계가 변화하여 실행으로 이어지는 것을 목표로 하기에 단시간의 단편적인 이벤트처럼 접근해서는 유의미한 교육목표를 달성하기가 어렵다. 다음의 분석자료는 비록 '공정여행' 개념을 교과의 소재로 활용하고 있지만 그 내용이 전체적인 구조 안에서 조화를 이루지 못하고, 새로운 아이템을 구색 맞추기 식으로 끼워 넣는 산발적 접근으로는 교육적 효과를 거두기 어렵다는 것을 보여준다.

> 영어 지문에 '윤리적 여행'이 나왔는데, 개념을 잘 몰랐지만 깊이 생각하지 않고 그냥 지문을 문법, 주제, 어휘로 나눠서 공부했다. 이 책을 읽고 나서야 그 단어의 의미를 겨우 안 지금, 나는 그 영어 지문을 '공부했다'고 할 수 있을지 의구심이 들었다.
> (학생 2의 성찰적 글쓰기 자료)

'공정여행'이 고등학교에서 국어 작문 수업의 소재나, 영어 독해 지문 등으로 드물게 활용되기는 하지만 위의 학생이 이야기하는 바와 같이 '국어 작문'과 '영어 독해'에만 초점이 맞추어질 뿐 '공정여행'이라는 것에 대하여 제대로 생각하고 이해할 수 있는 충분한 수업 활동이 학교 현장에서 이루어지지 않고 있다. 따라서 본 연구에서는 '공정여행'이라는 개념을 활용하여 세계시민성을 길러주고자 하는 목표를 달성하기 위하여 비교적 장기적이고 지속발전적인 수업활동을 체계적으로 구상하여 비계화된 읽기 경험 모형(SRE)에 의거한 '읽기 전 활동' - '읽기 중 활동' - '읽기 후 활동'의 3단계로 설계하였다.

첫째, 공정여행 도서를 '읽기 전 활동' 단계에서는 세계시민교육과 관련한 다양한 이슈를 신문, 영화, 다큐멘터리 등의 다양한 매체를 활용하여 감상하고 토론함으로써 학생들의 관심과 스키마가 확장되는 활동을 하였다. 이 과정을 통하여 학습자들은 국내의 다문화적 이슈, 인권, 세계적인 환경 문제 등과 관련한 문제들이 자신들의 생활 속 다양한 장면과 가까이에 있으며 우리가 의식하지 못하는 사이에 우리 역시 가해자가 될 수도 있다는 점을 알고, 피해를 당하는 사람뿐 아니라 동물과 환경으로까지 관심과 문제의식을 가질 수 있었다.

둘째, 공정여행 도서 '읽기 중 활동' 단계에서는 456페이지에 달하는 도서를 학생들이 흥미를 가지고 자발적으로 읽는 것이 중요하므로 고 3 수험생인 학생들의 상황을 배려하여 6주라는 긴 시간동안 자신의 관심 주제에 따라 읽고 싶은 부분부터 자유롭게 읽도록 설계하였다. 이 연구의 분석 자료를 코딩한 결과, 학생들은 이 책을 처음 접했을 때 '거부감, 흥미, 호기심'의 다양한 감정을 느꼈지만 읽기 활동이 시작되고 난 후에는 비교적 비슷한 반응을 보였다. 공통적인 것은 읽기 초반에는 '충격'과 '당황스러움'의 감정이 읽기 활동 이후에는 '다행스러움', '감사', '기쁨', '감동' 등으로 표출되었다는 것이다. 이는 본 연구의 목표에 어느 정도 부합하는 결과라고 해석할 수 있다.

셋째, 공정여행 도서 '읽기 후 활동' 단계로, 본 연구에서 연구자가 가장 높은 비중을 두고 많은 시간과 노력을 할애하여 계획하고 수행하였다. 읽기 활동을 통하여 학생들의 내부에서 공정여행에 대한 이해와 자기 성찰적 사고가 일어나더라도 시간이 경과하면서 쉽게 망각하는 것을 막기 위하여 독서활동이 끝나자마자 4일 동안 집중적으로 수업을 진행하였다. 총 10차시에 걸쳐 ① 성찰적 내러티브 공유 ② 성찰적 글쓰기 ③ 저자와의 만남 ④ 총평의 시간을 가졌다. 연구자가 연구를 설계할 때에는 저자와의 만남의 시간을 학생들이 가장 좋아할 것이라고 예상했으나 실제로 학습자들의 피드백은 이와 다르게 나타났다.

학생들은 3시간에 걸친 저자와의 만남이 충분히 감동적이었으며 도움이 되는 시간이었다고 평가하면서도, 4가지 읽기 후 활동 중 자신들에게 가장 의미 있고 기억에 남는 것은 첫 번째 활동인 성찰적 내러티브 공유의 시간이었다고 응답하였다. 학습자들의 상당수가 각자 독서 활동을 통하여 성찰적으로 사고한 이야기를 친구들과 나누면서 주고받았던 감동이 독서를 통한 감동보다 더욱 크다고 술회하였다. 이 과정은 이후 성찰적 글쓰기에도 영향을 주었는데 학생들은 자신의 감상에 친구들과의 성찰적 내러티브 공유 활동을 통해 교감한 타인의 반성적 사고 내용이 자신의 인식과 만나면서 더욱 확산될 수 있었다고 말했다. 그것을 되새김질하며 한 번 정리하면서 글로 표현하는 과정에서 다시 한 번 책을 처음부터 읽어보는 일련의 과정들이 회귀적(recursive)으로 이루어지고 있음을 확인하였다.

> 친구들과 나눈 이야기 시간은 말로 할 수 없을 만큼 의미 있는 시간이었다. 평소 고3이라는 틀에 갇혀 서로에게 무관심했던 우리가 다른 사람의 이야기를 경청함으로써 전보다는 서로에 대한 인식이나 개개인의 가치관을 자세히 나눌 수 있었다. 고달픈 수험생 시절에 잊지 못할 오아시스와 같은 소중한 추억을 갖게 되어 행운이었다.
> (학생 9의 성찰적 글쓰기 자료)

이상의 분석 결과를 근거로 공정여행의 개념이 세계시민교육의 일환으로서 수업에 활용될 수 있다는 가능성을 보여주었다. 동시에 공정여행이 수업에서 읽기 수업으로 활용되는 구체적인 사례를 보여줌으로써 평면적 읽기가 아닌 새로운 읽기 교육방식이 활용될 수 있음을 보여준 의미있는 사례라 할 수 있다.

(2) 주제 중심적 콘텐츠 활용 측면

공정여행 도서 『희망을 여행하라』는 본 연구에서 세계시민교육의 내용 주제로 설정한 '인권', '경제', '환경', '정치', '문화'의 다섯 가지 영역에 이어, '교육' 영역이 추가되어 있기에 본 연구에 활용하기에 적절하였다. 상기한 6가지

주제와 관련하여 '여행'의 이면에 국제사회에서 어떠한 불공정한 문제들이 존재하는지를 사회 정의와 관련된 구체적인 사례로 생생하게 보여줌으로써 즐겁고 행복한 것으로만 인식하던 것들의 이면에 동반하는 쟁점에 대해서 학습자가 관심을 가질 수 있었다. 더 나아가 단편적인 이해와 감정적인 해석에 그치는 국제 문제가 아니라 그러한 문제가 야기되는 국제사회의 이해관계나 정치, 경제, 문화 등의 구조적인 역학을 이해함으로써 세계문제에 대하여 다각적이고 종합적인 해석을 할 수 있는 역량을 길러주는 데 유의미한 기제가 되었다. 이 책에서 6가지 주제는 다음과 같은 콘텐츠를 포함하고 있다.

첫 번째, '여행과 인권' 부분에서는 관광객들을 위하여 기능적으로 도구화되어가는 현지인들의 빈곤과 인권을 보장받지 못하는 실상을 보여주었다. 그런데 이들은 다름 아닌 호텔 노동자와 같이 학생들이 해외여행을 하면서 가까이에서 만날 수 있는 사람들이다. 학습자들은 자기중심적인 여행의 관점을 주변 사람들로 옮겨, 함께 행복할 수 있는 여행에 대한 관심과 배려의 중요성을 자각하게 되었다.

> 호텔 노동자들 이야기를 보면서 너무 화가 나는 거야. 그런데 내가 화를 낼 수 없는 게 이런 모습들이 다 내가 했던 행동들인 거야. 이불도 안 개고 쓰레기통에 쓰레기 안 넣고 그냥 바닥에 던지고, 음식물 찌꺼기도 그냥 냉장고에 놔두고 막 그랬어. 그런데 옛날에는 그냥 '아이, 돈 냈는데 뭐 어때?' 그렇게 생각했는데 책을 읽어보니까 내가 그냥 '쓰레기'인거야.
>
> (학생 19의 성찰적 내러티브 자료)

두 번째, '여행과 경제' 부분에서는 제3세계의 국가들을 관광지로 개발하는 데에 활용되는 국제경제의 메커니즘을 이해함으로써 윤리적 소비를 위한 책임의식에 대해 성찰하는 경험을 가지게 되었다.

왜 나는 여행을 다니면서 내가 외국자본에 돈을 쏟아붓고 있다는 생각을 못했는
지, 나는 당연히 그 지역민들에게 돈이 돌아가는 줄 알고, 관광산업은 오히려 그 지
역사람들을 돕는 행위라고 생각했기 때문에 '진짜 내 생각이 짧았구나!'라고 느꼈어.

(학생 32의 성찰적 내러티브 자료)

세 번째, '여행과 환경' 부분에서는 관광을 위해 파괴되어가는 자연과 학대
받는 동물의 실상을 보여주며 대안적 여행의 모습에 대해 고민하는 계기를 마
련하고 있다.

코끼리들이 학대받는 그 부분에서 렉이라는 사람이 자비로 학대받던 코끼리들을
데려 가서 치료해주고 그랬잖아, 그 사람의 획기적인 생각 자체가 '코끼리들뿐 아니
라, 사회도 바꿨구나'하고 감동받았어.

(학생 7의 성찰적 내러티브 자료)

네 번째, '여행과 정치' 부분에서는 국제관계 속에서 힘과 경제의 논리가
어떠한 규제와 정책들, 그리고 사건들을 만들 수 있는지를 현실적인 예시로 보
여줌으로써 비판적 사고의 기회를 가진다. 이를 통해 학습자들은 세계평화에
대한 의지와 노력이 무엇인지 생각해 보게 되었다.

여권이 우리가 여행할 때도 쓰이는데, 우리의 여행을 금지하거나 통제할 때도 쓰인
다고 그랬잖아. 정치적인 계산으로 애매한 기준을 들먹여서, 국가가 개인의 여행권을
제한하는 게 나는 옳지 않다고 생각했어.

(학생 30의 성찰적 내러티브 자료)

다섯 번째, '여행과 문화'부분에서는 인종과 문화의 다양성을 존중받지 못
하고 관광객들에게 전시되는 사람들이 아직도 존재하는 것에 대한 문제의식을
갖게 함으로써 세계시민으로서, 그리고 다문화사회의 시민으로서 가져야 할 기
본 소양인 다양성과 수용성을 인식할 수 있었다.

여행자들은 나쁜 기억으로 아시아의 바가지 경험을 꼽았다. 그러나 누구도 남의 나라 유물을 빼앗아 놓은 유럽의 박물관에 왜 그렇게 비싼 입장료를 내야 하는가에 대해서는 물은 적이 없다. 우리 머릿속에는 국가적, 문화적 우열의식이 내재되어 있다.

(학생 24의 성찰적 글쓰기 자료)

끝으로 '여행과 배움' 부분에서는 개인의 지식과 성공을 위해 공부하는 것과 달리 여행을 통해 만나는 사람들과 경험을 통해 배우고 소통하는 법을 소개한다. 이를 통해서 학습자는 전세계의 모든 사람들을 존중하면서 진심어린 만남과 소통에 대한 가치를 배우게 되면서 세계인으로서 가져야 할 열린 사고와 수용성을 배우게 되었다.

학문에 대해 탐구하기 전에 내가 살고 있는 사회, 그 사회를 둘러싸고 있는 세계의 사람들에 대해서 탐구하고 생각하는 과정이 먼저여야 하는 것 아닐까? 우리나라 그리고 세계에서 어떤 일들이 일어나고 있는지 보여주고 거기서 자신이 무슨 일을 할 수 있을지 생각해보게 하는 것이 더 중요한 일 아닐까?

(학생 38의 성찰적 글쓰기 자료)

이처럼 학생들이 보여주는 다양한 자료들은 공정여행 수업활동이 세계시민교육의 주제로 활용될 수 있는 단초를 보여주고 있다. 이는 공정여행 콘텐츠 자체가 세계시민교육의 다양한 주제 영역을 포괄하고 있기 때문이며, 관련 영역을 세계시민교육의 내용과 이슈로 지속적으로 연결시키는 노력이 수반되어야 한다는 점을 보여준다.

2. 공정여행 수업활동을 통한 학습자의 세계시민성과 교육적 의미

이 연구는 '공정여행' 도서를 활용한 수업이 고등학생의 세계시민성을 어떻게 함양시키는지를 탐색하고자 하는 것이다. 그동안 학교에서 이루어지는 민주시민교육이 지식전달 수준에 그치고, 학습자의 내재적 성찰로 이어지는 교육적 개입이 미진했다는 점에 문제의식을 두고 구성주의 학습이론에 기반하여 학습자의 자기 성찰적 사고를 초점에 두었다. 이 맥락에서 학습자가 자신의 능력의 범위 안에서 학습자 나름의 숙고의 과정을 거쳐 학습으로 이어질 수 있도록 하기 위하여 교사는 근접발달영역(ZPD) 내에서 조력자의 역할 정도로 그 영향력을 최소화하였다. 또한 학습자의 역량에 따라 학습하는 양과 질의 차이가 너무 크지 않도록 하기 위하여 사전에 치밀한 분석과 계획 속에서 설계된 비계를 '읽기 전·중·후' 단계에 적합하게 설치하였다.

그 결과 공통된 개념과 범주를 3개 영역에서 총 70개의 개념, 10개의 하위범주, 5개의 범주로 분류하였다. 본 연구에서 얻은 다양한 자료는 자기 성찰적 읽기 수업 모형에 참여한 학습자들이 세계시민교육의 '지식', '가치', '기능' 측면에서 변화를 경험하였다는 것을 보여주었다. 학생들의 성찰 자료를 자세히 분석한 후 도출된 유의미한 학습의 영역과 범주는 <표 2>와 같이 개념적으로 정리할 수 있다.

표 2 공정여행 수업활동을 통한 세계시민성 함양 내용

변인명	사례수	최소	최대
지식	• 국가의 힘의 논리와 경제능력이 불평등과 불공정의 원인이 됨 • 국가 간의 정치적 입장에 개인의 자유권이 침해당하고 정보가 왜곡됨 • 자본주의가 인간 의식 지배/인간이 자본의 도구로 전락 • 일시적, 즉각적 처방보다 구조개선을 통한 예방이 우선하는 것을 자각함 • 여행할 수 있는 자와 할 수 없는 자의 불공정부터 해결하는 것이 공정여행임	국제정치 경제구조 이해	세계체제 구조 이해
	• 나의 여행이 현지인의 생활터전과 노동력을 희생한 결과물임을 인식함 • 관광산업의 이익이 편중화 (거대 다국적 기업, 선진국 VS 제3세계)	관광산업 의 폐해 이해	

변인명	사례수	최소	최대
	• 제3국의 관광지화 정책에 약소국가의 환경과 인권 파괴 • 잘못된 여행문화에 자연환경 파괴/동물의 생명권 위협 • 값싼 여행을 우선시하는 관광문화 (여행사 윤리의식 결여/불공정 거래/부당처우) • 경제와 문명의 발달이 가져오는 환경 파괴, 오염 문제의 심각성		
	• 모르고 살고 싶어서 눈을 감고 외면하던 불공정한 인권문제에 직면함 • 이기적인 여행자, 여행문화가 인권과 환경 파괴의 주범임을 인지 • 섹스 투어리즘은 지역 경제 활성화가 아닌 인권유린임을 자각함 • 나를 위해 존재하는 서비스업 종사자를 존중하고 배려해야 함	인권문제 파악	
	• 문화, 민족, 인종간의 우열과 서열 없이 모두 존중해야 함 • 모든 사람은 고귀하며 남의 삶을 내 기준에서 평가할 수 없음 • 특정 민족이나 국가에 대한 한정된 경험과 정보에 기인한 섣부른 일반화의 오류 • 타민족, 타문화에 동정심이나 시혜의식을 가지는 것은 자문화 우월주의임 • 언론에서 보도되는 다른 나라, 다른 문화의 모습이 실제와 다를 수 있음을 자각함 • 제3국의 사람들은 수동적이고 무기력한 사람들이 아니며 그들이 변화의 주체가 됨	문화 다양성 인식	세계적 이슈와 문제이해
가치	• 세상의 불공정보다 나의 인식의 부당함이 더욱 큰 문제임을 깨달음 • 여행뿐 아니라 일상에서도 세계시민의식을 가져야 함 • 봉사는 거창한 이벤트가 아닌 생활 속 실천이 중요하다는 것을 인식 • 개인적, 황금만능주의적 관점이 나를 초월한 바깥세상으로 옮겨감 • 사회적 약자를 돕기 위한 구체적인 방법에 관심을 갖게 됨 • 자국민 이익만 생각하는 것은 국제화시대에 편협한 세계관을 가진 우물안 개구리임 • 어려운 상황에도 희생 재발을 막기 위해 노력하는 이타적 사람들이 존경스러움	세계관의 확장	가치관 변화
	• 공정여행의 시작은 문화존중과 권익보호부터 출발해야 함 • 여행자는 타인의 삶의 터전을 방문하는 사람으로서의 예절과 존중이 필요함	문화 다양성 존중	글로벌 책무성 함양

변인명	사례수	최소	최대
	• 유럽여행 이외에도 여행하고 싶은 독특한 문화권의 나라에 대한 인식 확장 • 다양한 나라와 문화를 제대로 인식하고 판단할 수 있는 분별력이 필요함 • 해외여행이 아닌 우리 주변에서 차별과 인권유린을 막는 것이 다문화시민성임 • 여행은 배움의 길, 겸손한 태도가 가치롭다는 것을 인식함 • 여행은 여행자, 현지인, 자연, 동물이 모두 존중, 공생하는 것임을 깨달음 • 여행은 많이 공부하고, 생각하고, 책임감을 가지고 임해야 하는 것임을 인식함 • 여행은 나의 행복을 위해 다른 사람의 행복을 희생시키지 않는 것임을 체득함		
	• 나쁜 여행자는 세계시민교육의 부재에 따른 무지에 기인함 • 윤리적 소비의식, 여행자 교육 필요(1$ 팁의 의미를 배운 적이 없음) • 이 책은 여행책자가 아니라 인권서적이며 내 인생을 바꾸게 됨 • 변화는 제도가 아닌 인식의 개선에서부터 시작함 • 대안학교 등의 살아있는 인생을 배울 수 있는 제도를 알게 됨 • 죽은 지식만 가지고 행동하지 못하는 반쪽짜리 엘리트가 되어서는 안 됨 • 지식이나 개인의 성공보다 중요한 것은 도덕성, 인성교육, 이웃사랑임을 인식함 • 기성세대는 청소년들에게 살아있는 공정성 교육을 할 책무성이 있음 • 글이 아닌 체험과 경험과 감동으로 책임여행, 공정여행의 의미를 제대로 배움 • 학교교육 12년 만에 병든 지구촌의 문제를 보며 어떻게 살아야하는지 배우게 됨	정의로운 삶의 가치 인식	글로벌 책무성 함양
기능	• 공정여행을 위해서는 배려, 이해, 평등이 기본전제임 • 공생과 평화유지를 실천하는 여행자가 되기 위한 의지 표현 • 여행자의 모순, 부당한 경제-관광구조에 대해 문제 제기하는 여행자 • 윤리적 소비, 정당한 대가를 지불하는 책임있는 여행자로 변화할 것을 다짐 • 공정무역의 성공이론이 공정여행뿐 아니라 일상의 모든 분야	공정여행 비판적 실천	세계시민 으로서 실천 의지 및 참여

변인명	사례수	최소	최대
	에 도입되도록 참여 의지 • 실천 측면에서 반드시 모두가 다 공정여행을 할 필요가 있는지 문제제기 • 편하게 여행하는 것과 공정여행을 결합시키는 현실적인 절충안의 마련 • 공정여행을 할 능력이 없는 사람을 위한 공정여행사의 설립 가능성 구상		
	• 사회에 대한 인식과 관심을 가지고 실천으로 이어가는 것이 중요함 • 아는 만큼 보인다는 말처럼 대학생이 되어서 다양한 학문을 배우고 싶은 의지 발현 • 개인의 힘으로 세상을 바꿀 수 있다는 것을 알게 됨 • 실패할까 두려워서 용기 내지 못하는 행동을 바꾸어 가고 싶은 다짐 • 희망은 돈이 아니라 믿음과 연대에 있음 ('우리 함께 행동하자!') • 우리 주변에서 내가 할 수 있는 것부터 변화를 위해 노력할 것임 • 대학교에 가면 다문화학생 지도, 농촌봉사활동을 세계시민답게 실천할 것임 • 내 이웃, 내 사회와의 소통과 책임을 실천하는 방법을 제안하고 대안을 구상	지역사회 연대활동	
	• 세계와 소통하는 것이 내 인생의 목표라는 참여 의식 • 세계시민성을 가지고 미래사회에 나가기 위한 능력과 기술이 필요함 • 장래 희망이 글로벌 리더에서 NGO나 국제봉사활동으로 바뀜 세계시민성의 기본은 평등임('나는 모든 사람을 평등하게 보는가?') • 그동안 대한민국이 정의, 공정보다 성장을 우선시했지만 이제는 의식이 달라짐 • 국제사회의 실상을 제대로 알고 문제를 공론화해서 많은 사람에게 알려야 함 • 윤리적 소비자의 자세로 국제 경제구조의 불평등 개선을 위해 감시자가 됨	지구촌 문제참여	

[1] 국제사회의 문제 인식과 세계에 대한 열린 눈: 지식영역의 변화

본 연구의 학습자들은 그동안 자신들이 배웠던 대로 관광산업이 발달하면 관광지에 일자리 창출과 경제적 이득이 돌아간다는 사실을 의심하지 않았다. 그러나 국제사회의 정치·경제 구조 속에서 강자와 약자의 관계가 존재하는 현실적인 원인과 구조에 대한 문제를 제대로 이해하게 되면서 그로 인해 야기되는 사회적 약자들의 인권과 동물, 자연환경 등 지구생태계에 대해서 방관해서는 안 된다는 인식을 가지게 되었음을 알 수 있다.

1) 국제정치 경제의 권력구조의 이해

국가의 경제력이 곧 국력인 현대 국제사회에서 북반구와 남반구의 구조적인 빈부격차, 거대 자본국, 자본기업의 이윤추구에 희생당하는 제3국의 사람들과 환경에 대해 알게 되면서 국제빈곤의 문제를 지구촌 전체의 공동과제로 인식하게 되었음을 알 수 있다. 또한 여행을 허락하는 여권 제도가 여행을 금지하기 위한 수단으로 악용될 수 있다는 점, 그리고 비자관련법이 국익과 국력을 첨예하게 반영하는 법제도라는 사실을 알게 되면서 외교관을 꿈꾸는 학생들로서 자신의 미래와 연결지어 책무성을 생각해 보는 양상이 발견되었다.

2) 자본주의 논리의 관광산업을 둘러싼 폐해 인식

학습자들이 제출한 성찰적 글쓰기 자료에 의거하여 살펴본 바, 학습자들은 자본주의의 힘의 논리에 의해 자행된 관광개발로 인해 삶의 터전을 잃고 저임금의 단순 노무직 종사자로 전락해 버린 원주민들의 인권 침해의 문제와 거대한 다국적 기업의 경제적 이권 구조를 파악하는 계기를 가지게 되었다. 이에 대해서 대다수의 학습자들은 충격과 분노, 그동안 자신의 무관심함에 대하여 반성하거나 자책하는 모습을 보이기도 하였다.

> 패키지투어에 모든 걸 의지하면서 나는 내가 넣은 input만큼의 output을 얻어오겠
> 다고만 생각했어. 나는 내 여행의 이면에 내가 스쳐간 모든 것에 고통 받고 있는 사람
> 들이 그렇게 많았다는 것에 대해 한 번도 생각해본 적이 없고, 내가 알 수도 없었어.
> (학생 27의 성찰적 내러티브 자료)

3) 인권침해 상황의 간접체험

박상준(2003)은 인권교육이 본래의 목표를 달성하기 위해서 첫째, 학생들이 인권 문제를 자신의 문제로 인식할 수 있도록 흥미와 동기를 유발시키는 것이 필요하다고 하였고, 그 다음으로 인권의 중요성에 대한 인식을 실제의 인권친화적 행위로 연결시키기 위해서는 인권침해 상황을 체험하는 것이 중요하다고 하였다.

본 연구에서는 일회적으로 인권옹호 행위에 참여하는 인권의 경험이 아니라, 일상생활 속에서 인권친화적 행위를 지속적으로 실천하려는 '행위성향'을 습득시키는 것을 목표로 삼고 수업활동을 추진했다. 또한 읽기 자료를 통해서 인권침해 상황을 간접체험하고 인권에 대하여 학습자 스스로 성찰적 사고를 할 수 있도록 유도하는 교육적 개입을 시도하였다.

4) 문화다양성 침해 양상 인식

참여한 학습자들은 그동안 이국적인 외국문화체험으로만 여겼던 해외문화 탐방 기행이 자문화 우월주의를 바탕으로 타문화를 상품화하기를 강요하는 보이지 않는 폭력으로 해석될 수 있다는 점을 알고, 다양한 관점에서 상황을 바라볼 수 있는 지식과 정보의 중요성에 대해 인식하는 계기를 만나게 되었다. 또한 『희망을 여행하라』 독서 활동을 통하여 해외의 여러 국가들의 실제 모습을 알게 되면서 우리나라의 TV나 언론 매체가 외국의 생활과 그 속에 살고 있는 사람들에 대하여 의존적이고 원조만을 기다리는 수동적인 존재처럼 묘사하는 것에 대한 문제인식을 가지고 비판적으로 바라보는 모습도 새롭게 확인할 수 있었다.

(2) 성찰적 사고를 통한 '나'와 '세계'에 대한 인식: 가치영역의 변화

본 연구에서 구성주의 읽기 이론에 기반을 둔 성찰적 읽기 방법을 활용한 목적은 김도남(2007)에서 말한 바와 같이 지성 강화와 인성 개발이다. 지성과 인성을 갖춘 전인교육이 읽기의 궁극적 목적이며, 전술했듯이 세계시민교육은 세계에 대한 관점의 확장이라고 한 것과 같은 맥락에서 성찰적 사고의 과정에 참여한 학습자들의 가치관과 인식에 변화가 나타났음을 확인할 수 있었다.

1) 세계관의 확장을 경험

본 연구의 참여자들은 공정여행 도서를 읽으면서 평소에 생각해보지 않은 주제에 대해 당황하고, 자신을 부끄러운 존재라고 여기는 낯선 경험을 하게 되었다고 말했다. 그러한 충격적인 성찰적 사고의 과정을 겪으면서 자신의 세계관이 편협했음을 느끼는 것에서부터 출발하여 자신의 여행관의 변화에서 더 나아가 인생관의 확장으로 이어지는 경험을 하게 되었음을 알 수 있다.

> 이 책을 읽기 전 나에게는 돈과 지위가 전부였고, 사회 운동가들을 무시해 왔다. 그러나 지금 나는, 평등한 세상을 위하여 일하는 사람이 되고 싶다. 관념에 잡히지 않도록 도와준 이 책의 집필자들과 모든 운동가들에게 고마움을 표한다.
>
> (학생 25의 성찰적 글쓰기 자료)

2) 문화다양성 존중의 가치관 형성

많은 학생들이 해외여행뿐 아니라 해외봉사활동에 임할 때에도 타인의 집을 방문한 손님과 같은 마음가짐으로 현지의 문화와 사람들을 존중하여야 하며 타문화에 대한 선입견이나 편견 없이 배우는 자세로 임해야 한다고 밝혔다. 독서활동에 이어 준비 없이 해외봉사활동에 나서는 대학생들의 인식부족의 실상을 인터넷에서 검색하여 서로 공유하는 등 자신들의 문제의식을 확장하여 자발적으로 학습하는 활동을 이어가는 모습을 보여주었다.

예전부터 있어오던 흑인 차별을 바꿔야 될 사회문제라고 생각했고, 그 사람들이 바꿔나간 거잖아. 공정여행이라는 키워드는 제3세계에 가난하게 사는 사람을 생각하면서 나만 행복한 게 아니라 그 사람들의 행복도 지켜주자는 거잖아. 우리는 세상을 바꿔나가야 될 주체로서 우리가 바꿔나가야 할 문제에 대해 책임감을 가지게 됐어.

(학생 12의 성찰적 내러티브 자료)

3) 정의에 대한 성찰과 자신만의 삶의 가치관 탐색

본 연구에서 수집한 개방형 코딩 자료에서 제시된 바에 의하면, 학습자들은 세상을 바꾸는 힘은 인식의 변화에서부터 출발하며 '공정여행'을 통하여 '진정한 여행'의 의미뿐 아니라, '공정한 세상'을 만들어 가기 위해 '정의'와 '불공정성'을 보는 눈을 가지게 되었다. 이를 통해서 각자의 세계관을 진지하게 고민하고 세상을 바꿀 수 있는 자신만의 '키워드'를 찾아가고 싶다는 이야기를 전하기도 하였다.

흔히 무지는 죄가 아니라고 하지만 이 책을 덮은 후의 나는 죄인이었다. 그저 관광객의 입장에서 그들을 하대하지는 않았나, 돈을 냈기 때문에 내가 하는 모든 행동이 다 정당한 것이라고 생각하지는 않았나… 그동안의 생각과 행동을 뒤돌아보는 행위조차 너무 부끄러웠다.

(학생 6의 성찰적 글쓰기 자료)

위의 참여자처럼 학생들은 독서활동을 통하여 그동안 자신들이 체계적으로 인식하지 않았던 불공정한 국제사회의 실상을 알게 되면서 자신의 사고방식의 삶의 태도에 대한 반성의 경험을 가질 수 있었다.

(3) 참여와 실천을 통한 세계시민성의 발현: 기능영역의 변화

시민교육이 도덕교육과 가장 차이가 나는 부분은 지식과 가치의 관념적 영역을 넘어서 시민으로서 참여와 실천을 강조하는 기능 영역에 방점을 두는 측면이 있다는 데 있다. 전술한 바와 같이 본 연구에서 정의하는 세계시민교육은 개인이 아닌 공동체의 일원으로서 공감대를 형성하여 함께 행동할 수 있는 참여적 실천성을 기르는 것을 목표로 한다. 그런 점에서 이 연구의 독서활동이 성찰적 사고의 과정을 통하여 인식의 개선과 가치관의 변화를 가져온 것에 그치지 않고, 학습자들이 세계인의 한 사람으로서 책무성을 가지고 공동체의 발전을 위해 행동하고자 하는 실천의지를 가질 수 있도록 지원하는 것이 중요하다는 것을 확인하였다.

1) 공정여행 실천에 대한 비판적 사고

본 연구의 참여자들은 앞으로의 자신들의 여행은 스스로 계획하고 현지의 문화와 사람들을 존중하는 공정여행이 모토가 될 것이라고 다짐하면서, 공정여행의 실천이 개인을 넘어 전 사회적으로 이루어지는 것이 필요하다는 데 공감의 목소리를 실었다. 그러나 다음의 사례와 같이 일부 참여자의 경우는 공정여행의 실천이 가지는 현실적 한계와 심적 부담감에 대해서 비판적 의식을 보여주기도 했다.

> 여행이란 일이나 유람을 목적으로 다른 고장이나 외국에 가는 일이라고 사전에 정의 되어있다. 휴식이 목적인 사람들에게 이 책을 권하고 싶지는 않다. 모든 여행가들이 혁명가처럼 그곳의 문제를 해결할 필요는 없지 않은가?
>
> (학생 26의 성찰적 글쓰기 자료)

공정여행을 희망하는 대부분의 학생들이 여행사의 패키지 여행상품에 대하여 회의적인 의견을 갖는 것과 달리, 위의 학생과 같이 공정여행의 실천이 가지는 현실적인 문제에 대한 회의적 의견을 피력하기도 했다. 이는 세계시민교육의 내용과 실천이 지역사회에서 얼마나 실질적으로 투영될 수 있는가에 대한 문제와 제약을 보여주는 대목이라 할 수 있다.

　　진정한 공정여행이란 공정여행에 참여할 수 있는 기회부터 공정해야 한다고 생각
한다. 개인이 좋은 취지가 있어도 그 취지를 실현하기 위한 여건이 부족한 것이 현재
공정여행의 현실이다. 특히 영어실력이 부족한 사람에겐 더더욱 그러할 것이다. 그렇
기에 나는 오히려 여행사와 협력하여 실천 가능한 공정여행을 제안한다.

(학생 40의 성찰적 글쓰기 자료)

2) 지역사회 연계와 참여

　　세계시민으로서 뜻을 같이 하는 사람들과 연대를 형성하여 뜻을 실현하기
위하여 실행에 옮길 수 있는 것은 중요한 문제이다. 이에 대해서 본 연구의 참
여자들은 이미 자신들이 먼저 스스로의 관습적 행위에 질문을 제기하고 지속발
전 가능한 실천에 대한 의견을 모으기도 하였다.

　　여행할 때뿐 아니라 기숙사 생활할 때도 청소하시는 아주머니들을 생각해서 어지
럽히지 않고, 화장실 쓸 때도 "우리에겐 휴지지만 아주머니들에게는 huge!"라는 사
실을 생각하면서 내 생활 속의 작은 행동의 변화를 통해 배려를 실천해 나가야 한다
고 생각했어.

(학생 21의 성찰적 내러티브 자료)

　　위의 사례를 통해 여행지에서 부끄러웠던 자신의 행동을 반성적으로 성찰
하는 과정에서, 청소부에 대한 미안함을 갖게 된 이후 그 마음이 여행지에 머물
지 않고 자신이 매일 생활하는 학교라는 장소로 이동하여 일상 속에서의 실천
의지로 이어지고 있음을 알 수 있다. 또 다음 자료를 통해서 다문화사회에서 우
리 주변에서 차별과 불평등을 겪는 이웃들에게로 시선을 돌리는 학습자의 모습
도 발견할 수 있었다.

　　불쌍한 사람들을 돕는 것이 아니라 그들의 권리를 누릴 수 있도록, 우리의 이기적
인 마음가짐을 버리고 타인을 위한 삶을 사는 법을 배우는 것 그게 진짜 공정여행,

공생이 아닐까? 내 주변의 다문화 가정부터 찾아서 함께하는 게 진정한 세계인이라고 생각한다.

(학생 12의 성찰적 글쓰기 자료)

3) 지구촌 문제에 대한 참여 의식

공정여행 독서 수업활동을 통하여 학생들은 이미 관심의 영역을 전지구적 차원으로 넓히게 되었고, 지구에 사는 모든 생명을 가진 존재들의 존귀함을 배웠으며 그것을 소중하고 평등하게 지켜나가기 위하여 무엇이 필요한지에 대하여 인식하게 되었다. 미래의 국제사회의 주역으로서 앞으로 더 나은 미래 사회를 만들고자 하는 학생들의 작은 희망과 의지를 볼 수 있었다.

나와 우리 반 친구들은 책을 읽고 큰 영감을 받고 가치관을 확립함으로써 각자 다른 자신의 자리에서 지구 반대편의 친구를 도울 것이다. 우리가 앞으로 만나게 될 세상 사람들도 그 영향을 입어, 잉크가 물속에서 퍼지듯 서서히 바뀔 것이라고 믿는다.

(학생 5의 성찰적 글쓰기 자료)

이상의 연구결과를 종합하고 연구질문을 환원하여 다각적으로 검토하면 본 연구는 다음의 결론을 얻을 수 있었다. 첫째, 공정여행 전문도서를 활용한 구성주의적 읽기 활동은 학습자 내부의 성찰적 사고의 과정과 학습자 인식의 변화를 유도하는 수업활동으로 학교교육 과정에서 활용될 수 있는 것으로 나타났다. 여기서 설계한 수업활동은 학습자들이 세계시민교육에서 다루는 지식 영역, 가치 영역, 기능영역을 일정 부분 습득하는 데 기여했다.

둘째, 공정여행이라는 소재를 활용한 비계화된 읽기 활동을 수행한 결과, 학습자들은 국제사회의 정치, 경제의 구조적인 역학관계를 볼 수 있는 지식의 내면화를 형성하게 되었고, 인권, 문화, 환경에 대한 존중의 가치와 사회 정의를 비판적으로 사고하고, 나아가 세계시민으로서의 참여 의식과 태도를 습득할

수 있었다. 특히 학습자들은 지구촌 문제에 대한 참여와 그 실천의지를 보여줌
으로써 비교과 수업활동으로서 읽기교육 수업이 세계시민교육의 일환으로 구체
적으로 활용될 수 있는 사례를 보여주었다.

본 수업활동은 학습자의 성찰적 사고와 내러티브가 지속적으로 재구성되
고 진작될 수 있는 교육환경이 중요하다는 것을 강조하고 있기에, 지식 전달 중
심의 세계시민교육이 아니라 학습자의 세계시민성 내재화를 위한 유의미한 교
육적 개입이 필요하다는 점을 다시 한 번 강조한다.

V. 결론: 학교교육에의 함의

글로벌 사회에서 살아가는 청소년들에게 세계시민교육이 시대적으로 요청
되고 있음에도 불구하고 세계시민교육의 실천과 내재적 변화는 여전히 요원하
다. 오늘날 세계시민교육의 개념이 우리나라 교육계에서 체계적으로 정립되지
않았고, 세계시민성이 가지는 거시성, 다층성, 그리고 모호성으로 인해서(Lynn,
2006) 학교교육현장에서 제대로 다루어지지 않고 있는 것이 사실이다. 여러 한
계에도 불구하고 이 연구는 청소년의 세계시민교육을 실천하기 위한 방법론과
새로운 페다고지가 점진적으로 마련되어야 한다는 인식하에, 학교교육차원에서
어떠한 수업활동이 이루어질 수 있는지를 고찰하고 그 사례를 체계적으로 분석
하였다.

세계시민교육을 구체적 교육 내용으로 구성하고자 본 연구에서는 '인권',
'경제', '문화', '정치', '환경'이라는 5가지 주제에 방점을 두고, 세계시민교육을
통해 형성될 수 있는 것을 다시 '지식', '가치', '기능'으로 분류해서 그것의 의미
를 살펴보았다. 그 결과, 참가한 학습자들은 '공정여행' 소재를 활용한 수업활동

을 통해서 세계시민교육의 추상적 내용을 구체적으로 획득하는 경험을 가지게 되었다. 구성주의적 읽기 수업을 통해서 학습자들은 자신들의 인식 구조를 재구성하고 자기 성찰적 내러티브와 반성적 글쓰기 활동을 통해서 개인에서 집단으로 인식을 확장하고, 또다시 집단에서 자기 자신으로 회귀하는 순환적 학습 경험을 할 수 있었다.

　　본 연구는 세계시민교육 연구에서 이제까지 한 번도 시도하지 않았던 '공정여행'이라는 개념을 세계시민교육 수업활동에 도입했다는 점에서 의의를 가진다. 즉 세계시민교육에 대한 관점이 다양하게 발전할 수 있음을 시사하는 하나의 교수학습 활동 사례를 보여주었다. 그러나 이 연구는 몇 가지 한계를 가지고 있다. 먼저, 연구방법론 측면에서 본 연구는 인간의 행위와 상호작용을 둘러싼 궤적에 대한 추상적 개념화를 시도하는 근거이론의 인식론적 전제는 수용하지만, 엄밀한 의미에서 근거이론방법론을 충분히 활용하지 못했다는 점에서 제약을 가진다. 예컨대 본 연구는 범주를 하위범주와 연결시키는 과정에서 나타나는 중심현상(central phenomenon)과 그것을 둘러싼 구조를 도식화하여 각 속성과 차원에 따라 다시 여러 (하위) 범주들을 유기적으로 연결하는 축 코딩(axial coding)을 실시하지 않았다. 이런 측면에서 이 연구의 결과는 '개념중심' 분석에 머무르고 있다. 향후 후속 연구를 통해서 공정여행 수업활동이 세계시민교육으로 작동하는 데 표출되는 중심 현상과 그 구조를 심도있게 파악하고 조건적 맥락과 쟁점을 집약적으로 분석하는 과제를 남기고 있다.

　　다음으로, 현재 세계시민교육이 독립적인 교과로서 지위를 가지거나 교육과정 내에서 체계적인 위계와 방향성 아래에서 실시되지 못하는 현실적 한계를 인식할 때, 본 연구를 둘러싼 교육환경은 실제적인 제약을 가진다. 더욱이 이 연구는 특정 지역의 외국어고 학생들로부터 수집된 제한된 자료에 의존하고 있다는 점에서 보편성 측면에서 한계를 가진다. 이는 곧, 정규 교육과정 시간이 아니라 12주간의 창의적 재량활동 차원에서 이루어진 비교과 수업활동이라는 점에서 세계시민교육의 지속적 효과와 중장기적 개입이 보다 더 필요하다는 점을 역설하는 대목이라 할 수 있다. 비록 본 연구를 통해 학습자들의 세계시민의식 향상과 교육적 목표가 어느 정도 달성되었다는 것을 확인할 수 있었지만, 학교교육 현장에서 세계시민교육이 다양한 형태로 지속적으로 이루어져야 한다는 점을 다시금 각인할 필요가 있다. 나아가 본 연구의 시사점을 제대로 활용하기 위해서 세계시민교육을 활성화하기 위한 교육정책과 교육환경이 유기적으로 마련되어야 할 것이다.

본 연구가 도출하는 제언은 첫째, 단위학교 현장에서 세계시민교육이 진작될 수 있도록 학교 실정에 맞는 세계시민교육 운용 방안에 대한 다각적인 조사와 방안이 마련될 필요가 있다. 현재 세계시민교육이 독립교과 영역에서 의무적으로 다루어지지 않기 때문에 더욱더 학교 행정가와 경영자의 의지와 리더십이 필요한 부분이다. 한국 사회의 특수한 입시 환경과 경쟁적 교육 체제에서 보편적 인권과 세계평화에 대한 성찰적 의식 및 참여를 강조하는 세계시민교육이 설 자리는 위태로울 수밖에 없다. 그렇기에 각 단위 학교 현실에 적합한 교육적 개입과 실천이 어떤 양식으로 구현될 수 있는지 더 심층적인 고민이 필요한 부분이다.

둘째, 교육 현장에서 세계시민교육을 가르치고, 세계시민성과 관련된 콘텐츠를 교과간 경계를 넘나들면서 유연하게 다룰 수 있는 영향력 있는 주체는 교사임에 틀림없다. 따라서 교사들이 교육 현장에서 활용할 수 있는 세계시민교육의 교수학습 자료가 풍성하게 발굴되어야 할 것이다. 본 연구에서는 공정여행을 소재로 세계시민교육을 창의재량 수업에서 실시하였지만, 여전히 세계시민교육을 실천하는 데 활용할 수 있는 교육적 자원이 다양하게 개발되지 못했기 때문에 교사 개인의 자구적 노력과 산발적, 한정적인 자료 접근에 의존하고 있는 실정이다. 따라서 세계시민교육이 교육 현장에서 다양하게 융합되고 학습될 수 있도록 하는 다양한 교육 자원이 체계적으로 발굴되고 지원되어야 할 것이다.

셋째, 세계시민교육은 단순히 글로벌화된 현대 사회에서 유창하게 외국어를 구사하고, 국제적인 감각과 매너를 발휘하는 글로벌 인재를 위한 시민교육으로 등치(等値)될 수 없는 영역이다. 오히려 세계시민교육은 세계문화의 다양성을 이해하며, 세계에 대한 비판적인 사고력과 세계와 지역, 그리고 '나'의 일상세계를 체제론적 관점에서 사고할 수 있는 성찰적이고 전환적인 학습(reflective and transformative learning)이 요청되는 교육이라 할 수 있다. 이에, 세계시민교육의 교육적 의미를 제고하기 위해서는 세계체제에 대한 단순한 지식 전달이 아니라, 학습자의 성찰 활동이 강조될 필요가 있다. '읽기 전 – 읽기 중 – 읽기 후'의 단계적 과정을 통해서 학습자들은 자신의 학습 내용을 반성적 내러티브(reflective narrative)를 통해서 구성원들과 공감하고 소통하는 과정을 거치고, 동시에 자기 성찰적 글쓰기 과정을 통해 자신의 경험을 수렴하고 확산하는 순환적 과정을 경험하였다. 이는 세계시민교육을 학습하는 데 있어서 학습자의 반성적 성찰이 강화될 수 있는 교육적 장치가 유기적으로 설계되어야 한다는 것을 분명하게 보여주고 있다.

세계시민교육과 공정여행 수업활동: 고등학교 비교과 활동의 세계시민적 의미

이 연구는 고등학생의 세계시민성 함양을 목적으로 경기도 소재의 고등학생을 대상으로 실시된 읽기 중심의 수업활동을 분석한 것이다. 비교과 수업활동 맥락에서 구체적으로 활용가능한 세계시민교육의 내용으로 '인권', '경제', '문화', '정치', '환경'의 5가지 주제 영역을 설정하고, 각 주제 영역에 대해서 학습자의 '지식', '가치', '기능'이 어떻게 변화하였는지 분석하였다. 수업을 위한 소재이자 자료로 '공정여행(fair travel)' 전문서적을 선정하여, 비계화된 읽기 경험 모형인(SRE) '읽기 전 – 읽기 중 – 읽기 후'의 3단계 활동으로 12주간 수업을 진행하였다. 이후 구성주의적 근거이론을 바탕으로 학습자의 성찰적 사고의 결과물들에 대하여 개방형 코딩을 통해서 '지식', '가치', '기능'의 총 3개 영역에서 5개의 범주, 10개의 하위 범주, 70개의 개념을 도출하였다. 이 연구를 통해 세 가지의 분석결과와 시사점이 도출되었다. 첫째, 공정여행을 소재로 한 구성주의적 읽기 활동이 학습자 내부의 성찰적 사고의 과정과 학습자 인식의 변화를 유도하는 세계시민교육의 일환으로 활용될 수 있음을 알 수 있었다. 둘째, 본 수업활동에 참여한 학습자들은 국제사회의 정치, 경제, 문화에 대한 지식적 이해와 구조적인 역학관계를 볼 수 있는 학습 경험을 얻게 되었고 일상생활에서 세계시민의식 실천에 대한 반성적 사고를 하였다. 이는 앞으로 세계시민성의 함양을 목적으로 하는 세계시민교육은 단순한 지식 전달이 아니라, 학습자의 반성적 성찰이 강화될 수 있는 교육적 장치가 유기적으로 설계되어야 함을 보여준다. 마지막으로 입시 위주의 경쟁이 만연한 우리나라 교육 현장에서 세계시민교육의 실천과 학습자의 내재적 변화는 여러 난관을 가지고 있음에도 불구하고, 글로벌사회에서 살아가는 청소년에게 세계시민교육의 활성화를 위한 중장기적 개입과 교육적 지원이 다각적으로 모색되어야 한다.

주제어: 세계시민교육, 공정여행 수업활동, 구성주의적 읽기교육, 성찰적 사고

A Study on Global Citizenship Education Based on Scaffolded Reading Activities Utilizing a 'fair travel' Book in a High School

This study investigated the guiding principles associated with global citizenship education and their educational implications as they are engaged through scaffolded reading activities using a 'fair travel' book in a high school at Gyeonggi-do. The reading activities were designed to cultivate global citizenship for high school students.

This study defined five major themes/subjects within global citizenship education such as 'human rights,' 'economy,' 'culture,' 'politics,' and 'environment.' The study sought to explore the learning domains of global citizenship education by considering the 'knowledge,' 'value,' and 'function' of each domain. To conduct this study, researchers selected a book with a specialized focus on 'fair travel' and analyzed how its contents if utilized in a 12 week program relate to the learning domains in global citizenship education. The activity stage of the program contained a 'before reading,' 'on reading,' and 'after reading' sections based on the Scaffolded Reading Experience Program. Embracing open-coding methodology, researchers produced 70 concepts within 10 subcategories of 5 categories in the 3 dimensions, 'knowledge,' 'value,' and 'function.'

Major findings showed that the constructive model of scaffolded reading activities could be used as a meaningful program for global citizenship education at the high school level. This activity encouraged learners to engage in reflective thinking in a critical manner. Second, this study indicated that collective classroom activities using 'fair travel' contents enabled learners to acquire reshaped learning domains in the areas of global awareness, international knowledge, sense of global connectedness and local involvement. This study's findings underscore the idea that practicing reflective critical thinking is required to enhance global citizenship education in practice. Lastly the findings support that the notion that effective educational provisioning and long-term implementation are both required to foster global citizenship education.

Keywords: Global Citizenship Education, Constructive Reading Activity, Reflective Thinking

참고문헌

강순원(2009). 다문화교육의 세계적 동향을 통해서 본 국제이해교육과의 상보성 연구. 국제이해교육연구, 4(1), 5-56.

경기도교육청(2012). 2012년 경기도교육과정. 경기: 경기도교육청

교육부(2010). 2009 개정 교육과정의 올바른 이해. 서울: 교육부

김도남(2007). 성찰적 읽기 교육의 방향 탐색. 국어교육연구, 28, 239-274.

김민호(2003). 세계시민교육과 시민단체의 역할. 제주대학교 논문집, 32, 249-267.

김신일(1995). 국제이해교육의 실태와 국제비교 연구. 서울: 유네스코 한국위원회.

김진희·허영식(2013). 다문화교육과 세계시민교육의 담론과 함의 고찰. 한국교육, 40(3), 155-181.

모경환·임정수(2014). 사회과 글로벌 시티즌십 교육의 동향과 과제. 시민교육연구, 46(2), 73-108.

박상준(2003). 인권교육의 통합적 접근에 대한 이론적 연구. 시민교육연구, 35(1), 115-141.

손경애 외(2009). 학교 민주시민 교육의 실태 연구. 미래한국재단.

임영신·이혜영(2009). 희망을 여행하라. 서울: 소나무.

전국지리교사연합회(2011). 살아있는 지리 교과서. 서울: 휴머니스트.

최홍원(2012). 성찰적 사고와 문학교육론: 시조, 사고, 문학교육의 만남. 서울: 지식산업사.

Graves, M. F., & Graves, B. B. (1994). *Scaffolding reading experiences: Designs for student success.* Norwood, MA: Christopher Gordon.

Fair Trade Advocacy Office (2010). 공정무역의 힘 (한국공정무역연합 역). 서울: 시대의 창. (원저 2006 출간)

Falk, R. (1994). *The making of global citizenship.* In B. Van Steenbergen (Ed.), The condition of citizenship (pp.131-132). London: The Sage Publications.

Heater, D. (1998). *World citizenship and government.* London: Macmillian Press.

Ian, D., Evans, M., & Reid, A. (2005). Globalising Citizenship Education? A

Critique of 'Global Education' and 'Citizenship Education'. *British Journal of Educational Studies*, *53*(1), 66–89.

Kymlicka, W. (1995). Multicultural Citizenship: *A Liberal Theory of Minority Rights*. Oxford: Oxford University Press.

Lynn, D. (2006). Global citizenship: abstraction or framework for action?. *Educational Review*, *58*(1), 5–25.

Strauss, A., & Corbin, J. (2011). 근거이론의 단계 (신경림 역). 서울: 현문사. (원저 2006 출간)

Tepelus, C. (2006). *For a Socially Resposible Tourism: The Coude of Conduct*. Espat & Unicef.

Tierney, R. J., & Readence, J. E. (2012). 읽기 전략과 읽기 수업 (노명완 외 역). 서울: 한우리 북스. (원저 2005 출간)

대학생 대상 세계시민교육 프로그램의 실제
: 유네스코, 코이카, 월드비전 사례 분석

글로벌시대의 세계시민교육

제5장

I. 서론: 문제제기

2015년 세계 각국의 정치·경제 리더들이 참여하는 다보스 포럼에서 글로벌 아젠다가 발표되었다. 심화되는 소득 불균형, 고용없는 성장, 리더십 부족, 지정학적 갈등 고조가 1위에서 4위 목록을 차지했고, 개도국 환경오염, 이상 기후 현상, 물부족, 세계 건강 등 10개 긴급 현안이 발표되었다. 이러한 현안을 근본적으로 해결하기 위해서는 강력한 한 국가와 한 나라의 유능한 시민들의 힘으로 풀어낼 수 없다는 것은 자명하다. 세계 속 상호의존성이 심화되는 상황에서 지구촌에서 살아가는 모든 구성원들이 국적, 인종, 민족, 계층, 성 등의 구분 없이 지속가능한 발전과 번영을 이루기 위해서 세계시민의식을 필수적으로 가져야 하는 시대가 도래한 것이다(UN, 2015).

글로벌 환경에서 세계시민교육의 개념은 이를 주장하는 국가, 집단, 개인의 관점에 따라 다소의 차이가 있지만, 공통적으로 국제사회가 다함께 문제를 해결하고 인권과 평화를 구현하며 공동선을 추구하자는 것에는 변함이 없다. 그러나 지금의 한국은 평등, 포용, 공존, 협력, 연대 등 세계시민성이 갖는 철학적 비전과 달리 헬(hell)조선, 금수저·흙수저론, 9포세대, 자살공화국 등 삶과 사회를 부정하는 용어와 절망감이 만연해 있다(조한혜정 외, 2016). 첨예한 경쟁 구도 속에서 청년들에게 한국사회의 정책적 모순과 사회적 계급화, 그리고 구조적 불평등문제들은 오래전부터 공감되어 온 이슈이다. 정확히 말하면, 그들이 직면한 삶의 문제가 되어버렸다. 이런 와중에 유엔은 전 인류의 세계시민의식 함양과 전 지구적 연대가 필요하다고 선언하였지만(UN, 2015), 우리는 한국에서 맥락화되는 세계시민교육의 방향에 대한 충분한 논의와 토론 없이 중앙정부 중심의 정책적 성과 도출을 위한 과시적 움직임부터 일어나는 중이다.

세계시민교육은 포용성과 형평성, 더 나은 인류 공영을 강조하지만 각 국가마다 이를 이해하는 것도 다르며, 국가 내부에서도 정부, 시민단체, 학교, 기업의 이해관계에 따라 다른 맥락으로 실천된다. 이렇듯 각자가 놓여있는 입장에 따라 세계시민교육의 가치와 미래방향성을 다르게 준비하는 현실적 상황에서, 지금 한국 사회에서 수용되고 있는 세계시민교육의 의의와 실천 방식은 어떠한가? 이러한 문제의식에서 출발하여 이 연구는 공정성과 형평성 관점에서 청년 세대 가운데 특히 대학생에게 세계시민교육이 어떻게 실천되어야 하는지를 시론적으로 고찰하고자 한다. 지금껏 많은 수의 세계시민교육 선행연구들이 초·중·고대상에 편중되었고(박환보, 조혜승, 2016), 갓 성년이 된 대학생을 위한 세계시민교육의 모습과 특성은 학술적으로 거의 논의되지 않았다. 대학생은 자신의 가치관을 정립하고 직업적 탐색을 수행하는 중요한 발달적 과업에 직면하게 되고(김정수, 2016; M.Rutter & L.A. Sroufe, 2000) 개인별 경제적 상황에 따라 대학생활의 패턴이 구별되기도 하며, 사회에 대한 인식, 태도, 그리고 미래를 준비하는 자세가 역동적으로 변화하는 시기에 놓여 있는 존재이다(김미란, 2014).

앞으로 국제사회의 상호 연계성이 과거 세대보다 더욱 심화되는 사회에서 세계시민교육이 한 사회 속에서 뿌리내리기 위해서 청년세대를 대표하는 대학생의 참여는 중요하다. 특히 학교문턱의 최전방에 서서 사회로 나아갈 마지막 채비를 하는 대학생은 가까운 미래사회를 결정하는 중요한 권익집단이자 주체이다. 따라서 이 연구는 현재 대학생들이 참여하는 세계시민교육 프로그램과 활동들이 어떠한 기제를 통해서 작동되고 있는지를 비판적으로 탐색하고자 한다.

위의 내용을 토대로 수렴한 구체적인 연구문제는 다음과 같다. 첫째, 한국 대학생을 둘러싼 사회현실에 대한 담론들과 세계시민교육의 지향점 사이에 존재하는 괴리를 살펴본다. 둘째, 주요 국제협력 유관단체에서 제공하는 대학생 세계시민교육 프로그램은 어떤 형태와 내용으로 구성되어 있는지 분석한다. 이를 위해 세계시민성 함양과 연결되는 3개 유형의 교육프로그램을 선정하고, 각 프로그램의 목적 및 의의, 절차 및 내용, 그리고 참여자(대학생)의 역할 및 활동사항에 대한 현황을 분석하고자 한다. 그리고 각 프로그램 속에 내재해 있는 세

계시민적 가치와 교육적 활용가능성 등 세계시민교육과의 연관성에 대해 짚어
보고, 향후 국내대학생을 위한 교육의 방향성 및 학술적 시사점을 고찰하고자
한다.

II. 현대사회와 세계시민교육

1. 글로벌 격차와 세계시민교육

   18세기 산업혁명은 세계를 이윤획득이 목적인 자본주의사회로 변모시켰
다. 자동화 기계의 발명으로 대량생산이 가능해지면서 경제는 활성화되었고, 도
시화가 진행될수록 인간은 편리한 생활양식을 누리게 되었다. 그러나 그 이면
에는 선진공업국들이 자원 확보와 시장 개척을 목적으로 주변약소국에게 비윤
리적 행위를 자행했고, 이것이 주변 약소국의 실업, 빈곤, 환경오염 등 여러 사
회적 문제를 야기하였다(앨빈 & 하이디토플러, 2007). 당시의 선진국들은 자국의
성장과 발전이라는 미명하에 무력을 통한 식민지배와 제국주의정책을 정당화하
고 그 외에 사회적 문제들을 부차적인 것으로 치부해 왔다.

   인류는 두 번의 세계전쟁을 치르고 대공황이라는 심각한 금융위기를 반복
적으로 겪으면서 자본주의의 한계와 정보기술통신의 혁신적 발전이 가진 양면
성을 인식했다. 이에 세계는 유엔(국제연합)을 설립하여 항구적인 평화유지에 노
력하고, 선진국들은 상대적으로 발전이 더딘 국가에게 원조(aid)를 제공한다. 그
들의 행동은 인도주의차원의 선행이자 특정국가에서 일어나는 환경파괴, 질병,
테러 등의 문제가 또 다른 이차적 문제를 야기할 수 있다는 상호연결성을 이해
하기 때문이다(노영희, 2009). 또 한편으로는 서구의 식민지배의 과오와 비윤리
성을 탈색하려는 움직임이 '인도주의'와 '원조'라는 이름으로 각색된 것이라는

비판적 시각도 존재한다.

전 세계적으로 불확실성, 불안, 불신, 양극화와 격차가 증대될수록 역설적으로 세계시민사회의 연대와 지속가능한 발전에 대한 염원은 커진다. 세계평화와 만인의 인권을 중시하고 지구시스템의 생태계성을 인지하는 것은 세계시민성에 내재된 전제이다. 그런데 현대과학이 발전할수록 국제사회가 추구하는 도덕성에 기반을 둔 코스모폴리탄적(cosmopolitan) 이념과 멀어지는 반비례 현상이 나타나고 있다(Appiah, 2002). OCED, World Bank, UNDP 등 국제기구는 정보통신기술(ICT)의 발달이 국가 간, 지역 간, 성별 간, 계층 간 정보격차를 오히려 심화시켰고 이는 경제적 소득격차로 이어졌다고 분석했다(KOICA, 2016). 또한 2016세계경제포럼(WEF, 일명 다보스포럼)[1]에 참석한 전문가들은 다가올 4차 산업혁명[2]으로 인해 사회적 불평등과 빈부격차문제가 더욱 대두될 수 있음을 설명했다(GE코리아, 2016). 하버드대학의 케네스 로고프(Kenneth Rogoff) 교수에 의하면 상기와 같은 모든 사회적 격차와 불균형의 증대가 현대사회의 다양한 위기를 초래하는 원인이 된다고 주장했고(박봉권·김규식·이덕주, 2009에서 재인용), 따라서 지금의 인류에게는 사회적 격차를 해소할 대안적 접근이 요청된다. 단순히 대증요법이나 임기응변식 양태로 문제 지점을 처치하고 끝나는 것이 아니라, 전지구적인 시스템을 재구성하는 개혁적 접근이 요청된다.

세계시민교육은 이러한 문제의식에서 출발한 교육으로서 사회구성원들의 관심, 태도, 가치 등 의식을 전환하고 세계에 존재하는 구조적, 제도적, 비윤리적 문제 해결을 공동으로 도모하기 위한 의식적 교육이다(Hett, 1933; Oxfam,

---

1 일명 다보스포럼(Davos Forum)이라고 불리는 세계경제포럼(World Economic Forum)은 1971년 클라우드 슈밥(Klaus Schwab)에 의해 창립되었다. 매년 세계의 정·재계 지도자들이 스위스 다보스에 모여 세계가 직면하고 있는 경제현안에 대해 논의하고 해결책 및 발전 방안을 함께 모색하는 장이다.
2 4차 산업혁명은 로봇기술, 사물인터넷, 스마트센서, 무선인터넷과 같은 정보통신기술을 기존의 생산체계에 융합시킴으로써 생산과정을 최적화하려는 차세대 산업혁명이다(한경경제용어사전, 2016.09.25.).

2015). 일찍이 철학, 사회학, 경제학, 교육학 등 다양한 분야의 학자들(마르틴 하이데거(Martin Heidegger, 1889~1976), 자크 엘륄(Jacques Ellul, 1912~1994), 닐 포스트먼(Neil Postman, 1931~2003), 울리히 벡(Ulrich Beck, 1944~2015 등)은 인간의 능력(과학발전)이 사회위기를 걷잡을 수 없게 만들기 때문에 그 과정 속에서 인간의 지적능력(인지능력, 고찰능력, 성찰능력)의 올바른 활용이 더욱 중요하다는 것을 역설했다. 특히 미국의 문명비평가이자 교육학자인 닐 포스트먼(Neil Postman)은 시민(citizens)이란 용어를 사용하면서, 시민들에게 사회현상에 대한 철학적 가치판단과 인지능력 그리고 인간성함양교육이 필요하다고 강조했다(Postman, 1993). 이러한 관점들은 세계시민교육이 학습자에게 심어주고자 하는 인류애와 보편적 가치, 그리고 인지적·비인지적 능력 개념과 유사하다.

세계시민이란 보편적 가치(평화, 인권, 정의, 다양성존중, 민주주의, 배려, 관용)를 추구하고 인지적 능력(문제해결력, 비판적 사고력, 창의력, 의사결정능력)과 비인지적 특성(공감, 도전정신, 열린 마음, 타인존중, 팀워크)을 겸비하여 글로벌문제해결에 참여하는 사람이다(김진희, 2015). 이렇듯 국제사회가 세계시민에게 다양한 가치와 능력을 요구함으로써 기실 세계시민교육의 역할과 방향도 매우 포괄적으로 다뤄지고 있다(박환보, 조혜승, 2016; Davies, 2006; Sandra. A.W. & Neil S., 2000). 세계시민의식이란 개념이 학교 내에서는 여러 교과목들(사회, 교육, 문화, 정치, 경제)을 전반적으로 아우를 수 있는 특징을 갖고 있으며(University of Alberta, 2016), 해당교육을 실천하는 학교 밖 조직에서는 그들의 미래비전과 이해관계에 따라 개념과 방향을 조금씩 상이하게 설정할 수 있지만 기본적으로 세계시민교육을 통해 인류가 공동선을 추구하고 다함께 글로벌문제를 해결하자는 명시적 목적은 본질적으로 크게 다르지 않다.

전 지구적으로 계층별, 인종별, 성별 격차가 심화되고 세계 평화와 정의가 위협받을수록 세계시민교육에 대한 인식론적 요청은 높아지지만, 세계시민교육이 모든 형태의 상이한 갈등의 포괄적 해법이 될 수 있는지는 도전적인 문제로 남아 있다. 더욱이 글로벌 격차와 불평등이 만연한 사회현실에서 모두가 세계

시민이 되자고 이상주의적 선언만 외칠 수 없다. 보다 근본적으로는, 전 지구적
인 시민사회의 풀뿌리 수준의 민주주의가 확산되고 사회적 약자의 권한을 강화
하는 시민권의 확대가 구조적으로 이루어져야 할 것이다.

2. 청년세대와 세계시민교육

사회관습적으로 보수화된 기성세대와 달리 정보통신의 발달과 기술혁명의
영향으로 어린 시절부터 '글로벌'이라는 지구촌의 구성체를 직간접적으로 인식
하며 성장한 현재의 청년들에게 세계시민교육의 가치와 가능성을 이해시키려는
사회적 움직임이 확산되고 있다. 그 시작점은 2012년 글로벌교육우선구상회의
(Global Education First Initiavite: GEFI)에 참석한 반기문 UN사무총장의 발언에서
비롯되었다(유네스코위원회, 2014). 이후 2015년 9월에 열린 유엔 총회에서 세계시
민의식 확산에 대한 국제사회의 공감대를 확인하고, 지속가능개발목표(SDGs) 중
하나로 세계시민교육이 공식적으로 선정되면서 세계시민성 함양은 인류가 향후
2030년까지 달성해야 할 국제사회의 공통 교육목표가 되었다(김진희 2015; 임현
묵, 2015).

이처럼 세계시민성을 지향하는 국제사회의 방향설정은 국내의 교육정책에
도 커다란 영향을 끼쳤다. 먼저 정책적 측면에서 교육부의 2015년 개정교육과
정 총론을 살펴보면 한국교육의 미래방향으로 제시하는 거시적인 비전들과 하
위구분들이 세계시민성의 맥락과 광범위하게 맞닿아 있다. 특히 초등 공통교육
과정에 범교과 학습주제(시민교육, 다문화교육, 인권교육 등) 전반은 세계시민성이
내포하는 성격들과 상당 부분 일치한다. 그리고 현재 교육부는 세계시민교육
확산을 목적으로 교육과정 개발, 현직교원 연수, 선도교사 선발, 국제기구와 공
동공모전개최 등 별도예산을 들여 지속적 확대에 노력하고 있다(교육부, 2014,
2015, 2016a, 2016b). 이는 기존에 세계시민교육이 사회 및 지리교과목에서 일부
분으로 다뤄졌다던 경향(김진희, 차승환, 2016)을 상쇄하는 움직임이자 한국의 학

생들이 높은 수준의 세계시민의식을 키울 수 있도록 중앙정부 차원의 정책적인 개입을 시도하는 것이라 할 수 있다.

그러나 <2016년 글로벌 7개국 대학생 가치관 비교 보고서>에 따르면 지금의 한국대학생들이 갖는 사회에 대한 신뢰도, 국가 신뢰도, 미래기대 지수는 모두 최하위권이다(동아일보, 2016년 4월 7일자). 조사에 참여한 학생들은 헬조선, 금수저흙수저, 청년취업난을 언급하며 한국에 만연한 부정부패를 주요원인으로 꼽았다. 오늘날 대학생에게 한국사회란 더 이상 계급재분배가 불가능하고 공정성과 형평성이 작동하지 않는 사회임을 꿰뚫은 인식이다. 조한혜정 외(2016)의 연구에서도 청년들의 시민성 수준이 적나라하게 드러난다. 청년의 삶을 지배하는 담론들을 분석한 결과, 지금의 한국청년이 처해 있는 사회적 상황이 너무 가혹하여 그들에게 공통의 무엇을 위해 공동의 노력을 요구하는 시민성과 공공성을 기대하는 것 자체가 소모적인 일이라고 지적했다.

이 같은 결과에서 나타나듯이 국제사회가 지향하는 세계시민교육을 한국 청년들에게 어떻게 풀어나갈 것인지에 대한 근원적이고 현실적인 논의가 필요한 시점이다. 더욱이 차이와 다양성의 가치를 존중하며 관용과 평등의 원리를 담은 민주시민성이 내재화되지 않는 청년들이 세계 속의 시민으로서 정체성을 지니며 세계시민으로 살아갈 수 있는가? 세계시민이 '더 많이 가진 계층'을 위한 화려한 글로벌 인재교육으로 환원되는 것이 아닌가라는 근원적 우려와 논쟁이 나오기 시작한다.

대학생들은 대학진학과 동시에 독립적인 성인기에 들어서면서 세상에 대한 인식의 전환점을 맞이한다. 고등학교 시절은 같은 지역에서 비슷한 삶의 모습을 가진 비교적 동질집단의 친구들과 상호작용했다면, 대학에서는 부모들의 경제적, 문화적 자본수준에 따라 대학생활의 모습과 삶의 수준이 다르다는 것을 처음으로 경험하게 된다. 한국에서 대학진학은 70% 이상의 학생들이 선택하는 보편적 교육생애주기로 간주되는 점에서 대부분의 한국청년이 이러한 인식 전환과정을 거쳤을 것임을 예측할 수 있다. 현재 적지 않은 대학생들이 학자금

대출, 주거비문제, 생존을 위한 아르바이트 등 심각한 경제적 문제를 겪고 있는데, 이들을 지칭하는 '캠퍼스 푸어(campus poor)'라는 새로운 신조어가 만들어지기도 했다(최재경, 2016). 2017년 3월에 발표된 보건사회연구원 보건복지포럼에서는 '청년의 빈곤실태: 청년, 누가 가난한가'를 조명하면서 우리나라 청년층(19~34세)의 빈곤이 고착화되는 경향을 여실히 보여주었다. 특히 2013년 25~29세의 빈곤율은 4.7%, 2014년은 6.1%, 2015년은 7.4%로 증가추이를 나타내고 있다.

이 같은 내용을 종합하면, 권리와 의무를 가진 시민 주체로 위치지어지기보다는, 스스로를 가난하고 무기력한 소비자로 인식하는 한국의 청년세대에게 국제사회가 추구하는 세계시민성 함양이 어떤 의미를 가지며, 어떤 방향에서 이를 도모해야 하는지 교육적 고민이 필요하다. 이미 유엔(UN)과 유네스코(UNESCO), 코이카(KOICA) 등 유관 국제협력 단체에서 청년층을 글로벌이슈 해결에 무한한 잠재력을 지닌 집단으로 인식하고(이서연, 2014), 그들의 세계시민성 증진을 위한 여러 유형의 글로벌교육활동을 지원하고 있다. 뿐만 아니라 국내의 초·중·고·대학교 교육현장과 민간사회단체에서도 유사하거나 동일한 목표하에 교류프로그램, 해외체험학습, 멘토링, 해외봉사, 강의식교육 등 다양한 형태의 교육프로그램을 자체개발해 실천하는 중이다(경기일보, 2016년 11월 1일자; 머니투데이, 2016년 10월 31일자). 하지만 각양각색의 세계시민교육 프로그램들이 한국청년이 처한 현실상황과 비추어 과연 실질적인 효용성을 가지는지는 미지수이다. 때문에 한국에서 세계시민교육 프로그램이 유의미하게 운용되기 위해서는 학습자이자 교육수요자의 관점에서 접근한 연구가 바탕이 되어야 한다. 이를 통해서 향후 세계시민교육이 담론 수준에 머무는 것이 아니라 생활 세계 안에서 전개될 수 있도록 실천방향을 재정비할 필요가 있다(김진희, 2015).

3. 세계시민교육 이론과 실제에 대한 선행연구

세계시민성이 국제사회가 지향키로 약속한 중대한 사안(지속가능개발목표, SDGs, 2016~2030)이 되기 이전부터 국내에서는 세계시민성과 세계시민교육에 대한 필요를 인식하고 이를 수반하는 이론적, 실천적 논의들이 1990년대부터 이어져 왔다. 그러나 각각의 연구자가 세계시민의 가장 중요한 자질을 무엇으로 바라보는가에 따라 세계시민성의 내용에는 확연한 차이를 보인다.

김진희(2015)는 이러한 세계시민성을 이론적으로 유형화하였는데, 각 유형별 세계시민성의 뿌리로 언급하는 철학적 근거이론과 주요 관점에 따라 세계시민성의 유형을 4가지(① 정치적 세계시민성, ② 도덕적 세계시민성, ③ 경제적 세계시민성, ④ 비판적 또는 탈식민주의적 세계시민성)로 구분하였다. 그런데 다른 유형과 달리 경제적 세계시민성의 경우, 개인의 이해관계 및 처해 있는 경제적 상황에 따라 세계시민의식이 기능여부를 달리할 수 있다고 본다.

이러한 주장은 이대훈(2000)의 연구에서도 논의된 바 있다. 그는 경제적 논리가 포함된 상황에서 도덕적, 윤리적 시민성의 추구가 함께 양립하는 것은 현실적으로 어렵다고 주장하였다. 그는 대표적인 세계경제협정인 다자간투자협정3을 예로 제시하면서 상기 협정의 시민적 의도가 어떻게 변질될 수 있는지를 설명하였다. 세계연합의 관점에서 설정한 본래적 선의의 의도가, 투자를 받는 국가의 입장에서는 자국의 자율성을 통제하고 외국투자자에게 윤리적 도리와 책임을 강제하지 않고 있다고 바라보았다. 따라서 비판적 세계시민주의 관점에서 외국투자자에게 투자국가의 환경, 노동, 보건, 안전, 인권을 준수하고, 차후 발발할 수 있는 문제 상황에 대해 공동으로 책임질 윤리적 태도가 강제되어야 한다고 주장한다. 사실, 지금껏 학계에서는 윤리적 세계시민성을 곧 보편적 세계시민성으로 등식화하고(Appiah, 2002), 모든 인간에게 세계시민성은 항시 내

---

3 다자간투자협정의 목적은 외국기업과 국내기업(국가 대 국가)의 동등한 경쟁을 보장하기 위해 국가끼리 합의한 경제협정으로, 시행 후 20년간 구속력을 갖게 된다.

제되어 있어야 할 자질로 여겨온 점에서 이같이 경제적 관점에서 바라본 세계
시민성의 논의는 주목할 필요가 있다.

한편 지은림, 선광식(2007)은 전 지구적 차원의 정부(정치적 세계시민성)가
실제적으로 존재할 수 없으므로 스스로 사고할 능력과 책임의식, 그리고 타자
(타국)를 이해하는 공동체의식의 필요를 설명한다. 그 연구에서는 세계시민성의
구성요인을 ① 시민의식, ② 지구공동체의식, ③ 다국적의식, ④ 국가정체성의
식으로 정의하고, 설문조사를 통해 한국학생들에게 세계화현상을 반영하는 지
구공동체의식이 가장 부족하다는 점을 보여주었다. 그리고 통계적으로 세계화
관련 학습경험유무가 학생들의 의식수준에 커다란 차이를 보이고 있으므로 학
생들에게 글로벌 현상에 대한 이해 및 이를 공감할 수 있는 지속적인 학교교육
이 필요하다는 것을 부각시켰다.

그런데 박남수, 정수권, 서경석(2007)은 교내(초등학교)에서 진행하는 세계
교육(global education)은 추상적이고 프로그램의 수와 내용도 단일하다며 지역
사회와 같은 학교 밖 공간과 연계된 세계시민학습을 강조하였다. 여기서 세계
교육의 주요개념으로 ① 상호의존, ② 적응과 변화, ③ 정체성과 문화, ④ 시민
성 및 사회적 행동, ⑤ 갈등해결, ⑥ 자원과 희소성을 제시하고, 이를 실천하는
학습공간으로 지역사회의 역할을 강조하였다. 지역사회활동을 통해 지역과 세
계의 관계를 발견하고(관계발견형), 상호문화를 이해하고(문화이해형), 개인의사를
스스로 결정하고(의사결정형), 미래를 탐색해 보는(미래예측형) 접근이 가능하다
고 보았다.

반면 민춘기(2016)의 연구에서는 어린 청소년보다 대학생들의 세계시민성
함양에 구심점을 둔다. 그는 시민성교육과 인성교육을 함께 강조하면서, 현대사
회를 살아가는 대학생에게 필요한 글로벌 역량이 교실 외부 활동들을 통해 적
극적으로 길러질 수 있다고 보았다. 그렇다고 해서 대학 내부에서의 세계시민
성교육을 결코 간과할 수 없으며 무엇보다 한국 실정에 맞는 교육프로그램을
개발하는 학제적 연구가 필요하다는 것을 제언하였다.

III. 연구 방법

최근 교육단체, 국제협력 유관기관들은 대학생의 세계시민성 함양과 직간접적으로 연계되는 다양한 교육프로그램을 운영하고 있다. 특히 대학생이 참여하는 세계시민교육프로그램은 학습목적에 상응하는 실제현장(해외)에서의 직접적인 참여로 진행되는 경우가 적지 않다.

세계시민성을 언급하는 프로그램의 형태들을 살펴보면 ① '세계시민되기', '세계시민이란?'과 같이 세계시민의 개념과 정체성을 다루는 강의중심교육이거나, ② 해외봉사활동, ③ 교환학생프로그램, ④ 해외 인턴십, ⑤ 기타 학습목적의 테마체험 등 국제경험을 통해 세계시민성을 자연스럽게 배양시키는 체험학습형태로 구별할 수 있다. 이는 교육학적으로 경험을 중시하는 성인학습자인 대학생의 특성을 고려한 방법이면서(김진희·윤한수, 2016), 다문화와 상호문화에 대한 이해를 강조하는 시대적인 흐름을 반영한 것으로 해석된다(정윤경, 2013; 허창수, 2013). 이를 토대로 본 연구는 대학생을 중점 대상으로 추진하는 세계시민교육 유관프로그램 가운데 서로 다른 형태와 영역, 방법, 그리고 프로그램을 운영하는 기관의 성격을 고려하여 최종적으로 3개의 기관 프로그램을 선정하였다. 분석사례 선정에 관한 구체적 절차는 다음과 같다.

1. 분석사례 선정

연구목적을 달성하기 위해 대학생의 참여가 중심이 되는 세계시민교육 유관프로그램을 의도적(purposive)으로 표집(sampling)하였다. 먼저 세계시민교육의 유형 및 형태에 관해 학술적으로 합의된 특정 사례가 없는 현실에 고려하여, 여러 선행연구(김상미·김영환, 2015; 서홍란·박정란, 2014; 황기우, 2010 등)를 통해 세계시민성 증진을 평가받은 사례들을 세 가지 형태로 구분하였다. 첫째, 개발협력사업, 둘째, 해외봉사, 셋째, 국내교육이 그것이다. 그리고 이차적으로 프로그램의 영역과 목적, 특징 등을 고려해 운영에 적합한 규모 및 수준을 갖춘 주관기관을 차별적으로 선정하였다. 첫째, 유네스코한국위원회(국제기구), 둘째, 코이카월드프렌즈(정부기구), 셋째, 월드비전한국(민간단체)이 제각각 기관 특성을 고려해 선정되었다. 그 중에서 유네스코와 월드비전은 이미 세계시민성에 관한 실제 프로그램을 추진하는 기관으로 인정받고 있다(김진희·허영식, 2013).

본 연구에서 선정한 세 개 기관의 프로그램은 비영리 목적으로 교육의 공공성을 제고하는 공적 활동을 수반한다는 점에서 공통점을 가지고 있다. 여기서는 개별 기업이나 단일 대학의 특정 프로그램은 제외하였다.

이 연구에서는 각 기관이 운영하는 유사프로그램 중 1개를 대표적으로 선정하였고, 프로그램의 역사와 향후 지속적인 운영가능성, 대학생의 활동규모, 그리고 충분한 선행자료 보유여부를 종합적으로 고려하였다. 이 같은 기준과 절차로 최종 선정된 분석프로그램은 <표1>과 같다.

표 1 분석사례

교육유형(기관수준)	분석프로그램명(운영기관명)
개발협력사업(국제기구)	브릿지 아프리카 프로젝트(유네스코한국위원회)
해외봉사(정부기관)	대학생봉사단 2개(코이카월드프렌즈): KUCSS & PAS 청년봉사단
국내교육(민간단체)	세계시민학교와 대세여프로젝트(월드비전한국)

첫 번째 사례로 유네스코한국위원회(UNESCO)의 브릿지 아프리카 프로젝트(Bridge Africa Project)를 살펴본다. 전 세계의 195개 회원국을 가진 유네스코는 세계평화와 인류발전이라는 인도주의적 비전으로 설립된 국제연합기구로 교육, 과학, 문화, 정보, 커뮤니케이션 분야의 국제협력을 촉진하고 있다(유네스코, 2016). 본 연구에서는 유네스코한국위원회가 소외된 아프리카 지역에 기초교육을 보편

화하기 위해 실시하는 대단위의 개발협력사업을 분석한다. 과거에 브릿지 아시아
프로젝트의 성공이 인정되어 연이어 이어진 후속프로젝트(2010~12년 시범, 2013
년~)로, 향후 2025년까지의 실천계획이 수립되어 있는 프로그램이다. 본 연구에
참여한 청년들은 마을마다 공공교육센터를 설립하는 데 투입되고, 매년 15명 내
외[4]의 청년활동가(~35세미만)를 선발하여 현지에서 장기간 활동하게 된다.

　　두 번째 사례는 코이카월드프렌즈(KOICA World Friends)의 청년(대학생)봉
사단이다. 코이카월드프렌즈는 한국정부가 국가차원에서 파견하는 해외봉사단
들을 통합관리하기 위해 설립한 정부기구로, 매년 여덟 가지[5]의 프로그램을 관
리하고 있다. 이 중 오직 대학생의 자격으로만 참여 가능한 프로그램은 KUCSS
청년봉사단과 PAS청년봉사단이 있다. 이들 프로그램을 처음 발족하고 직접 운
영하는 기관(한국대학사회봉사협의회, 태평양아시아협회)은 상이하지만 대학생에게
만 기회를 주는 점과 프로그램 운영방법, 프로그램의 취지, 설립역사, 그리고
참여자의 참여방법 및 참여시기까지 매우 유사한 형태를 보이고 있다.

　　마지막 사례는 월드비전한국(World Vision Korea)의 세계시민학교와 대세여
프로젝트('대학생의 세계시민교육은 여기서'의 줄임말, 이하 대세여)이다. 월드비전은
유네스코(국제기구)나 코이카 월드프렌즈(정부기관)와 달리 개인들의 자유의지와
기부금으로 운영되는 민간단체(NGO)이다. 해당기관은 한국전쟁의 피해구호를
목적으로 설립하였으나 현재는 전 세계 어린이의 생존과 빈곤완화를 위한 다양
한 활동들을 전개해 오고 있다. 세계시민학교는 2007년에 설립하여 2015년에
만 약 56만 명의 국내학생들이 교육에 참여하는 파급력을 가지고 있다. 2016년
에는 대학생의 세계시민성 함양 및 확산을 목표로 대학생 중심 강사양성프로제

---

4 유네스코 홈페이지에 따르면 2010년(1기) 18명, 2013년(2기) 12명을 파견하였고, 2014년(3
　기)에는 16명의 서류를 통과시킨 자료가 확인되고 있다(2017.1.10. 검색).

5 코이카 월드프렌즈 프로그램은 ① 코이카봉사단, ② IT봉사단, ③ 청년봉사단, ④ 청년봉사
　단(PAS), ⑤ 과학기술지원단, ⑥ NIPA자문단, ⑦ 태권도평화봉사단, ⑧ 월드프렌즈코이카자
　문단으로 구성되어 있다.

트(대세여프로젝트)를 발족시켰다.

2. 분석방법 및 분석틀

본 연구는 사례분석을 위한 문헌자료들을 내용분석(context analysis)하는 방법을 활용하였다. 문헌자료의 출처는 기관의 공식홈페이지, 기관 공식블로그, 단행본, 연구논문, 그리고 신문기사로 공신력 있는 선행 자료를 대상으로 하였다. 이렇게 수집한 방대한 자료들은 본 연구목적과 결부시켜 세 가지의 분석기준으로 구분하면서 특징을 살펴보았다. 이를 정리한 분석틀은 <표 2>와 같다.

표 2 분석틀

분석기준	세부내용
프로그램 목적 및 의의	프로그램의 교육적 형태, 개설 목적, 실천 목표
프로그램 절차 및 내용	교육주제 및 기간, 대학생의 참여방식 및 참가경비
대학생의 역할 및 활동	참여자 역할, 구체적 활동사항

상기 분석틀에 따라서 사례로 선정한 프로그램의 목적 및 의의를 파악하고자 한다. 각 프로그램의 운영취지와 교육적 목적, 그리고 제시하고 있는 비전과 방향성을 점검하여 그 속에 내재해 있는 세계시민성과의 거시적 연관성 및 세계시민교육적 의미를 고찰하였다. 두 번째로 프로그램의 절차 및 학습내용에 대해 분석한다. 프로그램의 교육기간 및 교육주제, 참여절차 및 참여방식이 참여자에게 미칠 수 있는 영향과 태도를 고려한 것으로, 특히 학습내용 및 과정이 세계시민성의 어떤 하위의식과 연계되어 있는지 확인할 수 있다. 마지막으로 프로그램의 참여주체로서 대학생에게 주어지는 역할과 실질적인 활동사항에 대해 살펴본다. 이를 통해서 프로그램의 참여가 대학생의 세계시민성

함양에 어떠한 영향을 미치는지 진단하고 프로그램의 효용성을 비판적으로 성찰할 수 있을 것이다.

IV. 대학생 대상 세계시민교육 프로그램 분석 결과

1. 프로그램의 목적 및 의의 측면

(1) 보편적 인권과 인류애에 기반을 둔 개발도상국 교육 지원
: 유네스코의 브릿지 아프리카 프로젝트

> 절대빈곤과 분쟁의 악순환에서 벗어날 수 있게 하는 근본 해법인 교육 …(중략) … 모두를 위한 교육(EFA)달성에 이바지 …(중략) … 아프리카 소외 지역에 어린이뿐 아니라 교육의 기회를 놓친 학업중단 청소년, 성인문맹자(특히 여성), 장애인 등 취약계층에게 문해교육, 직업기술교육을 통해 자립기반을 마련하고 마을마다 지역학습센터를 만들어 현지 강사 중심으로 문해교육과 직업교육을 실시합니다.
> 출처: 유네스코 아프리카 브릿지 공식홈페이지 내 사업소개(2017.1)

위와 같이 유네스코한국위원회의 브릿지 아프리카 프로젝트는 '제3세계 약자'에 대한 교육적 지원과 협력을 중시한다. 제3세계 약자 중에서도 특히 여성을 강조한 부분은 개도국에서 여성의 위치가 가장 취약할 수 있다는 스피박(Gayatri Spivak, 1942~)의 탈(脫)식민적 관점을 반영한다(김지현, 2012).

위 인용문에서 나타나듯이 브릿지 아프리카 프로젝트는 모든 인간이 동등하게 인권을 보장받아야 한다는 보편적 권리 및 교육받을 권리를 강조하는 인류애적인 내용을 담고 있다.[6] 이는 세계시민적 가치와 맞닿아 있다. 국제사회의

---

6 세계인권선언문 제6조에 '모든 사람의 교육받을 권리를 갖고 있으며 초등교육과 기초교육은

공동발전에 대한 소명의식과 책임의식으로 개발협력사업을 추진하는 유네스코 한국위원회는 해당 프로그램의 실천과정 속에 대학생 및 청년들을 참여시키고 있다. 지구 반대편에 있는 개발도상국의 교육 문제가 지구촌 공동체에 소속된 '우리'의 문제로 연결된다는 사고를 기저에 깔고 있다. 이 프로그램은 참여자들이 세계시민의식을 가지고 글로벌 이슈를 인지하고, 더 나은 지구촌의 번영과 변화를 도모하는 데 동참할 수 있도록 유도하는 목적을 가지고 있다. 이를 바탕으로 유네스코가 청년의 잠재적 역량과 브릿지 프로젝트의 교육적 활용가능성을 염두에 두고 있음을 알 수 있다.

또한 아프리카 지역공동체의 자치적 역량강화와 내부적 성장을 도모하는 사업방향의 설정은 세계시민교육에서 지역 공동체의 중요성을 강조하고 있다. 프로그램 참가자들은 지구적으로 사고하고 지역에서 활동하는 실천적 행위의 중요성을 자각할 수 있다.

(2) 인도주의적 봉사와 타문화 경험
: 코이카 월드프렌즈의 청년(대학생)봉사단

KUCSS청년봉사단은 해외봉사를 통해 청년(대학생)들의 나눔과 배려의 봉사의식 저변을 확대하고, 타문화이해와 다양성을 수용하며 국제친선 및 국가브랜드이미지 향상을 목적으로 … (중략) … PAS청년봉사단은 태평양아시아지역 국가 간 교류-협력을 활성화하여 상호이해를 증진하고 지역공동체를 구축, 공동번영의 초석을 다지기 위해 청년봉사단을 파견하고 있습니다.
출처. 코이카 월드프렌즈 공식홈페이지 내 프로그램 소개(2016.1)

위와 같이 코이카가 주관하는 청년봉사단의 의의는 참여하는 개인(대학생)의 내면적 성장과 자아실현, 그리고 국가적 측면에서는 자국이미지 증진 및 국가상호간 관계발전에 도움이 되는 활동으로 설명된다. 그 외에도 해외봉사실천

무상으로 의무적으로 실시해야 한다'고 명시되어 있다.

은 국제사회의 빈곤과 삶의 질의 문제를 인식하는 체험적 계기를 제공하는 것
이며 국내 봉사단원들이 선한 자유의지로 지구적 문제에 참여하는 교육적 효과
를 기대할 수 있다(한국국제협력단, 2016; Lough, 2015). 또한 최근에는 한국의 청
년실업 등 국가 내부적 문제를 해소하는 모멘텀(momentum)으로 간주되기도 한
다(이서연, 2014). 그러나 청년실업자의 해외봉사활동의 의미와 효과는 논쟁의
여지가 있다.

　　코이카 월드프렌즈의 청년(대학생)봉사단은 오직 대학생들의 참여를 지원
한다. 참여자(대학생)들은 일정기간 동안 현지에서 자원봉사하며 개도국민의 삶
과 상호간 문화에 대한 이해를 경험하게 된다. 참가자들은 이러한 경험을 통해
서 다문화의식과 지구공동체 의식함양, 그리고 빈곤문제, 환경문제 등 여러 국
제문제해결에 대한 실천에 동참하게 되고 '나'와 연관이 없는 타인의 문제를 돕
는 과정에서 공동체를 인식하고, 인도주의적 윤리의식을 깨닫는 계기를 만난다
(서홍란·박정란, 2014; 황기우, 2010). 이처럼 코이카의 월드프렌즈 청년봉사단 프
로그램은 대학생들이 글로벌 현안에 직접 참여하면서 세계시민의식을 형성할
수 있는 형태로 구성되어 있다.

(3) 세계시민성의 가치와 지식 확산
: 월드비전의 세계시민학교와 대세여프로젝트

　세계시민교육은 빈곤, 인권, 환경, 평화 등의 글로벌 이슈에 관해 배우고 이를 통
해 우리가 살고 있는 지구마을 사람들에 대한 공감력을 높이고, 세계시민으로서 공동
의 문제를 해결하며 더 나은 세계를 만들기 위한 역할의식과 책임의식을 갖게 합니다
… (중략) … 대세여프로젝트는 대학생이 월드비전의 세계시민교육 강사가 되어 유초
중고 현장을 방문하여 … (중략) … 세계시민교육을 진행하고 기아체험프로그램을 기
획하여 … (중략) … 세계시민을 양성하는 교육기부 프로그램입니다.
　출처: 월드비전 세계시민학교 공식홈페이지 및 2016년 대세여 대학생 모집 안내문
　　　(2017.1)

위에서 확인되듯이 국제구호개발 NGO인 월드비전은 세계시민양성이라는 분명한 목적으로 세계시민학교를 설립하였다. 전 세계 어린이들이 인간다운 삶을 살아야 한다는 세계시민적 모토 아래 특히 서로에 대한 공감능력을 강조하고, 공동체 역할과 책임의식, 그리고 능동적으로 행동하는 세계시민양성을 도모하고 있다. 이 프로그램을 통해서 국내대학생들은 초·중·고생을 지도하는 '강사양성교육'에 참여할 수 있다.[7]

이것은 월드비전이 대학생들을 높은 사회적 영향지수를 가진 예비성인으로 보고 있음을 시사하며 청년세대가 세계시민성 확산에 기여하는 주요 주체라는 암묵적 위상을 보여준다. 즉 대학생의 세계시민의식 고취가 폭포효과(waterfall effect)처럼 향후 후속세대의 세계시민성 함양 및 확산에 기여할 것으로 평가한 것이다. 이처럼 월드비전의 세계시민교육 프로그램은 국가 섹터뿐만 아니라, 자율성을 가진 시민사회단체가 대학생 참여를 통해서 한국 사회에서 세계시민의식을 확산하는 데 기여하는 역할을 하고 있음을 알 수 있다.

2. 프로그램의 절차 및 내용 측면

(1) 교육공간구축과 교육프로그램 기획
: 유네스코의 브릿지 아프리카 프로젝트

<표 3>에 나타나듯이 브릿지 아프리카 프로젝트의 내용은 아프리카지역의 사회적 약자를 위해 ① 지역학습센터 구축 및 운영, ② 현지 강사 양성 지원, ③ 한국활동가 파견, ④ 교재제작 및 보급 활동을 실천한다. 다시 말해 개발도상국가의 현지 강사를 양성하는 교육체제를 공고화시킬 목적으로 마을주민들이 자유롭게 학습 가능한 교육공간을 건축하고, 국내활동가를 장기간 파견시

---

7 월드비전 세계시민학교의 프로그램 형태는 ① 초중고학교방문교육, ② 체험교육, ③ 현직교사대상 교원연수, ④ 성인대상 강사양성교육으로 이루어져 있다. 이 중 학교방문교육형태가 가장 중점적으로 실천되고 있다(월드비전 홈페이지, 2016.1.11.검색).

켜 이들의 역량을 키워주는 각종 제반활동들을 수행케 한다.

국내활동가는 일련의 선발과정과 사전교육을 마친 소수의 청년만이 유네스코의 전액지원으로 참여 가능하고, 현지에서는 기초교육(영어, 수학, 아동, 기술, 체육, 장애인특수, 컴퓨터 교육)을 기획하거나 원활한 개발협력프로젝트 진행을 위한 보조업무들을 수행하게 된다.

표 3 절차 및 내용(브릿지 아프리카 프로젝트)

프로젝트 내용	대학생 지원절차
·지역학습센터 구축과 운영·현지강사 양성 ·한국 활동가 파견·교재제작 및 보급	·서류(지원서, 영어성적, 경력, 자격증 등) →면접→합격자발표→국내교육(12일간)→현지활동 (약 1년)
프로젝트 수혜자	대학생 모집분야
·아프리카 내 학업중단 청소년, 어린이 ·성인문맹자(특히 여성), 장애인 등 취약 계층	·초등영어, 수학, 장애인특수, 청년체육, 소득창출 기술, 유아아동, 컴퓨터영상

출처: 브릿지 아프리카 프로젝트 공식 홈페이지(2017.1) 및 청년활동가 2기 모집공고문 재구성

즉 이 프로그램은 청년들이 교육개발협력분야의 예비전문가의 자격으로 현장에서 활동할 수 있는 교육적 기회를 무료로 제공한다. 그렇기 때문에 참여자들은 능숙한 업무처리능력과 교수자로서의 역량, 장기간사업에 대한 책임감, 적극적 태도, 의사소통능력 등 여러 세계시민적 하위역량들이 사전에 갖춰져야 하는 자격조건이 암묵적으로 있다.

또한 참여기간(1년 내외)을 고려해 본다면 대학생들이 휴학을 하거나 기타 사회생활 및 경제활동을 포기해야 하므로 프로젝트의 참여 자체는 쉽지 않은 편이다. 여기서 교육 참여의 접근성 이슈가 현실적으로 발생하게 된다. 이 때문인지 상기 프로젝트는 2015년, 청년활동가선발공고가 아닌 전문요원(인턴) 선발공고를 내고 활동가의 역량과 사업방향을 새롭게 조정하는 추세이다.

[2] 현지에서 직접 실천하는 봉사활동
: 코이카 월드프렌즈의 청년(대학생)봉사단

<표 4>와 같이 코이카 월드프렌즈 소속의 청년봉사단들(KUCSS청년봉사단, PAS청년봉사단)의 활동은 크게 교육봉사와 노력봉사로 구분할 수 있다. 교육봉사는 한국어, 영어, 체육 등 비교적 분야별 전문지식을 습득한 대학생이 참여할 수 있고, 노력봉사는 타인을 도우려는 박애적인 의식만으로도 실천할 수 있는 자선행위에 가깝다.

이처럼 상기 두 개의 청년봉사단은 비슷한 교육적 방향성을 제시하지만 구체적인 봉사현장과 봉사내용에는 차이를 보인다. PAS청년봉사단은 개도국의 대학현장에서 교육봉사 및 노력봉사를 실천하고, 특히 한국문화(음식, 의상, 태권도, 사물놀이 등)와 한국의 우수성(한국어교육)을 알리려는 내용이 강조되어 있다. 반면 KUCSS청년봉사단은 주로 파견국의 초등학교에서 활동하면서 한국어교육은 거의 실천하지 않는다.[8] KUCSS봉사단의 홈페이지에는 한국의 우수성 및 문화를 알리기보다 한국과 개발도상국 상호간에 교류 및 친목을 강조하는 용어들이 빈번하게 등장하고 있다.

표 4 절차 및 내용 (청년(대학생)봉사단)

봉사활동 내용	대학생 지원절차
·교육봉사(한국어, 영어, 태권도, 한국문화, 의료 등) ·노력봉사(환경미화, 시설보수, 환경미화 등)	A. 신청서 → 대학추천 → 서류 → 면접 → 합격 → 활동(약2주) B. 대학추천 → 협회심사 → 선발 → 팀구성 → 활동 (약2주) (A. KUCSS청년봉사단, B. PAS청년봉사단)
봉사활동 수혜자	**대학생 모집분야**
A. 아시아, 아프리카 내 대학 중심 B. 아시아, 태평양지역 내 초중고 중심	·개인의 전공과 특기에 따라 활동분야 선정 ·대학 하계/동계 방학을 이용해 연 2회 추진

출처: 코이카 월드프렌즈코리아 공식 홈페이지(2016.10), 2016년 33기 월드프렌즈 청년봉사단 모집 공고문 재구성

프로그램 운영절차 면에서는 거의 동일하게 하계 및 동계방학을 이용한 2~3주의 기간으로 기획되어 있다. 학생의 지원방법은 소속대학의 추천을 통해 가능하며, 개인당 평균 칠십만 원 정도의 참가경비가 필요하다.[9] 그럼에도 불구하고 한 해에 평균적으로 참여하는 대학생의 수는 약 천 백여 명을 웃돌고 있는 중이다.[10] 이러한 프로그램에 대한 참여 열기가 무엇을 의미하는지, 누가, 어떤 동기를 가지고 참여하는지를 더 깊이 있게 검토할 필요가 있다.

(3) 세계시민성 확산을 위한 무료강의
: 월드비전 세계시민학교와 대세여프로젝트

월드비전 세계시민학교의 대표 프로그램인 '찾아가는 세계시민교육 프로그램'은 현직교사가 온라인으로 신청하면 세계시민학교 소속강사가 직접 초중고 현장을 방문하여 무료로 교육을 제공하는 형태이다. 이 과정에서 대학생들은 세계시민학교 소속강사로 활동하게 되는데, 이들을 강사로 양성하는 노력이 대세여프로젝트(대학생의 시민교육은 여기서!)에서 이루어진다. 프로젝트 참가방법은 <표 5>에 나타나있듯이 서류심사와 지역별 오프라인 면접과정을 통과하면 단체교육에 참여할 수 있다. 그리고 단체교육을 무사히 수료한다면 1년간 거주 지역 내 세계시민교육 강사로 활동하게 된다.

2017년도 모집공고문에 따르면, 단체교육은 주말을 포함한 2박 3일간 일정으로 교육 16시간과 시연 8시간으로 구성되고, 비용은 소정의 숙식비(3만원)만 요구되어 타 세계시민교육 프로그램 대비 참여장벽이 높은 편은 아니다. 학습주제는 인권, 환경, 평화, 그리고 기아에 대한 내용으로, 이는 도덕적 세계시

---

8 2016년 모집공고문에 따르면 11~12개 팀 중 오직 1개 팀(캄보디아 씨엠립)만이 한국어교육을 실시할 예정이다.

9 공식홈페이지 및 2016년도 모집공고문에 따르면 PAS청년봉사단은 65~75만원의 참가비가, KUCSS청년봉사단 봉사단원은 65~85만원의 참가비가 든다(2017.1.14.검색).

10 두 기관의 공식홈페이지에 따르면 태아협은 2015년 기준(하계, 동계)으로 440명(관계자 포함)을, 대사협은 2014년 기준(하계, 동계) 710명(관계자 포함)을 파견하였다(2017.1.13.검색).

민성과 깊이 연관되면서 세계시민이 지녀야 할 보편적 가치(인권, 환경, 평등 등)를 담고 있다.

표 5 절차 및 내용(대세여프로젝트)

활동 내용	대학생 지원절차
·세계시민교육 단체교육 및 기아체험(2박 3일) ·세계시민교육 강사활동(유초중고 직접방문, 1년간)	·서류접수→1차발표→면접(지역별)→최종발표
활동 대상	학습 내용
·국내 대학생 참여, 초중고 학교현장에서 봉사	·인권, 환경, 평화, 기아 ·강사활동 시 청소년 학년별, 차수별 내용상이

출처: 월드비전 세계시민학교 공식 홈페이지(2017.1) 및 2016년 대세여 모집 안내문 재구성

3. 대학생의 역할 및 활동 측면

(1) 개발협력사업을 통해 세계문제에 참여하는 예비전문가
: 유네스코의 브릿지 아프리카 프로젝트

프로젝트 내용을 기준으로 청년활동가의 역할을 정리하면 <표 6>과 같다. 첫째, 이 프로젝트에 참여하는 사람은 사업의 전반적인 운영과정에 대한 모니터링(monitoring)과 로컬NGO 사이에서 긴밀한 협력관계를 구축하여 원활한 사업진행을 추진해야 한다. 그리고 지역 내부의 인적자원을 강화하고 현지강사를 양성하기 위해 지역민들을 교육적으로 밀착 지원해야 한다. 즉 개발협력 프로젝트에서 청년참여는 전통적인 학습자이기보다 활발하고 능동적인 성향을 가진 실제수행자로서 기대역할을 부여받게 된다. 이 같은 내용은 대학생들이 국제전문가가 되기 위해서 사회적 경험을 쌓는 인턴십(internship)프로그램의 일종으로 해석될 수 있다.

그렇다면 이러한 참여활동이 어떠한 세계시민적 의미가 있는가? 프로그램 참여자들은 개발도상국가의 문화 속에 장기간 머물면서 지역주민의 성장을 지

원하는 활동을 수행한다. 이를 통해 청년들은 교과서에만 배우던 다문화의식과 지구공동체의식, 그리고 이타적 태도 등 세계시민적 교육활동에 참여하게 된다. 특히 개발협력 프로젝트는 국가가 분명한 목적의식과 추진절차를 갖고 진행하는 중요한 사업이기 때문에 진행과정 속에서 세계시민이 가져야 할 인지적 사고능력(문제해결력, 비판적사고력, 의사결정능력 등)의 향상을 기대할 수 있다.

표 6 대학생의 역할 및 활동(브릿지 아프리카 프로젝트)

프로젝트 내용으로 본 대학생의 역할
·지역학습센터 구축과 운영 ▶ 프로젝트 진행 관리, 로컬NGO들의 협력 도모 ·현지강사 양성, 교재제작 및 보급 ▶ 교육프로그램 기획과 운영, 학습자 관리

출처: 브릿지 아프리카 프로젝트 공식 홈페이지(2017.1) 및 청년활동가 2기 모집공고문 참고하여 재구성

그러나 한편으로는 성과 도출이 중요한 국제개발협력사업의 특징상 자본과 기술의 우위를 앞세운 공여국가의 정치적 의도나 일방적 원조 성과 달성을 계량화하는 과정에서 신(新)식민주의적 인식에 사로잡히는 오류에 빠질 우려도 있다. 즉, 공여국가인 한국이 개발도상국의 교육발전을 위해 수행하는 국제협력사업이 자칫 한국의 국제적 위상과 우수성을 알리는 데 활용되거나, 그 사업에 참여하는 활동가들이 은연중에 '선진적' 기술과 경험을 가진 한국의 발전상을 전파하는 행위가 세계시민적 참여활동으로 정당화될 우려가 있다. 이 경우 해당 프로그램이 대학생의 세계시민의식 함양에 진정한 기폭제가 되었다고 볼 수 없을 것이다. 따라서 국제개발협력 참여가 곧 세계시민적 활동으로 등식화될 수 없다는 것을 유의해야 한다.

[2] 개인 특기를 발휘하며 개발도상국을 지원하는 봉사단원 : 코이카 월드프렌즈의 청년봉사단

두 봉사단(KUCSS청년봉사단, PAS청년봉사단)은 오직 대학생만을 선발·파견

하여 개도국민에 삶의 질 증진을 돕는 교육봉사와 노력봉사를 실천케 한다.

표 7   대학생의 역할 및 활동(청년(대학생)봉사단)

활동 내용으로 본 대학생의 역할
·교육봉사(한국어, 영어, 태권도, 한국문화, 컴퓨터, 의료 등) ▶ 지적성장을 위한 교육봉사 ·노력봉사(환경미화, 시설보수 등)) ▶ 생활환경 개선을 위한 사회봉사

출처: 코이카 월드프렌즈코리아 공식 홈페이지(2017.1), 2016년 33기 월드프렌즈 청년봉사단 모집
공고문 재구성

<표 7>에 나타나듯이 이 과정에서 대학생들은 개도국민의 지적성장을 지원하는 교육봉사단원이거나 생활환경개선에 힘쓰는 사회봉사단원, 혹은 두 역할을 모두 수행하는 단원으로 참여할 수 있다.

그런데 두 봉사단은 봉사활동을 계획하고 준비하는 과정에 차이를 보인다. PAS청년봉사단의 경우, 대학생들이 각자의 전공 및 특기를 발휘할 수 있도록 세부활동프로그램을 운영기관에서 일률적으로 정하지 않는다. 학생들이 팀을 이루어 자신의 역량과 파견국에 대한 사전연구를 바탕으로 활동계획을 자율적으로 수립하고 있다. 그들이 계획한 봉사활동을 현지에서 수행한 뒤엔 일일기록부와 봉사활동보고서를 작성하여 동료와 함께 성찰시간을 갖는다. 반면 KUCSS청년봉사단은 자원봉사단원을 모집할 때부터 공고문을 통해 국가별 활동내역과 방향성, 개인이 지원할 수 있는 영역에 대해 명시하고 있다. PAS청년봉사단과 마찬가지로 파견 전 기본교육 및 심화교육시간을 갖고 있으며, 사전교육의 방향은 나눔 실천의 중요성, 파견국에 대한 이해, 응급처지교육, 팀빌딩(team building), 공동체 활동에 관한 내용 등으로 세팅되어 교육내용이 구성되어 있다. 봉사단의 경우, 참여대학생에게 투철한 책임감과 현지에서 올바르게 수행해 내는 실천능력을 가장 중요하게 여기고 있음을 짐작할 수 있다.

(3) '학습자에서 청소년의 선생님'으로 점진적 성장
: 월드비전 세계시민학교와 대세여프로젝트

월드비전의 세계시민교육은 대학생에게 상반된 두 가지 역할을 함께 경험하게 한다. <표 8>에 나타나듯이 단체교육 수강 시에는 온전히 세계시민성을 학습하는 학생의 입장에서 교육에 참가하고, 교육 이후에는 세계시민교육 강사의 자격으로 국내학교현장을 방문해 청소년을 지도한다. 참여대학생들은 또래들과 2박 3일간 동거 동락하면서 세계시민성의 개념, 의의 등 여러 지식정보를 축적하고, 세계시민교육의 교육적 방법에 대해 지속적으로 고민하는 시간을 갖는다. 이 같은 과정 속에서 세계시민성에 대한 지적 이해뿐만 아니라 동료 간 협업능력, 토론능력, 의사소통능력과 같은 인지적, 비인지적 사고함양을 함께 기대할 수 있다.

표 8 대학생의 역할 및 활동(대세여프로젝트)

활동 내용으로 본 대학생의 역할
·세계시민교육 단체교육 및 기아체험(2박 3일, 24시간) ▶ 학습자로서 세계시민교육 수강
·세계시민교육 강사활동(유초중고 직접방문, 1년간) ▶ 선생님(대학생 강사)으로서 청소년 지도

출처: 월드비전 세계시민학교 공식 홈페이지(2017.1) 및 2016년 대세여 모집 안내문 참고하여 재구성

사실 새로운 교육적 태도 및 의식을 함양하기에는 꽤 짧은 시간(24시간)이지만 대학생인 우리가 청소년을 지도할 것이라는 미래지향적 목표는 대학생들에게 보다 적극적이고 분명한 학습태도를 심어준다. 또한 민간자격을 부여하고 우수자에 한해 해외사업장 방문기회를 제공하는 등 추가적인 혜택들은 대학생에게 매력적으로 다가올 수 있다. 이러한 프로그램은 내용 면에서나 기간 및 선발인원 면에서도 진입장벽이 비교적 낮은 편으로 대학생의 참여의지가 발현되기에 용이한 편이라 할 수 있다.

V. 대학생 세계시민교육 프로그램의 한계와 쟁점

근래에 유엔을 위시한 국제사회에서 세계시민교육이 강조되고 있지만, 한국 사회에서 세계시민교육 프로그램으로 명명할 수 있는 교육내용, 교육과정 그리고 교육방법에 관한 학술적 논의는 여전히 부족한 편이다. 하지만 개발협력프로젝트, 해외봉사, 해외 인턴십 등 참여자의 경험을 강조하는 체험학습이자 대외활동으로 불리는 국제교류 및 활동 프로그램들이 세계시민성 향상에 효과적이라는 연구는 갈수록 쌓여가고 있다(민춘기, 2016). 이에 본 연구는 오늘날 세계시민교육이 글로벌 교육목표로 새롭게 설정된 현실에 주목하고 세계시민성 함양을 강조하는 각종 프로그램들이 국내 대학생의 세계시민성 함양과 어떤 연결고리를 갖고 있는지 그 실제를 분석하였다. 논의 구조를 명료화하기 위해 분석대상으로 선정한 교육프로그램을 목적 및 의의, 운영절차 및 내용, 그리고 대학생의 역할 및 활동으로 구분하여 분석하였다. 이를 통해서 기존 대학생 대상 세계시민교육 프로그램의 한계와 쟁점이 도출되었고, 향후 한국 청년 세대를 위한 세계시민교육의 발전 과제를 다음과 같이 제시할 수 있다.

1. 프로그램 질 문제 : 글로벌 의식과 비판적 사고를 어떻게 키울 것인가?

이 연구에서 분석한 세 개의 프로그램 모두, 국제사회를 인식하며 타인에게 도움을 제공하여 더 나은 지구공동체를 만들려는 선의의 목적에서 프로그램이 설계되었다. 유네스코와 코이카의 개발협력프로젝트 및 해외봉사프로그램은 어려운 상황에 처해 있는 다른 나라의 국민에 대한 참여자의 박애적인 의식과 인도주의적 실천을 추구한다. 월드비전의 교육프로그램 역시 인권, 환경, 평화, 기아라는 도덕적이고 윤리적인 주제로 교육을 심화하고 있다. 이러한 의도는 다른 국가에 대한 개방적 태도로 상호작용하려는 다국적 의식과 인류는 하나의 공동체라는 전 지구적 의식함양에 도움이 된다(지은림·선광식, 2007). 한편 한국 대학생들이 사회현실에 대해 갖는 부정적이고 비판적인 태도를 해소하는 계기가 될 수도 있지만 근본적인 불평등과 정의 문제에 대한 구조개혁으로 이어지지 않는 한계를 가진다. 더 본질적인 문제는 이들 프로그램 속에 녹아 있는 세계시민성이 마치 가진 자가 가지지 못한 '타자'를 위해서 자비를 베푸는 자선행위, 혹은 연민을 가진 선한 마음으로 등식화되면서 여타의 정치적, 경제적 불평등과 정의의 구조, 권력 관계에 침묵하게 됨으로써 탈식민적 세계시민성에 대한 논의(Sklair, 2011; 김진희, 2015)를 종식시킬 우려가 있다는 점이다.

목적과 관점에 따라 세계시민성의 정의는 상이하다. 비록 프로그램의 방향이 도덕적 시민성을 강조할지라도 그 활동과정 속에서 세계를 다각적으로 인식하는 문제의식을 키우고, 구체적으로 어떤 세계시민적 관점과 역량들을 녹여낼 것인지에 대해서 학습 주체들이 스스로 비판적 사고의 힘을 키우는 교육적 디자인이 필요하다. 이것이 곧 대학생의 세계시민교육 프로그램의 질을 높이는 첩경이라 할 수 있다.

2. 참여자의 교육적 성장과 진입 장벽 문제
: 누구를 위한 세계시민교육 프로그램인가?

세계시민교육 유관프로그램의 대상자와 관련해서 두 가지 이슈가 존재한다. 첫 번째로 프로그램들이 집중하는 본질적 수혜자에 대한 판단이다. 선행연구에서는 이러한 비형식 프로그램들이 대학생의 세계시민성 함양에 긍정적으로 기여한다고 평가하지만(지은림·선광식, 2007), 근본적으로 개발협력프로젝트와 해외봉사프로그램의 본질적 취지 및 최종적 수혜자는 개발도상국의 국민과 그 국가에 가깝다. 또한 대세여프로젝트에서도 대학생들은 향후 청소년을 지도하기 위한 중간자의 역할처럼 명시되고 있다. 관점을 달리하면 본 프로그램에 참여한 대학생들이 마치 최종목적을 성공적으로 달성할 수 있는 도구처럼 비춰질 수도 있다. 그렇기 때문에 위 프로그램들은 궁극적인 수혜자(개도국민 및 국가)와 참여자(대학생)의 교육효과 사이에서, 이를 어떻게 유의미하게 매개시킬 것인지에 대한 교육적 고민이 필요하다. 다시 말해 대학생을 위한 세계시민교육 프로그램에서 대학생이 제대로 글로벌 이슈를 분석하고, 지구촌의 다양한 아젠다를 해소하기 위해서 참여할 수 있는가, 그리고 그것이 참여자의 내적 성장으로 이어질 수 있는가라는 문제다.

    두 번째로 대학생의 세계시민성 함양을 목표하는 상기 프로그램들에서 오히려 대학생의 참여를 제한시키는 요인들이 구석구석 산재해 있다. 우선 유네스코(개발협력프로젝트)는 현지에서 지역민과 협의하며 전문적 업무를 수행해 나간다는 점에서 프로그램 참여자는 예비국제전문가로서의 자질 함양을 기대할 수 있다. 하지만, 이런 이유로 선발과정을 통해 역량이 어느 정도 검증된 소수의 청년만을 선발하고 그들에게 장기간의 참여를 요구한다. 국내 경력의 단절을 할 수 있는 집단과 그렇지 않은 집단이 성별, 계층별로 구별될 수밖에 없으며, 국내에서의 연속적 삶이 단절되는 것에 대한 보상구조가 관건이 될 수 있다. 해외봉사프로그램은 방학기간을 이용하여 단기(2~3주) 참여가 가능하고 개인의 다양한 전공 및 특기를 살린 수준의 활동참여가 가능하다는 장점이 있다. 하지만 약 70만원의 참여경비가 요구돼 학생들의 경제적 능력이 뒷받침되어야 하는 한계를 보인다. 즉 실제적으로 해외현지 활동하는 프로그램의 경우엔 경제적, 사회적 조건이 충족된 대학생에 한정해서 참여 여부가 결정된다. 전술했듯이 대세여프로젝트는 프로그램기간, 교육방법, 참가경비, 지원방법 등 여러 면에서 수월한 편이다. 그런데 국내교육활동으로서 운영기관의 기획과 대학생의 참여가 모두 용이한 반면, 교육기간(2박 3일)과 장소(교실)를 고려했을 때 그 실질적인 교육효과를 지속적으로 담보하기가 어렵다.

3. 프로그램 효과와 영향력 문제
: 참여대학생들은 세계시민으로 성장하였나?

위에서 언급한 바와 같이 브릿지 아프리카 프로젝트는 참여비용이 없는 반면, 장기간 현지파견으로 한국에서의 삶이 단절될 우려가 있고, 청년(해외)봉사단의 경우, 일정한(70만원 내외) 참여비가 소요되는 등 개인의 사정에 따라 여러 난관이 존재한다. 그럼에도 불구하고 청년들은 스스로의 자유의지로 프로그램을 선택하면서 학교 밖 프로그램에 참여하고 있다. 사실 대학생들이 어떠한 목적에서 국제협력 프로그램에의 참여를 결심하는지를 이해하는 것도 필요하다. 더 나아가 이러한 참여경험이 단기적인 '해외 봉사 경험'에 머무는 것이 아니라 대학생들이 세계시민으로서 스스로를 인식하는 자기 정체감의 외연 확장에 유익한 영향을 미치는지 파악하고, 프로그램의 세부내용 및 사후효과에 대한 분석과 검증이 필요하다. 특히 해외에서 직접 실천하는 프로그램은 성인학습자가 추구하는 경험주의에 기반하여 참여자에게 보다 효과적인 세계시민적 역량을 체득할 직접적 기회이지만(정윤경, 2013) 이 같은 참여활동이 단순히 이력서를 위한 하나의 대외활동으로 전락하지 않도록 비판적으로 자신의 인식 체계－활동 행위－태도를 성찰할 수 있는 여백이 필요하다.

아울러 본 연구에서 분석한 프로그램들이 세계시민교육을 위한 하나의 방법으로서 대학생의 세계시민성 함양을 어떻게 측정할 수 있는지에 관한 다면적인 연구와 모니터링 과정이 수반되어야 할 것이다. 이를 위해서 참여자 입장에서 프로그램 참가 경험이 세계시민으로서 성장으로 이어지는지 스스로 재탐색하는 학습과정을 마련해 줄 필요가 있다. 동시에 프로그램 운영 기관 입장에서도 해당 프로그램이 세계시민적 교육활동으로서 영향력을 키우고 외연을 넓힐 수 있도록 다각적인 방안을 제시할 수 있어야 한다.

VI. 결론

2015년 한국정부는 초중고 교육과정에 세계시민교육을 범교과 교육과정으로 지정하였지만, 아직 대학현장에서는 일부 대학만이 그 필요성을 인지하고 세계시민교육관련 교육과정을 개설한 상태이다(민춘기, 2016). 대부분의 학교 밖 교육프로그램이 참가자가 자기주도적으로 지원하고 일련의 선발과정을 거치는 점, 그리고 일부는 학생에게 경제적 능력이 요구되는 점 등에서 학교 밖 프로그램이 '모두를 위한 교육'형태로 활용되기엔 여러 제약이 존재함을 알 수 있다. 따라서 세계시민교육이 특정 계층, 특정 역량을 가진 사람에게만 열린 교육이 아니라, 보다 포괄적인 층위에서 자유의지를 가진 모든 대학생을 위한 세계시민교육으로 내실 있게 추진될 수 있는 방안이 마련되어야 할 것이다.

앞으로 한국의 대학생들이 어떠한 목적과 의미에서 세계시민교육프로그램들을 선택하고 참여하는지를 실증적으로 이해하는 노력이 부가되어야 한다. 해당 프로그램에 참여하는 학생들은 하나의 교육활동을 위해 짧게는 며칠에서 길게는 몇 년의 시간을 할애해야 한다. 서류로 증빙할 수 있는 봉사활동, 공모전, 국제교류프로그램 등의 소위 스펙 쌓기 경쟁의 일환으로 참여가 지속적으로 증가하는 현실에서(남미자, 2013), 또 하나의 대외활동처럼 세계시민교육 프로그램들이 본질적인 목적을 달성할 수 있는가에 대한 심층적 고찰이 필요하다.

'세계시민=글로벌 인재'로 등식화되는 엘리트주의적 세계시민론은 더 많이 가진 자가 가지지 못한 약자에게 일방적으로 자선을 베푸는 우월한 행위자로 환치되거나, 더 높은 스펙을 쌓고자 하는 청년들의 욕망을 개발도상국에서의 자원 활동으로 포장하고 자신의 자본을 재생산하는 데 이용할 위험이 있다. 대부분의 대학생 참여형 세계시민교육 프로그램들이 개발도상국을 대상으로 진행되는 현상과 글로벌사회에서 요구되는 세계시민의 논리 구조 속에 자리 잡은 암묵적인 이면을 주의 깊게 살펴보아야 한다. 예컨대 현재 코이카월드프렌즈의 청년봉사단에서 전개하는 한글 문해교육, 그리고 보건, 음식, 문화를 앞세운 한

국형 개발협력 프로그램인 코리아 에이드(Korea Aid)에 대한 비판의 목소리가 높다. 즉 이러한 프로그램이 국제사회의 원조 원칙인 책무성, 적절성, 효과성을 체계적으로 준수하지 못한 채 한국의 우수성을 개발도상국에 전파하는 방식이라는 점에서 학계와 시민단체의 우려가 크다. 이 같은 활동에 참여하는 대학생들을 모종의 세계시민이라는 명함으로 선발하고 역할을 부여하는 것이 무엇을 의미하는가? 그것의 실천내용과 방향이 과연 진정으로 개발도상국의 빈곤퇴치와 지속가능한 사회발전을 견인하는 것인지, 또한 수원국의 지역 주민들이 필요로 하는 유의미한 교육 지원 방향인지를 따져 보아야 할 것이다.

같은 맥락에서 이런 질문도 가능하다. 외국어에 능통하고 세계에 대한 지식이 많고 개발도상국에서 스펙을 쌓기를 주저하지 않는 진취적인 청년이 세계시민일까? 그렇지 않다. 왜냐하면 이러한 활동은 전 지구적인 불평등과 정의의 문제에 침묵하지 않는 날카로운 시각과 더 나은 지역과 세계공동체를 만드는 데 참여하는 시대정신과 포용적 실천이 결여되었기 때문이다. 따라서 자선을 베푸는 선한 마음으로 무장하고 '가진 자'와 '가지지 못한 자'의 이분법적 구도 속에서 원조를 제공하는 공여국가가 암묵적인 우월주의를 기저에 깔면서 새로운 식민성을 작동시키는 것은 아닌지 탈식민주의 관점에서 우리 자신을 대입하여 반성적으로 사유해야 한다. 그렇기 때문에 앞으로 대학생을 위한 세계시민교육은 그 방향성에 대한 철학이 필요하며 프로그램의 질적 개선을 위해서 다양한 방법론이 연구·개발되어야 할 것이다. 더 나아가, 궁극적으로 글로벌 위기 속에서 청년세대가 지속가능한 인류의 평화와 포괄적 번영에 이바지할 수 있도록 사회구조적 개혁이 동반되어야 할 것이다.

대학생 대상 세계시민교육 프로그램 실제: 유네스코, 코이카, 월드비전 사례 분석

본 연구의 목적은 대학생이 참여하는 세계시민교육 유관프로그램들이 어떠한 교육적 내용과 방법으로 세계시민성 증진에 기여하는지를 고찰하는 데 있다. 이를 위해 한국대학생에게 내재되어 있는 사회현실에 대한 담론들을 이해하고, 대학생이 참여하는 세계시민교육 프로그램 사례를 유형별로 선정해 그 실제를 분석하였다. 프로그램의 분석기준은 ① 목적 및 의의, ② 절차 및 내용, ③ 대학생의 역할 및 활동으로 구분하고, 각각이 내포하는 세계시민성과의 개념적, 실천적 연계성에 대해 살펴보았다. 연구 결과, 이 연구에서 중점적으로 다룬 유네스코한국위원회, 코이카월드프렌즈, 월드비전한국 사례는 공공성을 제고하고 보편적 선의의 취지를 바탕으로 실천되고 있었다. 학습내용은 도덕적이고 윤리적 세계시민에 관한 내용에 치우친 경향이 있었고, 운영절차 면에선 선발절차와 참여기간, 소요비용 등이 대학생의 폭넓은 참여를 제한하는 측면이 있었다. 결론적으로 이러한 학교 밖 프로그램들은 세계시민교육적 요소를 투영하고 있으나 한국대학생 전체가 참여하고 접근하기에는 실제적 장벽이 높았으며, 참여자들의 사후 성장효과나 영향력을 확인하기 어려웠다. 이러한 결론을 통해 얻는 연구적 시사점은 다음과 같다. 첫째, 모두가 학습할 수 있는 세계시민교육방법과 대학현장의 활용가능성이 무엇인지 연구와 개발이 필요하다. 둘째, 대학생들이 이와 같은 국제 활동에 참여하는 본질적 동기와 암묵적 목적에 대해 이해해 볼 필요가 있다. 셋째, 대부분의 활동들이 개도국을 대상으로 실천하는 점을 인식할 때 세계시민교육 프로그램의 실천내용과 방향이 과연 대학생에게도 유의미한 활동인지 탈식민주의적 관점으로 조망해 볼 필요가 있다.

주제어: 세계시민교육, 대학생, 교육프로그램, 유네스코, 코이카월드프렌즈, 월드비전, 탈식민주의

An Analysis on Global Citizenship Education Programs for University Students in non-formal education context

The purpose of this study is to examine the features and issues of global citizenship education programs for university students. The analytic criteria of the program were divided into ① purpose and significance, ② procedure and contents, ③ expected roles and activities of university students.

As a result, all other cases in this study were carried out to promote universal common good. The contents of the programs were composed with moral and ethical dimension. In terms of operation of the programs the huddles of selection process, participation period, and high cost impeded the inclusive participation of university students in Korea. Also, the finding shows that it is challenging to measure the long lasting impact of the current programs for participants. The implications of this study are as follows. First, we should develop global citizenship programs to widen fair accessibility for university students. Second, it is important to understand the internal motivation and tacit purpose of the students' participation in such international activities. Third, it is should be reconstructed the contents and method of the programs engaging with postcolonial perspective.

Key words: Global Citizenship Education, University Student, Program, UNESCO, KOICA World Friends, World Vision Korea, post colonialism

참고문헌

교육부(2014.9.24.). 2015 문이과 통합형 교육과정 총론 주요사항. 보도자료.
　　http://www.moe.go.kr/main.do?s＝moe.에서 2016.12.3. 인출

교육부(2015.3.20.). 2015 세계시민교육 중앙선도교사 발대식. 보도자료.
　　http://www.moe.go.kr/main.do?s＝moe에서 2016.12.3. 인출

교육부(2016a.6.13.). 전국 교사 대상 세계시민교육 사례 공모전 시상식 개최.
　　http://www.moe.go.kr/main.do?s＝moe에서 2016.12.23. 인출

교육부(2016b). 한국교육, 세계를 선도하겠습니다. 행복한 교육 : 교육부 발행 월간잡지.
　　http://www.moe.go.kr/main.do?s＝moe에서 2016.12.29. 인출

김미란(2004). 대학생들은 부모의 사회계층에 따라 어떻게 다른 대학생활을 경험하고
　　있는가. 교육사회학연구, 24(2), 25－65.

김상미·김영환(2015). 청소년대상 국제체험학습에 관한 국내 연구동향 분석
　　(2005~2014). 학습자중심교과교육연구, 15(9), 311－330.

김정수(2016). 대학생의 낙인, 상담에 대한 기대와 상담 추구태도 간의 관계. 한국콘텐
　　츠학회논문지, 16(3), 391－402.

김지현(2012). 탈식민주의의 얼굴들. 서울: 역락.

김진희·차승환(2016). 세계시민의식과 도덕 교육의 이론적 관계 정립: 세계시민이론과
　　중학교 도덕 교육과정 분석. 한국교육, 43(3), 31－55.

김진희(2015). Post2015 맥락의 세계시민교육 담론 동향과 쟁점 분석. 시민교육연구.
　　47(1), 59－88.

김진희·윤한수(2016). 성인대상 다문화교육의 실제분석과 방향. 평생학습사회, 12(3),
　　107－131.

김진희·허영식(2013). 다문화교육과 세계시민교육의 담론과 함의 고찰. 한국교육,
　　40(3), 155－181.

남미자(2013). 초원을 달릴 수 없는 경주마: 대학생들의 취업에 관한 내러티브. 교육인
　　류학연구. 16(2), 155－192.

노영희(2009). 개발원조관련 국제기구 지식정보원. 서울: 한국학술정보.

민춘기(2016). 대학생 인성과 시민성 함양을 위한 글로컬 프로그램의 방향. 교양교육연구. 10(3), 447−486.

박남수·정수권·서경석(2007). 초등학생들의 세계시민성 육성을 위한 지역사회 연계 세계교육 모형 및 프로그램 개발. 사회과교육연구, 14(4), 213−240.

박봉권·김규식·이덕주(2009). 다보스 리포트. 서울: 매일경제신문사

박환보·조혜승(2016). 한국의 세계시민교육 연구동향 분석. 교육학연구, 54(2), 197−227.

서홍란·박정란(2014). 대학생 해외자원봉사 프로그램의 효과성에 관한 기초연구. 청소년학연구. 21(2), 139−168.

유네스코한국위원회(2014). 평화와 협력을 위한 세계시민교육: 2015 세계교육회의(WEF 2015) 의제 형성 연구. 유네스코한국위원회. 3월 18일

이대훈(2000). 투자협정과 인권의 충돌. 인권과 평화. 1(1), 59−77.

이서연(2014). 대학생 대상 국제 온라인 봉사활동 웹지원 시스템 개발을 위한 기초연구. 석사학위논문. 부산대학교

임현묵(2015). 세계시민교육의 현황과 과제. 2015시민교육포럼 발표자료(2015년 4월 23일).

월드비전(2017). 월드비전 세계시민학교 공식 홈페이지. http://wvschool.or.kr/Main/에서 2017.1.3. 인출.

정윤경(2013). 외국 해외현장경험 프로그램 분석 및 한국 다문화교사교육을 위한 해외현장경험 프로그램 구상에 관한 연구. 한국교육학연구, 19(2), 145−166.

조한혜정, 엄기호, 천주희, 최은주, 이충한, 이영롱, 양기만, 강정석, 나일등, 이규호 (2016). 노오력의 배신, 서울: 창비.

지은림, 선광식(2007). 세계시민교육 구성요인 탐색 및 관련변인 분석. 한국사회과교육학회, 39(4), 115−134.

최재경(2016). 대학생의 돈에 대한 태도에 관한 연구. Financial Planning Review, 9(2), 87−112.

코이카 월드프렌즈코리아(2016). 월드프렌즈코리아 공식 홈페이지.
    http://www.worldfriendskorea.or.kr/view/intro.program.do에서 2016.10.30. 인출

한국국제협력단(2016). 월드프렌즈사업 성과관리 지표개발 연구. 보고서. 서울: 한국국

제협력단.

황기우(2010). 대학생 해외자원봉사활동에 기반한 글로벌 인재 양성의 전망. 학생생활연
구. 14, 14－24.

Appiah, K.(2006). Cosmopolitanism: Ethics in a World of Strangers, W. W. Norton
& Company.

Davies, L.(2006). Global Citizenship: Abstraction or Framework for Action?.
Educational Review, 58(1), 5－25.

GE코리아(2016.3.8.), 2016 다보스포럼 핵심요약가이드. 보고서.

Postman, Neil(1993). Technopoly. Vintage Books: United States. A Division for
Random House Inc. 193.

Rutter M. & Scoufe L. A.(2000). Development and Psychopathology: Concept &
Challenge. Development and Psychopathology. 12, 265－296.

Sandra. A.W. & Neil S.(2000). Relationships: The real challenge of corporate
global citizenship. Business and Society Review, 105(1), 47－62.

Sklair, L.(2011) Transnational capitalism In: Southerton, Dale, (ed.) Encyclopedia
of Consumer Culture. SAGE Publications, London, UK.

University of Alberta(2016.10.12.). Center for Global Citizenship Education &
Research. Homepage(http://www.cgcer.ualberta.ca/).

United Nations(2015). Sustainable Development Goals Model UN 자료수집보고서
[한국어판]. 1－36.

신문기사

경기일보(2016.11.01.). 화성 기안중학교 '월드비전 세계시민학교 교육기부' 업무협약.
http://www.kyeonggi.com/?mod＝news&act＝articleView&idxno＝1262174에서
2016.11.23. 인출.

동아일보(2016.4.7.). 한국 대학생, 국가신뢰도 밑바닥. 미래에 대한 기대도 낮아. APA
style for electronic resources. http://news.donga.com/3/all/20160407/77448746/1

에서 2016.11.22. 인출.

머니투데이(2016.10.31.). 한동대, 금정문화재단과 교육기부 업무협약 체결. http://www.mt.co.kr/view/mtview.php?type=1&no=2016103100477488228&outlink =1.에서 2016.12.2. 인출

초국적 시민운동과 세계시민교육
: 개념, 사례, 쟁점

글로벌시대의 세계시민교육

제6장

I. 서론

20세기 후반 구소련 및 동구유럽의 몰락을 기점으로 더욱 가속화되기 시작한 글로벌화 현상은 세계 차원에서 정치, 경제, 사회문화적 통합성과 상호의존성을 높이고 있다. 국민국가(nation-state)의 경계를 넘어 유통되는 자본, 인력, 정보, 문화 등의 종류와 양이 현저히 증가함으로써 단위 사회의 다원화를 촉진시킨다. 이에 따라 전 지구적인 상호 연관성이 점차 높아지고 있으며 환경, 테러, 범죄, 질병, 전쟁 등 범지구적 차원의 관심과 협력을 필요로 하는 영역이 확대되면서 지구 반대편에서 일어나고 있는 경제적, 사회적, 정치적 움직임은 직간접적으로 우리의 일상 생활에 영향을 미치고 있다. 또한 세계시민사회라는 거대 단위에서 공통의 규범 및 표준으로서의 보편적 문화 원리와 가치(인권, 민주주의, 자유, 평등, 정의)가 확산되고 있으며, 사회의 조직 및 운영과 관련된 세계표준(global standard)을 수용하고 적용하는 움직임이 보다 선명해 지고 있다.

이러한 흐름에 조응하여 국제사회에서 '세계시민'에 대한 논의가 확산되는 것은 글로벌 패러다임의 변화에서 야기된 것이라 할 수 있다. 글로벌화는 관점 및 해석 방식에 따라 의미가 달라지기 때문에 그에 관한 논의도 다양한 스펙트럼 안에서 진행된다. 각 논점과 방점에 따라 구분하자면, 국제 무역과 투자의 증대 및 강화라는 세계체제론적 관점을 강조하는 경제의 글로벌화, 초국가적 기구와 규제 기관의 형성 및 제도적 확산이라는 정치의 글로벌화 그리고 선진 자본이 영향력을 발휘하여 진행되는 서구 사상 및 문화 관습의 확산과 그 반작용으로서 세계의 다양한 문화 양식이 자기 정체성을 찾아가는 문화의 지구화로 구분될 수 있다. 이를 보건대, 글로벌화는 독립적인 단일 관점에서 접근할 수 없으며, 실제로 그것이 단일 문화의 통합이나 세계정치 체제의 일원화처럼 어떤 단일한 과정이나 동일한 실체를 획일적으로 구성해 가는 것도 아니다.

세계 각국은 상이한 역사적 궤적과 정치, 경제, 사회문화적 특수성을 가지고 있음에도 불구하고 공통적으로 인간의 존엄성에 대한 존중과 인정을 사회구성체의 기본 전제로 수용하고 있다. 그런데 이러한 이념적 지향성을 가지더라도 아직까지 영향력과 권위를 가지는 가버넌스(governance)의 단위는 개별 시민의 권리와 의무에 바탕을 둔 국민국가 모델이 보편적으로 채택되고 있다. 여기서 개인은 사회의 핵심 구성 인자임과 동시에 정치, 경제, 사회, 문화 등 제반 사회 영역에서의 공공 활동의 궁극적 기반이 되며, 사회 제반 영역에 걸쳐 다양한 공적 현안을 결정하는 힘의 원천이자, 동시에 그러한 공공 활동의 최종 수혜자로 간주되는 것이다. 글로벌화가 일상의 영역으로 침투한 오늘날에는 민족을 근간으로 형성되었던 '상상의 공동체'의 경계가 국민국가를 넘어 지구 차원으로 확대됨에 따라 사회의 본원적 구성원이자 주도적인 행위주체로서의 개인의 존재론적 위상 역시 강화되고 확장되는 추세이다. 다시 말해 종래 국민국가의 시민으로서의 권리와 의무를 지녔던 개인은 이제 세계시민사회의 시민으로서의 지위와 역할을 추가적으로 부여받게 되며, 이와 같은 상황에서 개인의 일상적 활동 무대가 지구 차원으로 확대됨은 물론, 인권, 범죄, 환경, 분쟁, 기아 등과 관련된 전 지구 차원의 문제와 현안에 대한 관심과 참여를 요구받는다.

여전히 국제공동체가 함께 추구해야 하는 교육적 실천은 미미했기 때문에 세계시민의식을 함양하는 교육이 새로운 방향성을 타진하면서 등장하게 된 것이다. 이 맥락에서 세계시민교육이 사회 변동을 주도하기보다는, 예측하지 못했던 새로운 변화와 요구들이 교육적 대응을 수반하면서 등장한 것이라 할 수 있다. 바로 이러한 맥락에서 국제사회의 주요 행위자로서 영향력이 확장되고 있는 세계시민사회의 변화에 대해서 세계시민교육은 '관망자'를 키우는 것이 아니라 세계공동체를 인식하고 글로벌 이슈에 개입하는 '참여자'로서의 시민을 양성하는 데 목적이 있다. 국가라는 한정된 프레임에 갇혀서 사고하고 행동하는 국민국가의 시민으로 함몰되는 것이 아니라, 글로벌 사회의 각종 현안 및 개발 문제에 대해서 비판적으로 참여하며 다양한 방식을 통해서 연대·협력하는 세계시민의 존재는 지속적으로 강조될 수밖에 없는 추세이다.

　　그렇다면 "세계시민교육은 어디에서 이루어지며, 세계시민교육의 주체는 누구인가"라는 질문이 논리적으로 도출될 수밖에 없다. 글로벌화의 전개에 따라 정치, 경제, 사회, 문화 영역을 교차하면서 점점 더 다양한 행위자와 복잡한 이해관계를 가진 행위 주체들이 등장하였다. 특히 근대사회의 형성과 함께 사회 질서 구성의 주체가 국가, 시장, 그리고 시민사회로 구분되면서 각 영역이 수행하는 역할론이 이론적 차원에서는 물론 실제적 측면에서도 조명되어 왔지만, 세계시민교육 영역에서는 다각적으로 다루어지지 않았다. 분명히 세계시민교육은 학령기 아동 및 청소년을 위한 학교 교육과정에서만 이루어지는 것이 아니라, 가정, 학교, 지역사회, 동아리, 일터 등 다양한 수평적인 영역에서 세계시민성을 함양하는 차원에서 이루어질 수 있다(김진희, 2015). 기실 세계시민교육은 비형식적인 장을 통해서 학습자의 경험을 재구성하면서 글로벌 이슈를 어떻게 바라보아야 하는지, 나와 세계가 어떤 연관을 맺고 있는지 삶터에서 이루어지는 교육이라 할 수 있다. 그런데 상대적으로 그동안 학교를 제외한 다양한 플랫폼에서 전개되는 세계시민교육에 대한 이론적인 논의가 빈약했으며 학습자의 세계시민성이 주로 교육과정을 통해서 연속적이고, 단선적이며, 나선형으로 이루어지는 것으로 편향적으로 이해해 온 경향이 있다.

　　이처럼 그동안 세계시민교육에 참여하는 다양한 주체에 대한 논의가 학술적으로, 정책적으로 부족했으며 한쪽으로 쏠려온 것이 사실이다. 그런 측면에서 역설적으로 세계시민교육에서 다양한 주체들의 수평적 파트너십과 연대가 강조되는 것은 그동안 국제사회의 협력 관계와 궤적에서 세계가 동등한 파트너십을 구현하지 못한 것에 대한 반성에서 기인한 것이라 할 수 있다. 담론의 영향력을 가진 국제기구, 선진국의 소수의 엘리트가 주도해 온 세계시민적 참여행위와 국제개발은 그동안 개발도상국의 진정한 필요나 목소리를 구조적으로 배제시켜 왔고 새로운 형태의 식민주의를 표지만 바꿀 뿐이지 재생산하고 있다는 비판이 있어 왔다(Humes, 2008).

　　따라서 이러한 문제의식에서 출발하여 본 연구에서는 글로벌화의 가속화에 따라 사회를 구성하는 각 주체의 역할과 영향력이 다변화되어야 한다는 관점에서 세계시민성과 밀접한 연관성을 가진 시민사회와 시민운동의 제 관계를 구체적으로 탐색하고자 한다. 이를 위해서 지역 시민사회의 주요 축을 형성하고 있는 시민단체가 세계시민교육의 주체라는 관점에서 접근하면서 글로벌화와 세계시민사회, 그리고 시민단체의 참여 활동을 이론적으로 검토하고자 한다. 또한 글로벌화 맥락에서 세계시민성과 시민단체의 초국적 행위는 어떤 개념적 관계를 맺고 있는지 살펴보고, 한국의 시민단체의 세계시민성 실천 사례의 쟁점과 시민운동 참여자의 세계시민성 학습은 어떤 의미를 가지는지 비판적으로 검토하고자 한다. 마지막으로 글로벌리즘에 대응하면서 한국의 시민사회는 무엇을 갖추어야 하는지 글로벌화에 따른 세계시민사회의 구축이 나아갈 방향을 논의하고자 한다.

II. 이론적 배경

1. 한국 시민사회의 지구화 담론의 전개: 국제화, 세계화, 글로벌화

세계화, 지구화라는 말이 우리나라에서 공식적으로 사용되기 시작한 것은 1993년 2월 25일 김영삼 정부가 들어서면서부터다. 1993년 문민정부 출범을 계기로 세계화라는 용어가 점차 사회 전 영역에 침투하기 시작했으며 1994년부터는 세계화가 국가 정책의 주요 방향으로 설정·추진되면서 1995년에는 대통령 직속 세계화추진위원회가 발표한 '세계화추진종합보고서' 등 새로운 시대에 문호를 개방하기 위한 국가 정책과 전략보고서가 발간된다. 여기서는 세계화의 현상적 측면과 그에 대한 전략적 측면을 동시에 구상하면서 국정목표의 주요 방향으로서 세계화를 설정하고 있다. 당시 국가 수준의 테스크포스 역할을 담당했던 세계화추진위원회는 달라진 시대적 환경을 다음과 같이 요약하였다.

① 정치, 사회, 경제적 문제들을 진단하고 풀 수 있는 단위가 근본적으로 달라져서, 국가와 민족이 중요한 단위였던 과거와 달리, 전 지구적화와 국제지역(regional bloc)이라는 보다 넓은 공간단위와 다른 한편으로는 지방, 기업 및 개인이라는 보다 좁거나 작은 단위가 모두 행위 주체로서 중요성을 가지게 된다.

② 사회의 정보화와 지식화가 가속화되며 경제와 기술이 국경을 초월하여 국가간 경제적 상호의존과 무한 경쟁이 교차하고 환경문제가 한 지역이나 한 나라에 국한되는 것이 아니라 전지구가 공동으로 해결하여야 할 이슈로 대두한다.

③ 문화적으로 세계를 포괄하는 통합성과 각자의 상이점을 존중하는 다양성이 공존하고 민족국가로부터 하위 문화집단이나 지역집단에 권한과 책임이 분배된다.

④ 시민이 자율적이고 적극적으로 모든 문제에 참여한다(박기덕, 1996: 436).

1996년에 출간된 보고서는 2017년 현재 맥락에서 원론적으로 크게 빗나가지 않는다. 다만 현대사회의 글로벌 환경과 현상은 20년 전의 전망과 예측에서 질적 깊이와 영향력의 폭이 다르다고 볼 수 있다. 여기서 달라진 한국사회의 시대적 흐름에서 시민의 역할을 명시한 것은 인상적인 대목이다. 즉 국가 정책이 사회에 시달되고 변화를 이끌어가는 것이 아니라, 그 속에서 살아 움직이는 주체인 시민이 전 과정에서 적극적으로 참여해야 한다는 것이다. 이는 서구의 참여적인 적극적 시민성(active citizenship) 담론을 반영하고 있다고 볼 수 있다.

세계화의 역사적 전개는 한국의 최근세사 1세기와 세계적으로 전개되고 있는 20세기 산업사회가 21세기 지식정보사회로 전환되는 과정에 필연적으로 나타나는 현상이라는 관점을 발견할 수 있다. 특히 김영삼 정권에서 국가 정책기조로서 추진했던 세계화는 과거 박정희 정권의 '조국근대화'라는 구호와 확연히 대별된다. 조국근대화가 민주주의의 희생을 기반으로 한 국가발전 방식이라면 세계화라는 새로운 조건은 문민정부의 등장과 시민사회의 태동과 성장이라는 민주화 이행과정과 동반적으로 진행될 부분이다. 이러한 맥락에서 한국의 지난 1

세기의 역사를 1900~1960년대는 개방화와 국제화의 실패기, 1960~1992년은 개방화의 촉진기 그리고 1993~2020년은 세계화 추진기로 설정하고 있다(김석준, 1995: 100). 주목할 지점으로, 국제화가 세계화와 구별되는 가장 큰 특징 중의 하나는 국가들이 국가단위로 경쟁하는 것이 아니라 기업, 노동자, 농민들이 국경을 초월하여 전 세계시장에서 경쟁해야 한다는 사실이고 이러한 도전적 과정에서 세계화의 개념은 국가들 사이뿐만 아니라 세력화된 주체인 시민사회간의 연관성을 강조하고 있어 세계시민사회, 지구적 시민사회라는 표현이 등장하게 된다.

국제화가 선진적인 법, 제도, 의식, 관행에 우리 것을 맞추는 피동적이고 소극적 의미가 강하다면, 세계화는 인류의 보편적 가치의 실현을 위해 각 단위 내부의 개혁과 시민사회의 성장을 통해 창조적이고 적극적인 의미를 중시하는 개념이다(한배호, 1996: 472). 나아가 최근에서는 세계화라는 단어보다 글로벌화라는 용어를 정책적인 맥락에서도 광범위하게 활용하고 있다. 단순히 정보통신기술의 혁신적 발전을 기반으로 세계가 하나로 연결되고 국경의 개념이 약화된 세계화 담론이 아니라, 글로벌화는 곧 '세계'와 '나'가 긴밀하게 연결되어 '나'를 둘러싼 일상의 생활세계가 세계의 정치, 경제, 환경, 사회 문제와 연동되어 크고 작은 영향을 미세하게 미치는 일체화를 의미한다는 특성을 가진다.

전술했듯이 시대사적 측면에서 한국사회의 세계화 담론은 1993년 김영삼 정부가 세계화를 국정 최대 운영의 목표이자 국가적 생존전략으로 천명하면서 중요한 의제로 등장하였다. 그전에는 미래학 연구나 기업경영에서 차원에 머물던 논의가 정치사회적 이슈로 전면적으로 떠오르면서부터 국정목표로서의 세계화의 적실성, 세계화를 주창한 의도, 세계화 경향이 진행되고 있는 양상, 장차 초래할 결과에 이르기까지 다양한 방면에서 논의가 진행되기 시작했다. 이어 민간의 다양한 영역, 예컨대 학계에서, 문화예술 영역에서 세계화 논의가 봇물처럼 나오기 시작한다. 일련의 과정 가운데 특히 1994년에서 영어 공용화 논의가 뜨거운 감자로 부상하게 되고 다양한 시민사회 내부에서도 세계화는 한국

사회의 세계적인 경쟁력 강화, 세계일류를 추구하는 측면이 주류 담론을 형성
하였다.

그러나 초기 세계화라는 대내외적 사회 환경에 대응하고 그 방향성을 세계
무대에서 한국의 경쟁력 강화로 잡다가, 1997년 국제통화기금(IMF) 외자 유치
라는 국가 외환위기의 변수를 만나면서 그동안 잠재적으로 형성되어 오던 세계
화에 대한 자성과 성찰 담론이 전개된다. 이런 맥락에서 다시금 민족주의의 재
고(再考), 지방의 세계화 등 다양한 담론이 가지를 치면서 논의가 확장되어갔다.
1998년 김대중 정부의 출범과 함께 세계화라는 용어는 더 이상 낯선 용어가 아
니라 사회 모든 영역에서 기본적인 환경으로 인식되어 왔다. 특히 2000년 밀레
니엄(millennium)을 기점으로 2003년에는 세계화의 역기능에 대한 논리, 반세계
화 운동이 민간 시민단체 차원에서 활발하게 전개되면서 탈세계화라는 용어가
등장했고, 글로벌리즘(globalism)과 로컬리즘(localism)의 통합적 개념으로서 글
로컬리즘(glocalism) 논의가 전개되었다. 다양한 용어로 번역되는 글로벌화에 더
해서, 최근에는 새로운 시대의 틀에 맞추어 새로운 조어를 생성하는 과정에서
글로벌라이제이션 3.0이라는 논의도 나오고 있는 것이다. 종합적으로 볼 때, 한
국사회에서 글로벌화 담론은 도입 → 현상분석 → 전략수립 → 내·외부 성찰 →
자성 및 비판 → 방향 재설정의 역동적인 과정을 거치면서 전개되어 왔다고 볼
수 있다.

2. 글로벌 맥락에서 세계시민성의 달라진 개념적 지형

시민성의 개념은 오랫동안 철학, 정치학, 사회학 분야에서 다양한 관점으
로 논의되어 왔다. 시민성은 그것이 작동하는 맥락과 시대 상황에 따라 상이하
게 해석되어 왔다. 최근 글로벌화 맥락에서 전 지구적인 이동성(global mobility)
이 증대하고 세계간 상호의존성 심화라는 현상 앞에서 국가의 영향력과 위상이
과거에 비해 상대적으로 약해지고 이에 따라 국민국가 중심의 시민성이라는 부

분도 변화를 겪게 되었다. 국가 단위 안에서만 형성되는 일이 아니라 국제적인 이슈들이 우리의 에너지, 자원, 금융, 환경, 여행 등 일상에 크고 작은 영향력을 미치게 되면서 탈국가적 현상과 의식들이 보다 선명하게 나타난다. 그런데 이는 국민국가 중심의 시민성 자체의 무용론과 폐기의 문제라기보다는 새로운 현상들과 새로운 행위주체들의 등장으로 이제 국민국가중심의 시민의식과 국가시민성 논의와는 다른 모종의 세계적 차원의 시민성 논의가 필요하게 된 것이라고 보는 편이 맞다.

세계는 대부분 비교적 명확하고 단일한 주권국가로 분할되어 있다(Sklair, 2001). 따라서 지금까지 국민국가를 기반에 둔 시민성은 시민의 법률적, 정치적, 사회적 지위와 역할을 주로 국가라는 단위로 파악하고, 시민의 권리와 의무도 국민국가의 법과 제도라는 범주 내에서 주로 논의해 왔다. 그런데 최근 시민성이라는 것이 반드시 국경과 일치하는 것이 아니라 국가의 테두리를 벗어나는 움직임이 나타나고 있다. 같은 나라의 같은 국민이라는 의식보다는 세계라는 공간에 살아가는 '같은 인간'이라는 의식이 발달하고 있는 것이다(설규주, 2000: 27).

이 같은 시민성 개념의 변천은 오늘날 지구화의 도래로 더욱 조명을 받으면서 실험 대상이 되고 있다. 사실 지구화의 현상적 측면은 여러 측면이 혼재되어 있다. 세계 속에서 다양한 공동체들이 상호 경쟁하면서도 상호 의존하는가 하면, 세계 각 국가의 정치 권력체와 민족 및 인종에 기반한 소규모의 다양한 집단과 지역의 이해관계에 기반한 집단들이 서로를 규정하면서도 상호 중첩적인 질서를 형성해가고 있다. 경제적인 측면의 지구화는 초국가적으로 움직이는 자본의 이동과 축적이 자본주의 시장경제의 변동을 야기하여 신자유주의적 자본주의를 가져오는가 하면, 문화적 측면에서 지구화는 세계간 동일한 문화로의 귀착이 아니라 오히려 차이의 문화가 지구상에서 상이한 궤적을 그리면서 생성, 발전, 소멸하는 것을 말한다. 정치적 측면에서도 과거의 폐쇄적 국경을 바탕으로 한 국가의 권위는 줄어들고 있으며 다국가 간의 공조와 권력 분점이 이루어지고 있다는 점에서 지구화 맥락은 정치, 경제, 문화의 제 영역에서 권력의 분화와 다양성이 부각된다는 사실을 보여주고 있다(조영제·손동빈·조영달, 1997: 84). 이러한 특징은 세계의 흐름이 다양성과 다원성을 담지하며 흘러가고 있음을 보여준다. 이제 국민국가 내에서 배타적으로 사고하던 방식은 탈국가적 사고와 행동을 요구하면서 세계의 다양한 권력을 수용할 수 있는 능력이 각 개인에게 요청되고 있음을 시사한다.

세계시민의식 내지 세계공동체의식의 형성을 세계시민교육의 핵심 과제라고 설명한 박용헌(1996: 231)의 논의는 현재까지 지배적인 세계시민성 혹은 세계시민교육의 인문교양주의적 성격을 보여준다. 즉 글로벌 시대에 한 지역과 국가에 규제되는 시민성에서 벗어나 세계시민으로서의 역할 수행이 요청된다는 점에서 의식 제고가 필요하다는 지점에서 더욱 설득력을 가진다. 세계시민성의 윤곽을 1995년 「글로벌 가버넌스 위원회」가 발표한 보고서에서 발견할 수 있다. 여기에는 세계인권선언의 내용을 반영하여 전인류가 공동으로 지향하고 준수해야 할 세계시민윤리의 개념을 살펴볼 수 있으며 시민윤리를 권리와 책임으로 나누어 제시하고 있다(박용헌, 1996: 227 – 228). 우선 권리 항목으로는 ① 안전한 생활, 평등한 대우, 생계를 유지하고 복지를 마련할 수 있는 기회, ② 평화적 방법을 통해 다른 점이 무엇인가를 정의하고 차이를 보존하는 것,③ 모든 수준에서 체제관리에 참여하는 것, ④ 불의의 횡행을 막기 위해 자유롭고 공평한 청원을 하는 것, ⑤ 정보에 대한 평등한 접근, ⑥ 지구의 고유 자원에 대한 평등한 접근이 여기에 해당된다. 다음으로 책임으로서는 ① 공동선에 공헌할 것, ② 자신의 행동과 타인의 안전과 복지의 관련성 고려, ③ 성적 평등을 포함한 평등 증진, ④ 지속가능한 개발의 추진과 지구의 공유자원 보호를 통해 미래세대 이익 보호, ⑤ 인류의 문화적, 정신적 유산을 보존할 것, ⑥ 부패를 없애기 위해 노력할 것 등의 항목이 그것이다. 이를 종합하여 세계시민교육의 방향과 상위 목표설정을 위해 다음과 같은 내용들을 추가하고 있다.

- 인종적 편견이나 자민족 중심주의에서 벗어나 세계의 모든 인종과 민족을 같은 인간으로 존중하고 이해, 관용, 수용하는 태도를 가지며 인간의 다양성과 유사성, 인간 각자의 개성과 차이, 인간의 상호의존성과 독자성을 이해하는 태도의 육성
- 세계 각국의 전통과 문화, 생활방식 등의 다양성에 대한 이해와 수용하는 태도 형성
- 개인간, 집단간, 국가간에 야기되는 갈등의 성격을 이해하고 그 갈등의 건설적이고 민주적이며 창의적 해결능력 향상
- 각종의 편견과 차별 각종의 불의와 부정을 판단할 수 있는 능력과 그 같은 부정적 현상을 타파하기 위한 공동노력에 참여하는 태도 육성
- 인류복지 증진을 위해 기여한 개인이나 단체의 업적에 대한 이해와 존경의 태도 육성과 그 같은 업적의 성취를 위한 동기 배양
- 세계의 모든 사회와 나라의 대인관계에 적용될 수 있는 공동체적 행위규범의 확산을 위한 능력, 태도, 실천의지 향상
- 각 나라간의 경제적 상호의존관계에 대한 이해와 상호협력관계의 중요성에 대한 이해 촉구
- 자연과 인간 생태계의 상호작용의존관계에 대한 자연환경보존을 위한 관리자 내지 파수꾼의 역할 수행의지 육성
- 민주적이고 다원적 사회에서 가족 및 다양한 조직의 구성원으로서, 시민으로서, 근로자로서, 소비자로서의 책임 있는 역할을 수행할 수 있는 사회적 기능 육성

(Lynch, 1992: 34-43; 박용헌, 1996: 228에서 재인용)

그런데 이러한 논의에 대해서 세계시민교육이 모든 교육을 포괄하는 상위 개념처럼 지나치게 방대하고, 실제 교육이 적용되는 지역의 맥락에 대한 고려가 없이 선언적이고 이상주의적이라는 비판이 있어 왔다. 비판적 문제 제기는 몇 가지 차원에서 논의된다. 첫째, 세계시민이란 세계정부가 존재하지 않는 한 있을 수 없는 개념이며 또 주권을 가진 나라의 시민과 병존할 수 없는 성격이라고 볼 때, 세계시민교육은 공상적 개념이다. 둘째, 세계시민교육이 논리적으로나 이상적으로 가능하다 하더라고 그것은 나라 단위의 시민교육과 서로 모순되고 상치되어 갈등관계에 있을 수밖에 없는 태생적 한계를 가진다. 왜냐하면 전통적으로 시민교육이란 한 나라 국가 공동체의 원활한 영위를 위해 그 구성원들에게 요구

되는 권리와 의무를 포함해서 애국심, 가치관, 규범, 자질 등을 육성하고자 한다
는 점에서 세계시민교육은 전 세계라는 범주에서 시민의 권리와 의무를 논하기
에 국가 중심의 시민교육과 갈등하거나 충돌할 수 있는 지점을 내포한다. 셋째,
세계시민교육의 지향성은 명확하지만 그것의 실천이 불가능하고 그 효과도 거의
기대하기 어렵다. 말하자면 세계시민교육을 세계의 모든 나라와 사람이 공감하
는 방향으로 설계한다는 것은 거의 불가능에 가깝고 그 정당성을 확보하지 못하
는 세계시민교육은 실천과정에서 마찰과 갈등이 불가피해질 것으로 예견된다.
넷째, 세계시민교육의 확산을 결국 서구의 선진 자본주의 나라에 추종 내지 예
속되는 결과가 될 것이라는 견해이다(Heater, 1990; Humes, 2008).

　　이러한 비판은 세계시민교육을 인문교양적인 성격으로 고정적으로 이해하
는 데서 기인한다. 즉 주로 국가주도적, 관(官)주도적으로 전개되는 세계시민교
육은 인문교양적 프레임을 벗어나지 못한 데서 한계가 있다. 시민성을 주권국가
단위 안에 묶어두고 '세계'라는 접두어만 장식처럼 붙여서 제시하게 될 경우, 세
계시민교육이 놓인 정치적 맥락, 사회문화적 이해관계의 충돌, 다양한 주체의 상
이한 요구도를 반영할 수 없다. 따라서 세계시민론을 이끌어온 히터(Heater)와
포크(Fork), 튤리(Tully)를 비롯한 이론가들은 인문교양적 세계시민성보다 실천지
향적이며 탈국가적인 세계시민성을 지속적으로 주창해 온 것이다.

　　이런 맥락에서 하버마스(Habermas, 1996)는 세계적 연대행위와 세계시민사
회(Weltburgerliche Gesellschaft) 형성을 주장하였다. 특히 신자유주의적 세계금융
질서와 빈부격차, 무역불균형, 노동착취, 환경파괴 구조가 형성되는 가운데 세
계적 권력과 자본의 힘에 맞서는 대항세력으로서 세계적 시민사회의 연대가 주
목받는다. 국가의 독재와 독점 오류를 견제하고 시정하는 것이 시민사회라면
세계적 권력의 독점 및 횡포를 막고 비판적으로 견제하는 것은 세계시민사회의
구성체에서 나온다고 본다(이삼열, 2000: 181). 이에 대해 울리히 벡(Beck) 역시
세계시민사회는 이미 지구화의 과정을 통해 서서히 생성되었고 차츰 강화되어
간다고 말한다. 이삼열 역시 지구화의 불안과 세계시민사회의 형성이라는 측면

에서 칸트의 영구평화론에서 도출되는 세계시민적 이성을 합리적 의사소통의 과정을 통해 구성하자는 입장에서 논의를 심화하였다.

> 세계화의 촉진과 함께 시민사회도 세계적 연대와 여론형성을 통해 세계화되고 있는 것이 사실이지만, 세계적 시민사회가 윤리적이며 이성적인 판단과 주장을 곧바로 만들어 낼 수 있는 것은 아니다. 여기에는 이성적 토론과 윤리적 각성을 위한 많은 의사교환(Kommunikation)과 담론의 과정이 있어야 하며 세계의 모든 시민들의 의사와 입장이 적절히 반영되어 토론된 뒤에 합의할 수 있는 정책과 대안이 마련되어야 한다. 세계시민들의 인권과 세계적 시민사회의 정의, 세계평화를 목표로하는 세계시민적 이성은 어떤 특수한 전략적 목표에만 매달린 기술적 합리성이나 경영적 합리성과 같은 목적합리적 합리성만을 추구하는 이성이되어서는 안되고 아펠이나 하버마스, 로티, 료따르 등이 주장하는 의사교환적(Kommunikative) 이성, 담론적 이성이어야 한다(이삼열, 2000: 182; 김진희, 2003: 37 재인용).

글로벌화의 불확실성과 불안, 그리고 위기를 극복하기 위해 세계시민적 이성의 길을 모색하는 이유는 바로 이런 위기와 불안을 가져온 원인과 과정이 민족국가의 발전과 번영에만 매달린 국가이성(rasion detat)이나 민족정신(Volksgeist)에만 매달려 왔기 때문이라는 지적은 일리가 있다. 세계적 시민사회가 함께 공론과 합의를 통해 만들어내는 이성적 해결책과 대안모색을 강조하면서 프랑스의 핵실험을 저지시킨 그린피스 운동과 제3세계를 중심으로 한 세계최빈국의 외채 탕감을 시민사회운동, 초국적 투기자본의 이동을 견제하는 토빈세 운동, 세계금융질서를 개편하려는 브레튼우즈 체제 개혁운동, 1%대 99%의 불공정을 외친 월스트리트 점거시위 등을 통해 세계시민적 이성이 발휘되는 현실적 지형을 볼 수 있다.

이상에서 공통적으로 나타나는 세계시민적 이성의 특성, 즉 세계시민성이란 어느 특정 국가나 집단, 공동체의 관점에서 규정하는 시민성이라기보다 초국가적 반성과 세계공동체에 대한 비판적 참여를 요구하는 것이라고 볼 수 있다. 환경, 인권, 평화, 구호, 전쟁 등 전지구적 쟁점과 관련하여 특정 지역과 집단의 입장을 떠나 인류 전체의 관점에서 문제에 접근하고 참여하고 행동하는 시민성을 중요한 요건으로 설정하는 대목은 세계시민성 논의에 깔려있는 기본적인 흐름이다.

이에 대해 설규주(2000: 30)와 김진희(2015)는 세계시민성의 여러 측면들을 시민교육의 내용으로 담을 때는 규범적인 지향점을 체계적으로 선별하는 작업이 중요하다고 주장한다. 즉 세계시민성 그 자체가 민주성을 담보하는 것이 아니고 또한 그것이 상이한 관점과 맥락에서 탈규범적으로 적용될 때의 위험성 역시 잠재하고 있다는 점을 고려할 때 세계시민의식을 함양하는 교육에는 초국가적 반성과 비판적 이성에 바탕을 둔 학습자의 참여가 전제되어야 한다. 세계시민성은 전지구적 운명공동체의 일원으로서 평화로운 인류공동사회 건설을 지향하는 개념이자, 정의롭고 관용적인 문화인으로서 개인의 열린 시민성을 담지하는 개념으로 이해할 수 있다.

이런 맥락에서 볼 때 현재까지 세계시민성의 개념은 여전히 규범적 성격이 강하다고 볼 수 있다. 사실상 평화로운 인류공영의 세계공동체와 세계시민의 이상은 대동사상과 사해동포주의에서 발견할 수 있듯이 동서양을 불문하고 끊임없이 논의되고 탐구되어온 하나의 정치철학이다(나종일, 1995: 141). 멀리는 A.단테의《제정론(帝政論)》에 나타난 세계정부의 이상이나 I.칸트의 영구평화론에서부터, 가깝게는 하버마스의 의사소통행위이론에 근거한 세계시민사회이론에 이르기까지 지금까지 세계시민주의적 인류공동체에 대한 탐색은 수세기에 걸쳐 전개되어 왔다. 특히 칸트는 '자유로운 국가들의 연방제'(Föderation)라는 개념에서 세계평화를 위한 국가연합이 세계시민적 법질서에 근거해야 한다는 것을 주장했다. 여기서 세계시민적 법질서는 세계시민들을 모두 하나의 사회구성체로 보는 세계시민적 의도와 이성의 토대 위에서만 가능한 것으로 간주하고, 세계시민들의 보편적인 인권과 민권이 보장되는 세계시민적 헌법(Verfassung)이 실존해야 함을 강조한다. 그리고 이처럼 세계시민의 보편적 권리를 염두에 둔 대안적 해

결책을 모색하기 위해서는 세계시민적 이성이 우선적으로 상정되어야 한다(이
삼열, 2000: 182).

　　최근에는 지구화의 심화 양상에 따라 세계공동체가 과연 세계정치적 대안
으로 자리 잡을 수 있을 것인가를 모색하기 위한 논의들이 시민사회를 중심으
로 활발하게 전개되고 있다. 이 부분에서 ‘근대’라고 부르는 세계사적 시기는 세
가지 주요한 변화 즉, 자본주의와 국민국가 형성에 따른 근대적 시민 개념의 정
립, 그리고 민주주의의 발전이라는 세 측면에서 세계시민주의 성립에의 객관적
인 조건을 제공했다는 나종일(1995)의 해석은 주목을 끈다. 그 세 가지 차원을
구체적으로 살펴보자면, 첫째로 산업혁명과의 상승작용 속에서 일어나 자본주
의적 생산양식의 발달은 비록 그 역작용도 동반되었지만, 대중적 삶의 풍요를
가져와 다중(多衆)의 정치적 비중을 신장시켰고 전 세계가 동질의 생활권을 형
성할 수 있는 세계화의 가능성을 제공함으로써 궁극적으로 세계시민주의 이상
의 실현에 이바지했다는 것이다. 둘째, 자본주의적 근대화 과정 속에서 나타난
근대적 국민국가의 형성을 통해 자연법과 사회계약론의 정치, 사회철학에 바탕
을 둔 근대적 의미의 시민 개념이 정립되면서 이것이 세계공동체의 세계시민
모델이 되었다는 점이다. 마지막으로 셋째, 다중의 정치적 비중 신장과 근대적
시민정신은 국민국가적 차원에서의 정치적 의사결정기제로서의 민주주의의 발
전을 이끌었고 이것이 시민사회의 실재성에 근거를 마련했다는 점이다.

　　이와 같은 세 가지 측면은 국지적 시민사회들이 그 틀을 깨고 전 지구적
차원에서 민주적 통합을 이루어 감으로써 향후 세계공동체의 건설에 또 하나의
긍정적 조건이 된다고 본 것이다. 곧 세계공동체라고 해서 공상적인 세계정부
로 치부하기보다는 이미 역동하는 다양한 시민운동단체의 국제적 연대가 풀뿌
리 단위에서 민주성을 지향하는 세계시민사회 형성의 단초라는 점을 역설한 점
에서 의미가 있다. 그렇다면 이 지점에서 세계시민성이 무엇이고 세계시민교육
이 무엇인가에 대해 다시 한 번 생각해야 한다. 세계시민성을 전혀 새로운 개념
이라기보다 민주적 시민성의 연장선상에 이해하는 견해와 세계시민성의 규범적

정향을 강조하는 견해로 나누어 살펴보고자 한다.

우선 세계시민교육을 민주시민교육의 일부이자 연장으로 간주한 박용헌 (1996)은 세계화라는 개념의 반대 의미를 갖는 것이 국가화 내지는 지역화라고 하여 세계시민교육의 반대개념 역시 국가시민교육 혹은 지역시민교육으로 정의 하는 것은 어색하다고 지적한다. 그는 시민성의 다원적 성격을 강조하면서 사 회 구성원으로서 시민이 터한 현재적 삶의 지역적 공간적 차원을 세계적 차원 으로 확대한 것으로 해석한다. 그런 의미에서 세계시민교육은 민주시민교육의 연장선상에 있으며 또 세계시민성은 민주적 시민성은 공통분모를 갖는다.

반면 허영식(2017)은 세계시민성이 근본적으로의 공상적인 규범성을 띨 수 밖에 없으며 '세계시민'의 개념은 한 국민국가의 '시민'개념과 동일한 형태로 파 악, 정립될 수 없다고 말한다. 즉 세계시민은 하나의 정형화된 세계국가라는 정 치적 제도에 속하는 일정한 권리와 의무를 갖는 시민의 위상을 갖지 않으며, 세 계의 광대한 지역에 분산되어 개별 국민국가적 테두리 안에서 일정한 '국민적 혹은 민족적' 정체성을 가지고 살고 있는 오늘의 인류가 세계시민사회적 의사 소통 및 합의의 질서를 형성한 것도 아니기 때문에, 현재 논의될 수 있는 세계 시민의 개념은 세계시민주의적 지향성을 갖는 개인 혹은 공동체의 세계시민적 의식과 능력 그리고 행위규범들로 파악될 수밖에 없다고 본다.

이런 글로벌화 맥락에서 세계시민성을 조망하고 그 관계를 설정하는 몇 가 지 방향성이 도출된다. 첫째, 세계시민은 전 지구화가 일상의 영역까지 침투한 사실을 지각하고 국민 국가의 틀을 넘어서 인류의 삶의 관계성을 인식함으로 써, 협소한 민족의식과 배타적 국수주의를 벗어 던지고 지구적 관심과 요구 및 필요에 따라 생각하도록 자신을 연마시킨다. 둘째, 세계시민의 훈련적 바탕은 인본 민주주의적 가치를 가지고 인류의식, 공동운명의식, 연대감, 일체감 위에 둔다. 셋째, 지구화가 동반하는 인류의 삶의 상관성의 가속적 증대는 일차적으 로 개별국가나 집단 혹은 개인의 이해관계를 배제할 수 없고 경쟁과 갈등의 과 정으로서의 지구화가 전개될 때 세계시민은 보다 엄격하게 인류의 평화와 공영을 기준으로 정의로운 해결을 위해 노력한다.

보편타당한 정의의 객관적 기준에 따른 공적 윤리는 세계시민의 행동규범이 되어야 하며, 세계시민성은 세계적 공론의 장에 참여하기 위해 자신을 개발하고 세계공동체의 실현을 향한 균형 있는 비판을 견지하는 태도를 필요로 한다. 이는 세계시민성을 민주시민성의 연장선상에서 이해하는 연속적 개념보다 국익이나 소아적 개인주의를 넘어서는 탈국가적 시민성을 강조하는 대목이다. 전자의 견해는 세계시민성이 가정, 지역, 국가, 세계라는 다양한 차원에서 시의적절하게 발휘되는 '상황적 다원성'을 상정하지만, 후자의 견해는 가치 중심을 단일국가 단위를 넘어 세계와 지구 공동체라는 것에 정초하는 '글로벌 공동체'를 개념적으로 상정하고 실천적인 경향이 보다 선명하게 나타난다. 그런데 사실상 두 견해 모두 실제로 현실 맥락에서 세계시민성이 발휘되고 세계시민교육이 전개될 때는 다양한 수준의 쟁점과 갈등 그리고 혼돈 요인을 내포하고 있다. 어떤 지점까지 세계시민성을 수용하고 받아들일 것이며 어떤 수준까지 합의하고 실천하여 행동할 것인가는 개인에서 국가집단까지 다양한 행위 주체에게 다층적인 도전으로 작용할 수 있다(김진희, 2015). 바로 이런 점에서 세계시민의식의 함양 혹은 세계시민교육을 통한 세계시민사회 구현의 현실적 과제와 쟁점은 구체적인 경험 연구나 사례를 통해 더욱 선명하게 논의될 수 있을 것이다.

3. 세계시민교육과 계층: 초국적 자본가 지배계급에 대한 비판적 접근

세계시민교육은 중산층 위주의 교양교육인가 혹은 글로벌시대에 경쟁력을 강화하기 위한 인재개발 담론의 연장선 속에 있는가? 한국교육개발원에서 실시한 이성회 외(2015)의 연구에서는 세계시민교육에 대한 교사들의 인식 미비 및 계층화 현상을 통계자료를 통해서 설명하고 있다. 전국의 99개 초·중등학교와 교사 1,968명을 대상으로 학교 교육 현장에서 세계시민교육의 실태를 조사하였는데 학교 급에서 세계시민교육을 활용하고 있다고 응답한 비율은 29.2%에 그쳤다. 설문에 참여한 교사의 60% 이상이 세계시민교육에 대해 '전혀 들어 본 적이 없거나 들어 본 적은 있지만 잘 모르겠다'고 응답했고 세계시민교육을 가르쳐본 경험이 없다고 답하였다(이성회 외, 2015). 이는 2015년에 열린 제70차 유엔 총회에서 글로벌교육의제로 선언된 세계시민교육이 중앙 정부에서 이니셔티브를 가지고 정책적으로 홍보한다고 하더라도, 실제 학교 현장에서는 세계시민교육의 실천 기반이 취약하다는 것을 보여주는 대목이다. 세계시민교육이 한국의 치열한 입시 경제 풍토에서는 익숙하지 않은 개념이고, '세계 시민'이라는 개념이 가지는 포괄성과 모호성으로 인해서 교육적 요구가 즉시적으로 발현되지 않는 경향 때문이라고 할 수 있다(김진희·허영식, 2013). 그런 측면에서 세계시민교육은 '하면 좋고 안 해도 상관없는 인문교양 교육' 쯤으로 치부되고 있는 현실이다.

위 연구에서 더욱 주목할 사항은 한국 사회에서 학생들의 사회경제적 배경에 따라 세계시민교육의 활용 수준과 형태가 달라지는 것이다. 취약계층 학생들을 위한 방과 후 학교 자유수강권 비율이 5% 미만의 학교급 경우가, 방과 후 프로그램이 10~15% 미만인 학교보다 세계시민교육의 활용 수준이 높은 것으로 나타났다. 다시 말해 경제적으로 부유한 지역의 학교들이 그렇지 못한 학교들보다 세계시민교육을 더욱 활발히 수행하고 있는 것으로 추론된다. 실제로 전국적으로 특성화고등학교나 외국어고등학교의 경우 세계시민교육을 '글로벌 인재 육성'이라는 거시 담론 속에서 활용하면서 다양한 인력과 외부 자원을 학교 내부로 끌어오면서 세계시민교육 유관 프로그램을 운영하고 있다. 이들 학교에 재학하는 학생들의 경우는 세계시민 논의나 경험에 보다 자연스럽게 노출될 수 있지만, 취약 계층 아동 및 청소년들이 많은 학교급에서는 세계시민교육에서 말하는 '글로벌'의 실체를 피상적으로 이해할 수밖에 없고 '세계'와 '나'를 연결시키는 교육적 인식 고리를 만들어 세계시민에 대한 경험적 성찰을 하기에는 구조적 제약을 가지고 있다. 이같이 세계시민교육과 계층화라는 쟁점에서 논의를 확장하면 현재 세계시민논의가 자유주의적 세계시민론(Liberal Cosmopolitanism)이라는 맥락에서 국제사회의 엘리트를 위한 리더십 교육 형태로 전개되고 있다는 진단과 맞닿아 있다.

이와 대척지점에서 비판적 관점으로 세계시민 담론을 재해석하게 하는 대표적인 학자 중 한 사람이 초국적 자본가 계급(Transnational Capitalist Class)을 이론화한 레슬리 스클레어(Leslie Sklair)이다. 그의 논의는 '전 세계의 자본을 주무르면서 국경을 넘나들며 세련된 화술과 매너를 겸비한 자본가계급이 세계시민이 될 수 있는가'라는 반성적 사유를 끌어내게 한다. 그는 오늘날 글로벌사회를 인식하는 이론적 관점과 경험적 사실을 분석하면서 초국적 자본이 제3세계와 구(舊) 사회주의 국가에 작동하는 방식을 보여주면서, 전 세계적으로 팽배한 불균형과 격차를 설명하였다. 경제적, 정치적, 문화적, 이데올로기적 재화는 비교적 소수 국가 내의 소규모 집단이 소유하거나 통제하고 있다는 것은 분명한 사실이다(Sklair, 2001: 23). 여기서 레슬리 스클레어는 초국적 자본가 계급을 4개의 분류로 구분하였다.

(i) 초국적 다국적 기업의 소유자 및 조정자
(ii) 글로벌화된 관료와 정치가
(iii) 글로벌 영역에서 활동하는 전문가집단
(iv) 엘리트 소비계층(상공업과 미디어)

이 논의에서는 글로벌 사회의 정치경제 구도가 초국적 기업과 국제기구의 압도적 영향을 받아왔고 세계적 브루주아지 계급이 초국적 자본가로 대체되는 과정을 비판적으로 보여준다. 중요한 것은 그러한 자본가는 곧 코스모폴리탄(cosmopolitan)으로 특징지어졌고 국가적 경계를 벗어나서 전 세계 어디든 활동하면서 이익을 추구하고 자본 순환을 이끌 수 있는 엘리트 리더 계층으로 인식되는 프레임이 작동된다는 점이다.

그런데 흥미로운 것은 세계시민의식을 현대 철학에서 새롭게 정립한 크와메 아피아(K. Appiah)는 코스모폴리탄(cosmopolitan)을 '세계시민적 애국심 (Cosmopolitan Patriots)'이라는 논의에서 비평하면서, 인류가 지닌 보편적 가치에 대한 존중을 실천하고 도덕성을 기반으로 지역적으로 헌신하는 세계인이 세계 시민이라고 강조했다. 다시 말해 아피아의 코스모폴리탄은 지구적으로 빈곤, 테러리즘, 기후변화, 전쟁과 갈등이 빈번한 상황에서 국제사회의 주요 문제를 인식하고, 지역 사회 내부에서 공익을 위해서 참여하고 사회적 불평등을 해소하기 위해서 연대하는 것이 곧 세계시민의 모습이라고 보지만, 스클레어의 초국적 자본가 계급론에서 코스모폴리탄은 다른 지향성을 가지고 있는 것이다. 국경의 구획을 벗어나서도 초국적 자본이 순환되고 있는 세계에서 세계시민으로서 살아가는 역량과 리더십, 문제해결력을 갖춘 '인재'는 초국적 자본가 계급 (TTC) 담론에서는 글로벌 지배계급(global ruling class)으로 환치되게 된다. 여기에는 두 가지의 원칙이 존재한다. 코스모폴리탄 지배계층은 평등과 정의, 인류의 번영보다는 자신의 이해관계를 위해서 서로 협력한다. 둘째 국가는 초국적 자본가 기업에 대한 통제를 하지 않는 것이다. 이들이 초국적 자본계급의 글로벌 네트워크의 주축을 형성하고 있으며 세계시민으로서 우월적 지위를 활용할 수 있는 지배 계층이 되고, 나아가 세계시민론은 엘리트 중심형으로 흘러가는 기제로 이용되고 있다는 점을 비판적으로 인식할 수 있다.

이에 우리는 세계시민성의 거시적 이론과 달리 실천 맥락에서 세계시민교육이 이루어질 경우, 계급화된 세계시민 논의의 함정과 오류를 비판적으로 읽어낼 수 있어야 한다. 세계무대에서 활동할 수 있는 우월한 역량을 갖춘 초국적 지배계층을 '세계시민'이라는 언어로 통약적으로 묶어냄으로써 사회구조적인 불평등과 공정성의 문제를 굳이 들추어내지 않으면서 자유주의적 세계질서의 편재를 강화하고자 하는 글로벌 자본가 계급은 누구인가? 앞으로 이 같은 세계시민을 둘러싼 글로벌 담론이 작동하는 매커니즘을 비판적으로 인식하고 기득권 중심의 재화와 분배를 정당화하고 있다는 기제와 복잡다단한 현실 맥락을 심층적으로 논의해 나가야 할 것이다. 이러한 관점에서 본 연구에서는 글로벌 지배

계급의 헤게모니에 대항하기 위해서 시민사회 내부에서 발아한 초국적 시민단
체는 어떻게 개념화될 수 있으며 그것의 세계시민교육적 의의가 무엇인지를 다
각적으로 분석하고자 한다.

III. 세계시민사회와 초국적 시민사회 운동의 관계

1. 글로벌화와 세계시민사회 논의

글로벌시대라는 프레임이 압도적으로 수용되고 있는 오늘날, 글로벌화와
세계시민사회(global civil society)에 대한 논의는 자연스럽게 연계된다. 일찍이
철학자 칸트는 세계평화와 인간의 도덕적 자유의지가 실현되려면 국가 간 경계
를 넘어서는 세계시민사회로 나아가야 한다고 주장했다. 그는 공법은 한 나라
의 국내법에서 국제법, 세계시민법으로 나아가며, 세계시민법에 기초하는 세계
시민사회로의 전진이 궁극적으로 이루어진다고 보았다(이정은, 2011). 그런데 세
계시민사회에서도 제도적으로 구축된 공법체계가 필요한지, 필요하다면 세계시
민법의 원리를 어떤 지향성으로 담고, 누가 어떤 방식으로 합의해야 작동할 수
있는지에 대한 도전과 딜레마는 묵직하게 남아 있다.

글로벌화라는 경향성 아래 새로이 변화하는 현대 사회의 환경을 반영하듯
지난 10년 동안 국제관계를 연구하는 많은 학자들을 필두로 사회학, 정치학
영역에서 초국가적 비정부단체, 국제적 레짐(regime), 글로벌 가버넌스(global
governance) 등 세계시민사회에 관한 논의는 다양하게 전개되어 왔다(Murphy &
Augelli, 1993; Lipschutz, 1996; Salamon, 1999; Smillie, 1999; 주성수, 2000).

기본적으로 시민사회의 개념은 고전적으로 지배자와 피지배자, 국가와 사
회 사이의 기본적인 정체성을 규정하는 아리스토텔레스의 '정치 공동체'에서 출

발한다. 이후 홉스(Hobbes)나 로크(Locke) 등 사회계약론자들에 의하여 종교 공동체나 자연 상태에 반대되는 시민성을 가진 시민들에 기초한 근대적 국가 개념과 동의어로 사용되었다. 근대사에서 국가와 시민사회가 분리되고 구별된 것은 헤겔(Hegel)에서부터 시작된다. 이후 그람시(Gramsci)를 비롯한 시민사회이론가들은 시민사회가 '국가로부터 구분되는 자율적인 사회영역을 형성하는 다소 형식화된 제도'라고 정의하였다(김성수, 2007). 이러한 이해를 바탕으로 존 킨(John Keane)은 저서 『Global Civil Society』에서 '시민사회는 국가와 시장과 구별되는 제3의 영역으로 국가의 지배로부터 독립하여 개인, 집단, 공적 영역의 조직들이 빈번하고 깊이 있는 상호작용을 가지고 있는 것을 전제로 한다'고 정의하였다. 특히 오늘날 단일국가의 범주를 벗어나 세계화의 흐름 속에서 초국가적이고 국제적인 공간 속으로 확장되는 것을 의미한다고 설명했다. 박재영(2002)은 세계시민사회라는 것은 초사회론(trans-societalism)이라고 부를 수 있는 것으로서 전 지구적인 규모에서 국경을 넘어 상이한 사회행위자들 간의 상호연계(inter-linkage)에 관심을 둔다고 한다. 특히, 세계시민사회는 기존의 일부 선진국과 다국적 기업이라는 국가와 시장 중심의 '위로부터의 세계화'에 대한 반작용으로서, 평범한 개인과 시민단체 등이 주축이 되는 '아래로부터의 세계화'라는 전 지구적 시민사회운동의 맥락 속에서 이해되어야 한다(김성수, 2007). 세계시민사회의 주요 행위자로서 NGO, NPO 등 비영리, 비정부 시민단체가 주축을 이루면서 이들은 전 지구적인 관심사를 글로벌 의제로 제기하고, 초국가적 상호교환을 촉진하는 등 국제적인 규범과 가치의 형성에 기여함으로써 그동안 국제기구와 선진국 편향적으로 쏠려왔던 글로벌 거버넌스의 책무성을 다각화하는 데 중요한 역할을 수행하고 있다.

상대적으로 볼 때 과거 정치학자들은 비영리 시민단체나 비정부 국제기구들이 세계 정치를 형성하는 가능성에 대해 한정된 견해만을 제시해 왔다. 왜냐하면 이들은 주권 국가가 제공하는 자원에 자주 의존해 왔으며 큰 정부간 기구들의 의사 결정상황에서 주변부에 존재해 왔기 때문에, 그들의 규범적인 주장들은 실현되기보다는 정부나 정부간 국제기구(IGO)들에 의해 쉽게 무시되어 왔기 때문이다. 그러나 오늘날 비정부국제기구와 초국적 사회운동의 중요성에 대한 평가는 지난 20세기의 4분의 1만큼, 세계 정치의 거대한 구조전환에 의해 일어났다(Mundy & Murphy, 2001). 경제, 정치, 문화적 지구화의 영향으로 의사결정과정에서 주권국가, 다원적 기구, 국제적 기업, 금융자본의 관리집단 등의 일군의 정치적 시스템이 국제사회에서 중심적 영향을 발휘하기 시작한 것이다. 아울러 여성의 권리, 환경, 평화, 발전 그리고 인권 등과 같은 이슈를 중심으로 사회 정치적 변화를 주장하는 비정부 행위자들의 놀라운 연대가 나타난다. 이러한 현상을 두고 켁과 시킹크(Keck & Sikkink, 1998)는 '초국적 권익보호(advocacy) 네트워크'라는 용어를 통해 오늘날 제3세계 부채, 세계무역기구(WTO)에 대한 대항, 그리고 글로벌화와 관련된 다양한 형태의 사회적 불평등과 맞서기 위해 시민사회의 연대적 투쟁을 실천하는 초국적 결사체의 성격을 가진다고 설명했다. 이제 많은 학자들은 비정부국제기구의 초국적 네트워크는 그것의 공공적 관심과 연대로 국가적, 국제적 수준의 변화가 이루어지고 있으며 이러한 국제적인 행동주의들의 누적과 발전이 세계시민사회의 가정을 충만하게 만들고 있다고 본다(Commission on global governance, 1995). 즉 시민사회단체와 시민사회운동은 글로벌 질서 형성의 새로운 동력으로 이미 포괄적인 인정을 받고 있다.

2. 초국적 시민사회 운동의 가능성과 도전

글로벌화는 시민사회 운동의 방향에도 새로운 숙제를 안겨주고 있으며 또한 시민사회의 지형 변화에 대한 새로운 패러다임을 모색하게 만들었다. 그동안 대부분의 시민운동이 국민국가를 상대로 국민국가의 테두리 안에서 진행되었다면 전지구적으로 권력과 민주주의의 개념이 재편성되는 전 지구화 맥락에서는 시민운동의 표적뿐 아니라 방법도 바뀌어야 하는 단계에 이르렀다. 이런

점에서 '글로벌'이라는 환경 변화는 시민사회운동을 새롭게 이해하는 선결조건
으로 작용하며 전 지구적 차원에서 새로운 시민사회 운동, 즉 신(新)사회운동은
기존의 시민운동의 지형을 넘어서는 다층적인 문제들을 제기한다(김진희, 2003).
인권, 환경, 재난, 테러 등 인류라는 종(種) 공동체를 상정하는 지구적 이슈들이
복잡다단하게 부각되고 이와 함께 세계시민 혹은 세계시민성에 대한 관심이 높
아지게 되었다. 이러한 움직임에 대해 김호기(2001)는 다원화된 생활세계의 형
성과 다원화된 주체의 등장을 목격하면서 그에 동반하는 신사회운동이라는 '미
시정치'의 등장이 '국지적 저항'을 활성화시켰고 근대 국민국가적 프로젝트를
거부한다고 주장한다.

　　글로벌 시대라는 문명사적 전환은 현대사회에서 의사결정 구조, 권력의 본
질, 더 나아가 민주주의의 실체, 주체의 역동 메커니즘을 변화시킨다(김진희,
2003). 개별국가의 자율성이 쇠퇴하면서 사회 운영의 중심 구성이 더 이상 선거
를 중심으로 이루어지는 국가라는 단위에 국한되지 않음에 따른 변화이며, 이
에 따라 권력이나 민주주의의 문제가 더 이상 국가 수준의 권력이나 국가 수준
의 의사결정의 문제가 아니라 전 지구적 수준의 문제와 상호 연관되면서 영향
을 주고받게 된다. 여기서 국민국가의 시민을 넘어서는 세계시민성 개념이 형
성되면서 세계시민사회라는 구성체를 향한 의사소통 및 의사결정 기제가 요구
되고 탐색되고 있는 것이다. 그런 측면에서 오늘날 시민사회의 성장과 시민사
회운동의 태동은 세계시민사회 형성 가능성을 구체화하는 기제가 된다. 현재까
지 민주적 의사소통 기제를 저해하는 신자유의적 시장지배 논리가 만연한 시점
에서, 글로벌화라는 시대의 맥락과 시민사회운동의 상생적 만남은 정치 결정자
와 그 결정의 수용자 간의 균형과 일치에 근거한 고전적 자유민주주의 논리를
재편하게 하고, '전 지구적 민주주의'라는 요건이 밑받침될 때 세계시민사회는
더욱 적실성을 가지게 되는 것이다.

　　바로 이 점에서 세계시민사회의 성장과 그 주요 구성체인 초국적 시민단체
의 제반 양상을 이해하는 것이 중요하다. 산업혁명 이후 자본의 국제화가 가속

화되면서 이전의 국제화와 오늘의 글로벌화는 그 수준과 깊이, 영향력에서 현격한 차이가 있다. 특히, 다양한 세계시민연대의 움직임과 각종 초국적 시민단체의 활동을 고려할 때, 글로벌화의 진전은 세계적 헤게모니의 투쟁을 약화시키기보다는 강화시키며 세계시장의 통합과 문화적 통합 등을 통해 국민 국가의 정부간 연계를 견고화할 뿐만 아니라 각국의 시민사회를 통합시키고 있다(정태석, 2000: 18). 이 같은 시민사회의 글로벌화는 동시적으로 진전되어 다양한 쟁점에 관한 문제 해결의 본격적 노력이 일국 수준을 넘어 지구촌 전체로 확산되는 추동체가 된다. 지구촌 온난화를 비롯한 기후 변화 문제, 국제 난민의 문제, 테러와 안보 문제, 나아가 한국 사회의 위안부 문제 등이 한 국가의 정책적 의결과 시민운동에만 머무는 것이 아니라, 주권국가 내의 시민들이 놓여있는 사회적, 경제적, 문화적 행동 맥락이 국민국가의 경계를 넘어 세계로 확장되어가고 글로벌 이슈로 재구성됨에 따라 전통적인 의미의 국민국가의 합치조건이 더이상 유지되기 어렵게 되었다. 그 속에서 집합적 정체성 형성, 시민사회의 민주적 의사결정 및 사회적 연대 등 집합적 재화가 더 이상 국민국가의 틀 내에서 안정적으로 재생산될 수 없게 되었음을 보여준다.

글로벌화된 삶 속에서 특정 의사결정이 이루어지는 경계(국민국가)와 그 행위의 실질적 영향력의 경계(시민사회)가 불일치를 빚고 있으며 그 간극이 점차 커지는 현상이 나타나고 있는 것이다(정태석, 2000). 이처럼 글로벌화 맥락에서 제기되는 생활세계의 다층화, 다원화는 시민사회 내부에서도 신사회운동의 형태를 동반한다. 즉 신사회운동의 관심 영역은 과거 정치적 정향성을 강하게 내포한 노동운동, 인권운동으로 대표되는 구(舊)사회운동과 달리, 개인에게 영향을 미치는 가치와 생활양식, 환경 생명, 일상적인 환경과 일상의 정치 등 문화의 전반적 영역에서 일어나는 시민사회의 움직임이라는 맥락에서 설명된다. 예컨대 2016년 크게 주목받으며 시민사회 운동으로 본격적으로 의제화된 '가습기 살균제 참사 전국 네트워크' 등은 시민의 생명과 안전에 관한 글로벌 환경단체인 '지구의 벗' 영국·덴마크 국제단체와 협력을 통해서 옥시 불매운동을 초국적으로 벌여온 모습이 하나의 사례가 될 수 있다. 노하우와 자본을 가진 선진국의 시민단체가 개발도상국의 시민단체를 일방향적으로 도와주는 것이 아니라, 시민사회의 생명과 안전, 평화, 불평등 해소라는 공통의 글로벌 아젠다를 수평적으로 인식하고, 다양한 자원을 끌어 모아서 공동의 문제해결을 위한 국제 협력의 형태로 세계시민사회운동은 작동되고 있다.

> 지구화에 따라 국가 간 상호의존의 증대, 국가 간 장벽의 약화는 일국의 문제로만 그치지 않고 전 지구적 문제로 확대되는 경향이 있다. 그런 점에서 신사회운동의 관심 범위와 활동도 전지구적 문제로 확대될 수밖에 없다. 이에 각국의 시민단체는 무한경제시대의 시장의 역할에 대해 제어와 견재를 수행하면서 세계적 정치권력에 대항할 수 있는 세계 각국의 시민단체들과의 연대라는 두 가지 업무를 수행해야 한다(조은, 2001: 165).

세계시민단체의 연대는 글로벌화에 따른 시간과 공간의 개념이 변화하고, 개인들의 시민적 정체성의 중층화가 일어나는 것을 보여준다. 위로부터 글로벌화가 아니라, 세계시민적 권력과 의사결정을 통해서 국적, 인종, 계층이 서로 상이한 개별 주체들이 새로운 형태의 시민운동을 풀뿌리 지역사회 안에서 전개할 수 있는 가능성이 보다 높아진 것이다.

한편 이러한 전제를 개념이 아니라 실제로 분석하고 작동 원리를 파악하기 위해서는 다양한 경험 과학적 사례나 세계시민성의 충돌 양상을 보다 신중하게 연구하는 노력이 필요하다(Mundy & Murphy, 2001: 225). 예를 들어 토크빌(Tocquveill, 1969)과 퍼트남(Putnam, 1993)의 논의에서 나타나는 자유주의적 이론은 시민성의 개념을 형식 제도적 민주주의를 움직이도록 하는 다원적 시민사회의 건설과 연결시키려한다. 반면 네오 막시즘(neo-marxism)을 필두로 한 비판 이론가들은 시민사회를 자본국가가 구축하고 잠재적으로 억압하는 헤게모니와 타협의 장으로 상정한다(Lynch, 1998). 이처럼 상반된 이론 양자에 대해 초국적 권익 옹호의 네트워크와 비정부 국제기구 등 세계시민사회의 다양한 측면을 신중하고 연구할 필요가 있으며, 민주적 세계시민사회의 형성이든, 대항적 헤게모니 투쟁의 장이든 세계시민성과 민주주의는 보다 나은 사회를 위한 사회 변혁을 추구하는 초국적 노력이라는 점에서 개념화되어야 한다.

요컨대 글로벌화와 시민사회운동의 관계에서 도출되는 세계시민사회의 개념은 관점의 다양성과 상이한 해석 틀로 인해 조작적 정의를 명료하게 내리는 것은 쉽지 않다. 그렇지만 넓은 의미에서 세계시민사회는 지구화와 함께 지구적 세계의 실제를 설명하기 위해 대두한 개념으로서 지방, 국가, 지구적 차원 등 사회의 제 영역에서 활동하는 단체와 기구(협회, 시민운동단체, 비정부기구)의 총칭이라고 정리할 수 있다(허영식, 2017; 김진희, 2003). 그런데 여기서 세계시민사회의 개념을 엄밀히 하자면 'Global'이라는 접두어에 내포된 두 가지 의미를 구별할 필요가 있다. 첫째, 그 한 측면이 시민사회가 지구촌 차원에서 보편화된 추세와 현상에 대한 일반적 특징을 말한다면, 나머지 다른 하나는 국가의 국익과 초국적 기업들의 영리를 초월해서 지구촌이 당면하고 있는 공동의 문제, 즉 빈곤, 인권, 환경, 불평등, 정의 등 심각성을 공동으로 대처하고 해결하기 위한 대안, 즉 궁극적으로 글로벌 가버넌스를 추구하는 지구적 움직임을 말한다(주성수, 2000). 이 지향성은 지구촌 어디서나 지구촌의 시민이 추구하고자 하는 공동의 공공선을 목표로 동참하는 지구적 차원의 시민사회를 의미한다. 분명 이 두 측면을 동시에 포괄하는 바는 세계시민사회가 각기 다른 시점에서 어떤 유사한 또는 다양한 배경에서 태동하고 발전하여 이제는 일국적 단계를 넘어섰다는 점이다(Salamon, 1999).

따라서 세계시민사회 대두는 시민사회의 글로벌화 현상과 동일선상에서 이해할 수 있다. 현대사회에서 경제적 갈등과 충돌에 의해서만 규정하기 어려운 다양한 문제들 가령, 환경, 여성, 인권, 평화, 소수자, 불평등 등 다양한 쟁점의 해결을 위한 시민사회의 본격적 노력이 일국 수준을 넘어 지구촌 전체로 확산되어 간다는 점에서 국제 비정부시민단체의 움직임과 지역사회 내부의 군소 시민단체의 움직임은 더욱 두드러지고 있다(Salamon, 1999). 국제시민단체의 오랜 전통을 보여주는 엠네스티 인터내셔널(Amnesty International), 그린피스(Green Peace), 국경없는의사회(Medecins Sans Frontieres)를 비롯하여 최근에는 세계경제포럼(WEF) 다보스 회의의 대항체로서 자본의 세계화를 반대하기 위해서 출범한 전세계 사회운동가들의 협의체인 세계사회포럼(World Social Forum)에서 알 수 있듯이 개발도상국의 부채 탕감, 아동학대 금지, 인종주의 청산, 유전자변형식품 금지 등 인류가 공동으로 직면한 글로벌 이슈와 도전을 초국적 연대를 통해서 해결하고자 노력하는 세계시민사회의 움직임은 허구가 아니라, 실제이며 가시적인 영향력을 주고 있다.

그러나 글로벌화와 시민사회운동은 여전히 도전적이고 논쟁적인 영역이다. 글로벌 담론이 가진 양면적 속성과 마찬가지로 시민사회운동 역시 전 지구화의 양면적 특성에 어떤 방식으로든 영향을 받고 또한 영향을 미칠 것이다. 시민사회의 글로벌 연대가 새로운 가능성으로 평가받고 있지만 그것이 실제 일상의 삶의 변화에 어느 정도의 효력을 발휘하는지에 대해서도 깊이 있는 연구가 필요한 영역이다. 또한 글로벌 시민사회의 주체가 매우 다층적일 수밖에 없으므로 시민사회 내부의 국지적 저항, 지역 내 시민사회단체의 세력화가 초국가적인 개혁운동과 어떻게 연결될 수 있는가도 진지한 성찰이 수반된다.

한편 세계시민의식, 세계시민교육을 지나치게 글로벌 담론으로 해석해서 국가와 지역의 특수성과 이해관계를 함몰시키는 탈맥락화 방향에서 적용될 경우, '나'라는 주체를 내재화한 세계시민성이 아니라, 글로벌 준거(global standard)에서 적용된 타자화된 세계시민을 육성할 우려가 있다(김진희, 2015). 그렇기 때문에 세계시민성 문제도 단순히 시민을 국민국가의 수준을 넘어서는 다중 정체성을 가진 주체로 동심원으로 확장해서 해석할 것이 아니라, 글로벌시대에 새로운 형태의 민주성을 어떻게 모색해야 하는지 글로벌 윤리와 인간의 도덕성과 자유의지를 담지한 민주주의의 실천 주체로서 '세계시민'을 설정하는 방향에서 도전과 긴장을 끊임없이 안고 있는 것이다(김세연, 1995: 311; 조은, 2001: 181, 김진희·허영식, 2013).

IV. 시민단체의 글로벌 연대활동과 세계시민성 의미 분석

지금까지 이론적으로 살펴본 글로벌화와 세계시민사회, 시민운동을 실제 사례를 통해서 교육학적으로 탐색하는 것은 유의미하다. 세계시민성을 둘러싼 거시 담론이 지역 현장의 초국적 시민활동에서 작동되는 특수한 방식이 무엇인지, 역으로 인권과 평화, 불공정 해소를 위한 전 지구적 시민단체의 활동은 세계시민성 관점에서 어떻게 해석될 수 있는지 그 한계와 의미를 살펴볼 필요가 있다. 이는 세계시민교육이 직면한 도전과제를 지역에 기반을 둔 시민단체, 그리고 그 속의 실질적인 주체인 시민활동가의 행위와 인식 맥락에서 비판적으로 검토하는 작업이라 할 수 있다. 여기서는 한국에 거점을 둔 글로벌 기업 포스코가 인도에 제철소 건립 사업에 투자하면서 벌어지는 다층적인 갈등 양상을 중심으로 살펴보고자 한다.

1. 인도-포스코 개발 사업 사례: 배경, 이해관계자, 쟁점

포스코는 2005년 6월 22일 인도의 오리사(Orissa, 현재 오디샤 Odisha) 주정부와 1,200만톤 규모의 대규모 제철소와 광산 및 전용항구와 부대시설을 포함하는 엄청난 규모의 투자계획에 합의하고 양해각서를 체결하였다(나현필, 2013). 오디샤 주는 인도의 동부 벵골만 해안가에 위치한 지역으로 잘 보존되고 있는 밀림과 해안 구릉으로 유명한 곳이다. 해당 지역은 약 4,000에이커(약 490만평)의 넓이에 4곳의 마을(딩키아, 파트나, 고빈푸르, 누아가온)이 있고, 약 25,000여 명의 현지 주민들은 주로 쌀농사, 구장나무와 코코넛 재배, 어업에 종사하면서 생계를 이어가고 있었다(azzi lifeinasia, 2014). 2005년 어느 날 갑자기 오디샤 주정부는 포스코가 제철소를 건립할 것이라는 계획을 발표하였고, 대대로 그 땅을 지키면서 살아온 지역 주민들은 고향에서 쫓겨날 처지에 놓이게 되었다.

이 사례는 다양한 주체들이 복잡다단하게 개입되어 있다. ① 거대한 개발 사업으로 거주지를 이전해야 하는 토지강제수용 환경에 놓여 있는 25,000여 명 현지 주민, ② 글로벌기업의 투자를 통해서 지역의 이윤 창출을 도모해야 하는 인도 중앙 정부와 주정부, ③ 개발도상국 사업 투자로 새로운 시장을 개척하는 한국의 다국적기업 포스코, ④ 개발 사업으로 사회적 약자가 된 인도 현지주민의 권익을 보호하는 데 앞장선 한국 시민단체를 주축으로 한 글로벌 시민활동가 그룹이 관여하고 있다. 각자 개발 사업의 영향력이 미치는 반향이 상이하며, 이해관계는 복잡하게 얽혀있다. 여기서 특히 주목할 것은 인도와 한국의 시민단체 및 국제시민활동연합(현지 주민 포스코 저항 투쟁연합(PPSS))이 국적, 종교, 계층의 틀을 넘어서 취약계층의 인권 보장을 위해서 초국적으로 연대하고 결합하고 있다는 점이다. 오마이뉴스의 보도(2015년 5월 27일자)에 의하면, 해외진출 한국기업의 인권문제에 대응하기 위하여 국내 7개 공익법 및 인권·시민단체(어필·공감·희망법·국제민주연대·민변노동위원회·민주노총·좋은기업센터)가 결성한 기업인권네트워크(KTNC Watch)는 포스코 인도제철소 건설과 관련한 인권침해 논란에 공동의 관심을 가지고 대응하고 있다고 설명했다. 이 밖에 전 지구적으로 경제·사회·문화적 권리를 위한 국제네트워크(ESCR), 뉴욕대 국제인권클리닉(IHRC), 인권과 평화를 위한 한국의 국제민주연대 등이 공동으로 대응하기 위한 세계간 상호 연계 의제로 이 사례에 접근하고 있는 것이다(나현필, 2013). 이러한 참여 단체는 불평등과 정의의 문제는 '인도'라는 하나의 단위국가의 이해관계와 개발의 문제가 아니라, 세계공동체에 속해 지역에 살아 있는 거주민의 주체성과 인권이라는 초국적 이슈로 연결되어야 한다는 지점에서 세계시민성이 내재한 가치와 담론이 어떻게 작동되는지를 보여준다.

한걸음 더 나아가 글로벌화 맥락에서 시민단체는 초국적인 의제를 통해서 만나고, 소통하면서 갈등 상황을 해결하기 위해서 해당 국가인 인도와 한국의 경계를 넘어서, 유엔 인권최고대표사무소(UN OHCHR)라는 국제기구에게 개발 사업의 정당성을 묻기 위해서 문을 두드리게 된다. 이로써 다양한 주체의 참여와 다자간 개입을 통해서 인도－포스코 사례는 인도와 한국뿐만 아니라 유엔까지 개입하는 세계적인 이슈로 전환되는 과정에 놓이게 된다.

이 사례의 갈등 내용은 토지강제수용에 따른 현지 주민들의 생존권과 인권침해, 그리고 제철소 건설에 따른 지역사회 환경 파괴 문제에 초점을 두고 있다. 현지 주민들의 주장에 의하면, 조상대대로 평화롭게 농사를 짓고 고기잡이를 하며 살아온 터전에서 인도 정부와 주정부의 개발 계획에 따라 제대로 된 보상도 받지 못하고 퇴거해야 하는 위기 상황에 놓였다. 한국을 비롯한 해외의 시민사회단체는 오디샤 주 주민들이 포스코의 제출소 건립사업으로 탄압의 위기에 놓여있다는 인권보고서를 공동으로 작성하고 국제협력을 통해서 유엔의 채널을 뚫고 이 사건을 의제화하였다. 이러한 지속적인 노력 끝에 2013년에 이르러 유엔 인권최고대표사무소(OHCHR) 산하의 8인으로 구성된 전문가위원회는 성명을 통해 "포스코는 120억 달러(약 12조 9,000억) 규모의 오디샤 주 제철소 건설 사업을 즉각 중단하라"고 촉구하게 된다(경향신문, 2013년 10월 2일).

오랫동안 이 사례에 개입해 온 국제시민단체는 포스코 개발 사업이 인도 주민의 인권 문제뿐만 아니라 산림보호법과 환경보호법, 그리고 해안개발 규제 지역에 대한 법을 위반하고 있다고 주장했다. 환경 파괴로 인하여 현지 마하나디 강을 식수로 사용하는 인근 도시에까지 영향을 끼칠 우려가 있고, 특히 수질오염으로 물고기와 새우 양식도 피해를 우려하고 있다(azzi lifeinasia, 2014). 그런데 현지 주민들에게는 생존권이 걸린 문제이고, 포스코에게도 무려 12조원에 가까운 야심찬 투자계획이 수포로 돌아갈 수 있는 이해관계 속에 갈등과 충돌은 무려 12년간이나 지속되고 있는 실정이다(시사저널, 2015년 7월 21일자). 분명한 것은 인도 오디샤 주의 주민들이 가장 큰 피해를 받고 있다는 점이다. 현지 주민들은 강제토지수용을 반대하면서 포스코의 보상계획의 수준과 규모에 대해서 동의하지 않았으며, 보상금만 받고 쫓겨날 경우 극빈 노동자로 전락할 것이라면서 생존권 위협을 호소하고 있지만 주정부는 경찰과 용역인부들을 앞세워 무력진압을 시도하는 대치상태에 처해있고, 경찰에 의해 외부와 차단되어 고립된 상태에 놓이면서 농산물 거래가 막히고, 자녀들의 교육과 주민들의 의료 복지마저 끊어진 상황이다(나현필, 2013).

이러한 세계적인 관심으로 인해서 영국 BBC 방송은 '포스코는 지역의 반대로 지연되던 인도 카르나타카 주에 제안된 철강 프로젝트를 폐지했다(South Korean firm Posco says it has scrapped a proposed steel project in the indian state of Karnataka after delays and local opposition)'는 기사를 보도하였다(BBC, 2013년 6월 16일자). 결국 2017년 3월 18일 보도된 연합뉴스는 '포스코, 인도 오디샤 제철소 사실상 손 떼', '부지 반환하겠다'는 기사를 통해서 12년 동안 착공조차 하지 못하고 논란이 되어온 인도-포스코 사업의 달라진 지형을 보여주고 있지만 이것이 포스코의 배수진인지, 인도 주정부의 개발 사업 입장이 어떻게 정리될 것인지는 예리하게 지켜보아야 하는 상황이다.

중요한 것은 이 사례를 세계시민성 관점에서 비판적으로 해석하는 것이 필요하다. 본 연구의 이론적 배경에서도 검토했듯이 글로벌 지배계급의 이윤 추구와 초국적 자본의 이해관계를 반영하지 않도록 시민사회 내부로부터 발아된 주체적이고 비판적인 세계시민성이 필요하다. 국제 자원개발을 둘러싸고 전개되는 거대 자본을 가진 다국적 기업의 이해관계와 직접적으로 충돌하는 지역 주민의 억압된 생활세계, 그리고 인도 주민들의 인권과 생존권의 문제를 예의주시면서 국적과 인종, 심지어 지역적으로 멀리 떨어진 한국의 시민사회단체와 유관 해외 시민단체가 공동 의제를 통해서 초국가적으로 연대하는 것이 세계시민의식 관점에서 무엇을 말하는지, 그것이 가지는 교육적 의미가 무엇인지 파악하는 것은 매우 중요한 일이다.

2. 초국적 시민단체 활동의 세계시민교육적 의미: 갈등과 괴리

지금까지 이론적으로 세계시민사회와 시민단체의 초국적 연대활동의 개념적 관계를 살펴보았고, 이를 심층적으로 파악하기 위해서 인도-포스코 제철소 건설사업 사례를 살펴보았다. 글로벌화 맥락에서 국제민주연대 등 한국의 시민사회 단체는 반드시 한국의 시민, 지역 구성원을 위한 활동만을 펼치는 것이 아니라, 인권, 환경, 평화 등 초국적 의제를 중심으로 어느 국적을 가진 시민이든, 어떤 인종이든, 무슨 계층에 속해있던 간에 상관없이 글로벌 의제가 훼손되거나 위협받을 경우 이에 대응하기 위해서 함께 연대하고 목소리를 높이는 글로벌 참여행위를 펼치고 있는 것을 알 수 있다. 이것이 곧 세계시민교육에서 논하는 참여행위이다.

　　전통적으로 시민사회 단체의 국제적 연대행위를 위한 전제 조건 중 가장 보편적으로 나오는 원칙은 '지구적 차원의 사고와 지역 차원의 실천 행위'(think global and act local)를 순차적으로 연관시키는 것으로 보았다. 그러나 이제는 '지구적으로 행동하고 지역적으로 사고하라'(act global and think local)는 역발상적 태도가 주목받고 있다. 즉, 정보통신기술의 발달로 인해서 이제는 각자의 집 안방에서도 온라인 채널을 통해서 글로벌의제에 자신의 목소리를 내고 참여할 수 있는 플랫폼이 매우 다양하게 열려있고, 이것이 글로벌의제에 대한 세계시민사회의 여론 동향에 한 축을 형성할 가능성이 더욱 커졌다. 그런 측면에서 '지역적으로 사고하라'는 주문은 글로벌 의제가 현대사회의 모든 구성원들의 삶터의 문제와 직간접적인 영향을 주고받고 있기 때문에, 저 멀리 다른 나라에서 일어난 전쟁, 테러, 난민, 인권, 평화의 이슈가 내가 살아가고 있는 지역의 생활세계의 이슈와 밀접하게 연관되어 있고 유사하게 발생되는 이슈를 지역사회 안에서 사유하고 반성하는 것이 중요하다는 것이 최근의 추세이다. 다시 말해 글로벌과 로컬의 경계가 희미해졌으며 그 경계를 끊임없이 순환적으로 인식하는 역량이 필요하다는 것을 보여준다.

　　예컨대 시리아에서 일어난 대거 난민 유입 사태를 전 세계적인 가버넌스의 실종으로 거시적으로 고찰하고 글로벌 이슈를 타자적 관점에서 파악하는 것으로 끝나는 것이 아니라, 실제로 국제 난민이 우리가 살아가는 지역사회의 학교, 관공서, 일터 등에 수용되었을 경우는 지역에서 살아가는 우리 개개인은 어떻게 대응하고 사유해야 하는지가 더욱 중요해진 것이다. 마찬가지로 전 지구적으로 다양성과 개방성이 글로벌 이슈로 강조되고 이를 존중하는 사고 체계가 중요하지만, 이것이 실제로 우리 지역에서 살아가는 다양한 국적, 인종, 계층, 민족적 배경을 가진 결혼이주여성, 이주노동자의 다양성의 문제로 연결시키는 반성적 사유가 글로벌사회에서 살아가는 시민에게 필요한 역량이 된 것이다. 이렇듯 두 표제 모두 결국 '세계'와 '지역', '세계'와 '나'의 안과 밖이 뫼비우스의 띠처럼 밀접하게 연계되어 있는 것을 읽어낼 수 있다.

지구촌 구석구석에서 일어나는 제 문제들에 관심을 가지고, 글로벌사회를 구성하는 정치, 사회, 경제적 체제를 파악하면서, 지구촌에 대한 소속감과 세계시민사회에 대한 참여의식을 키우는 것이 바로 세계시민교육의 지식, 태도, 가치를 이루는 핵심이다. 그런 측면에서 인도-포스코 사례를 보다 근접 조명으로 살펴볼 때, 시민단체의 활동가들은 전 지구적 시민연대 활동에 참여함으로써 자본의 힘에 대항하는 소수자의 인권과 환경권 존중이라는 글로벌 이슈에 대한 문제의식을 가지고, 나의 직접적인 이해관계와 상관없이 공동의 의제를 설정하는 과정에 참여하게 되고 그 경험을 반성적으로 사유할 수 있게 된다. 즉 이론적인 관점에서도 세계에 대한 열린 이해를 바탕으로 인간의 자유의지를 억압하지 않고 구조적인 불평등과 폭력에 대해서 사유하고 참여할 수 있어야 한다는 것이 세계시민의 요체로 볼 수 있다. 철학자 마샤 너스봄(M.Nussbaum)이 역설했듯이 지역적 정체성에 대한 애정을 가진 채 더 넓은 범위의 세계시민적 정체성으로 동심원을 확대해나가고 미처 알려지지 않은 외부 세계에 대한 '도덕적 의무'를 지니고 있다는 인식을 키워가는 것이 세계시민교육이라는 논의와 결합된다(Nussbaum, 2002: 11-14). 그런 점에서 한국의 시민사회단체가 지구촌 반대편에서 한국의 글로벌 기업으로 인해서 인도 주민들이 겪게 되는 차별과 억압에 반대하는 논쟁과 활동을 이어간 것은 국가 이기주의, 자국 중심주의를 넘어서 지구촌의 구성원으로서 도덕적 책무를 실현하기 위한 세계시민적 참여 학습이라 할 수 있다. 세계시민주의적 이념을 전제하는 활동에서 국민국가의 명함이나 국가의 이해관계는 우선하지 않는다. 오히려 국가이기주의를 넘어서는 지역기반의 활동을 전개하는 것이 세계시민적 민주주의를 구상하는 시민사회단체의 역할이다. 이를 볼 때 세계시민사회는 개념적 유형화에 머무는 것이 아니라, 실제론적 구성체가 된다.

  물론 이와 같은 세계시민적 참여활동을 통해서 우리가 꿈꾸는 이상적인 세계공동체가 건설되거나 지속가능한 인류의 번영이 한 번에 완수되는 것이 아니다. 오히려 허영식(2017)은 이에 대해서 인류의 생존문제를 교육적으로 어떻게 잘 다룰 것인가에 초점을 맞춘 최소교육전략에 국한하는 것이 오히려 현실적합성이 있는 것이라고 주장하였다. 국민국가뿐만 아니라 지역 단위의 정치, 경제, 군사, 외교적으로 첨예한 경쟁과 갈등이 전개될 경우에 어떻게 복잡다단한 이해관계를 조정할 수 있을지, 세계시민법이라는 지구촌의 헌법이 될 만한 권위를 가진 준거가 합의를 통해서 구축된 것도 아니므로 세계시민성을 통해서 인류 모두를 위한 평화와 공영을 어떻게 영속적으로 추진할 수 있을지에 대해서는 딜레마와 한계에 부딪히게 된다. 세계시민성 함양 교육의 이념과 지향성이 실제 국민국가가 엄존하는 이상, 어느 지점까지 세계시민성을 수용하고 어느 수준까지 합의하여 교육을 실천할 것인가는 교육을 실시하는 다양한 단위 주체들에게는 현실적인 고민과 과제를 던져준다(김진희, 2015). 교육에 대한 국가 사회적 영향력과 기대는 바로 국가의 이해관계와 직접적으로 맞물리는 것이고 이에 대한 압력이 행사될 수 있다. 국가주의와 세계주의라는 철학적 전제의 이중 구도는 국가의 이익과 세계 인류의 공영이라는 문제로 환원되고 유사 맥락에서 국가시민성과 세계시민성의 이념적 대치 구도는 국가시민성교육과 세계시민성교육의 이념과 실제의 갈등을 낳게 된다.

  국가주의와 시장개발주의를 뛰어 넘는 전 지구적인 시민의식을 함양하는 것은 늘 도전적이다. 예를 들어 프랑스 핵실험에 대한 국제시민단체의 반핵활동의 경우 궁극적으로 단위 국가 정부인 프랑스 정부의 핵실험을 반대하는 운동이지만, 핵실험이 프랑스 영토 내의 문제가 아니며 핵의 위험은 전지구적으로 인류의 안위를 위협하고 지구환경을 파괴하는 행위이기 때문에 세계 시민단체는 연대전선을 형성하고 각 국가 지역 내에서도 운동을 전개한다. 한국 사회에서도 프랑스 핵실험 실시에 대해 수차례에 걸친 프랑스 대사관 앞 항의시위와 프랑스제품 불매운동, 국민서명운동 등은 지구적 환경문제를 해결하고 저지하기 국내 차원에서 벌인 시민운동이다. 이처럼 기본적으로 환경운동은 환경이라는 이슈 자체가 초국적인 것이고, 세계적 문제의 해결을 도모하는 시민운동이고, 지구화의 외적 조건이 구성됨에 따라 이슈 자체의 초국성은 전지구적 시민운동의 형태로 나타난다. 그런데 이러한 변화 양상을 세계시민주의적 운동의 일환으로 볼 때 그것의 실천지점에서 국가주의와 시장개발주의의 저항과 도전으로 갈등이 나타나게 된다.

관(官)주도의 국가시민성교육으로부터 민(民)주도의 세계시민성교육으로의 전환이 실험단계에 있는 지금, 세계시민성교육이 가진 이상과 현실의 괴리가 무엇이고 국가 사회적 영향력 아래 어떤 도전과 갈등이 야기되는지는 보다 깊이 있는 연구와 토론이 필요하다. 문제는 여기서 민(民)이라는 단위는 인권을 기반으로 하는 시민단체에부터 기업의 시장개발주의까지 그 스펙트럼이 보다 다층적이기 때문에 어떤 관점과 지향성으로 세계시민교육을 실시하는지 그것의 메커니즘을 내밀하게 분석하는 것이 요구된다.

이상에서 볼 때 시민운동단체가 세계시민성 교육을 실천하는 데는 이념과 현실의 괴리가 크다. 이념상으로 세계시민성교육이 국민국가의 이해관계와 국력 신장의 가치를 뛰어넘어 인류보편의 이상을 구현하는 이상을 가지고 있으나 그것이 실제 전개되는 데 있어서는 국가사회적 영향력과 압력을 받게 된다. 여기서 세계시민성교육이 다분히 이상적인 교육적 개입이자 시도라는 비판 논리는 설득력을 가진다. 이를 종합적으로 볼 때 세계시민성 교육이 현실 맥락에서 지니는 이상과 현실의 격차는 국가주의와 세계주의의 오랜 철학적 전제의 충돌을 근저에 깔고 있으며, 나아가 국가의 이해관계와 세계보편적 가치라는 담론의 충돌에서 자유로울 수 없음을 보여준다.

3. 초국적 시민운동 참여자의 세계시민성 학습
: 성인학습이론에서 조망

글로벌화는 전 지구적인 상호 연관성 및 상호 의존성의 심화, 세계간 상호 영향력의 국경 넘기(border crossing)로서 개별 국민 국가단위의 권능 및 자율성의 재구성, 그리고 국민국가적 프로젝트를 거부하면서 형성된 시민사회단체간의 연대의 확산 등 탈국가적인 재구조화를 수반한다. 시민사회 중심의 새로운 초국가적 체제와 세력이 창조되는 현재진행형의 과정이자, 시간과 공간의 변형을 일으켜 일상생활을 변화시키고 있는 현상인 것이다.

글로벌화의 영향력으로 인해서 시민운동단체가 지구적 의제에 대한 조직 수준의 학습 내용을 발굴하고 이를 지역적으로 재구성하는 변화의 과정을 거치게 되며, 그와 동시에 조직 내부 구성원의 세계적 의식 전환을 둘러싼 성과와 갈등이 동시에 발생할 수 있다(김진희, 2003). 나아가 국내적 이슈와 전 지구적 이슈를 어떤 방식으로 수렴할 것이며, 국가와 지역 단위를 넘어서는 지구적 문제를 어떤 형태로 적용하고 학습할 것인가 등에 대한 도전이 커지게 된다. 글로벌화의 영향력은 시민단체 내부의 지향성과 역량에 따라 압도적인 영향을 줄 수도 있고 잠재적인 단계에 머물러 있을 수도 있지만 중요한 것은 인권, 환경, 평화, 불평등 등 초국적 의제가 발생했을 때 전 세계시민사회단체와의 연대와 소통은 필수불가결한 좌표가 되고 있다는 점이다.

여기서는 글로벌화에 따라 초국적 의제에 참여하는 시민단체 활동가의 의식 변화의 쟁점을 경험학습 및 관점전환이론에서 살펴보고자 한다. 인도-포스코 사례에 참여한 시민사회단체는 국가단위의 운동을 넘어서 글로벌 이슈인 인권과 환경 의제를 해결하기 위한 시민운동에 참여하게 되고 그 활동에 참여하는 활동가들은 현장에서 '행함에 의한 배움'(learning by doing)을 습득하게 된다. 콜브의 경험학습 이론 모형에 준거하여 활동가의 경험학습을 해석한다면, 성인학습자인 활동가들은 글로벌화로 인해서 보다 긴밀해진 세계시민단체와의 국제적인 연대행위를 구체적으로 경험할 수 있다. 이러한 지구적인 문제를 인식하면서 국제연대 활동에서 얻게 되는 경험을 관찰하고 반성하면서 시민사회의 국제적 연대 행위의 방식과 방향에 대한 일반화를 시도하고, 이를 관통하는 하나의 원리가 무엇인지 파악하려는 노력을 기울이게 된다. 가령 한국에서 출발한 글로벌기업인 포스코를 비판하고 고발하는 과정에서 충돌하는 국가 중심의 시민성을 인식하게 되고, 해외 시민단체와의 네트워크의 효율성에 대한 전반적인 반성과 평가 과정을 거쳐 앞으로의 방향에 대한 원리를 도출하는 것이다. 그리고 그 일반화된 원리를 향후 새롭게 전개되는 지구적인 문제 상황들에 적용하고, 실험하는 과정을 거치게 된다. 이러한 단계별 순환적 학습과정은 세계시민적인 시민사회 운동에 참여하는 활동가들의 경험학습 과정이 될 수 있다. 즉 시민단체 내부에서는 글로벌화 맥락에서 인도의 취약계층을 위한 사회운동을 실천하면서 그동안 일국 중심적 운동 양식에서 벗어나 전 지구적인 인권 의제를 국제연대 활동에서 구체적으로 만나게 되고(구체적인 경험), 그런 경험을 반성하면서(경험에 대한 관찰 및 반성) 세계간 상호의존성의 심화 확대라는 새로운 개념을 형성하고, 이를 통해 세계성에 대한 추상적인 상을 그리기 시작한다(추상적 개념 구성 및 일반화 도출). 마지막으로 여기서 도출된 일반화를 달라진 글로벌환경에 따라 새로운 문제상황에 적용하는 시도(개념의 적용 및 시험)를 하게 된다.

그런데 현실은 이러한 이론의 프레임과 다르게 불균형적으로 구성된다. 실제로 국제연대 활동에 참여해 온 시민단체 성인학습자의 학습과정은 콜브(Kolb)가 제시한 순환적인 학습 사이클을 순차적인 단계별로 거치지 못할 수 있다. 왜냐하면 사회운동의 현장 중심성에 비롯되는 사태의 돌발성이 경험과 반성, 일반화 그리고 적용과 시도로 이어지는 학습과정의 순환적 흐름과 조응하지 못하기 때문이다(김진희, 2003). 특히 사회운동에서의 구체적인 경험에 대한 반성적 성찰은 대응 중심적 현장운동을 하는 활동가들에게 충분하게 이루어지지 못할 우려가 있다. 경험학습 이론상으로 반성을 통한 새로운 개념과 전제의 형성 그리고 그를 바탕으로 한 행동에의 적용과 행동 계획의 수정, 다시 새로운 경험의 창출과 재해석 등의 순환적 과정을 거치는 학습 과정은 중요한 위치를 차지한다. 그렇지만 초국적 연대 경험을 통해 세계성을 각인하고 운동의 세계적인 역량 강화에 대한 필요성을 느끼지만 이에 대한 반성적 성찰이 충분히 이루어지기 전에 이미 또 다른 운동 과제들을 만나게 되는 것이 현실이다. 그로 인해 국내 사안을 넘어서는 지구적인 의제를 모색하는 데 있어서의 행동 방향이나 활동가 개인의 좌표를 일반적인 원리로 도출하지 못한 상황에서 다시 구체적인 경험을 만나는 경우가 적지 않다. 그리하여 활동가들의 경험학습에는 각 단계별 순환 메커니즘의 소통이 원활하지 못한 측면이 나타나며, 학습과정이 간헐적으로 진행된다는 점을 발견할 수 있다. 또한 경험의 계속성(continuity)과 상호작용(interaction)을 강조하는 경험학습이론을 볼 때 시민운동에 참가하는 활동가들이 학습과정에서 가지는 또 다른 한계를 발견된다. 경험을 강조한 많은 경험학습 논자들은 반성되지 않고 성찰되어 실천 현장에서 검증되지 않은 경험은 경험학습으로서 의미를 지니기 어렵다고 했으나, 전술했듯이 시민운동을 통해 지구적 의제를 수렴하고 발산하는 활동가들은 구체적인 경험에 대한 충분한 관찰과 반성적 성찰을 통해 일반화의 원리를 도출하기 전에 다시금 문제 상황을 직면하는 경우가 적지 않다. 즉 경험의 계속성과 상호작용성이 사회운동의 경험에 담보되기보다는 활동가들은 단발적 문제를 그때그때 해결하면서 세계성에 대한 추상적인 인식을 축적하게 된다. 따라서 시민사회 활동가의 세계시민성 함양은 경험과 반성적 성찰의 순차적 메커니즘을 밟지 못할 수 있고 무형식적 맥락에서 추상적으로 이루어질 수 있다.

한편 영국의 교육학자 피터 자비스(P. Jarvis, 2007)는 경험이란 사회적 맥락에서 형성되고, 학습을 사회적 구성체이자 사회적 현상이라고 역설하면서 경험학습이 개별 학습자의 경험과 행위의 변화로만 이해하기보다는 사회적 상호작용을 통해서 조직과 공동체 내부에서 발생하는 협동학습(cooperative learning)의 원리를 통해서 이루어져야 한다고 말했다. 이 논의를 참조할 때 탈국가적인 시민운동을 전개하는 시민단체의 구성원들은 위기에 몰린 인도의 지역민들을 위해서 글로벌 의제를 모색해 왔을지라도, 실제 운동을 이끌어온 시민단체 내부의 활동가들이 글로벌 시민활동에 대한 인식의 차이, 그리고 이를 적용하는 방식의 차이가 있을 경우 국제연대 활동은 협동과 상호작용의 원리를 통해서 확장될 수 없는 한계에 부딪히게 된다.

이는 조직 구성원들이 골고루 지구적인 의제를 수렴하고 발산하는 데 장애를 가져와서 직접적인 국제연대활동을 경험하지 못한 다수의 활동가는 자기 경험의 한계를 갖게 된다. 결국 시민운동을 전개하는 활동가의 경험학습에서 사회집단 및 다른 활동가들 간, 바꿔 말해 동료 학습자 및 학습 촉진 집단과의 전면적인 상호작용이 이루어지지 않아서 시민단체 내부의 협동학습의 원리가 반영되지 못하게 되는 것이다. 따라서 시민운동에 참여하는 활동가들은 지구화 맥락에서 운동의 초국성이 발아하기 시작하자 이러한 운동 경험을 통해 국가단위의 의식으로부터 전지구적인 의식을 확장하게 되지만, 세계시민성에 대한 반성적 성찰과 추상적 일반화는 내재화되기에 도전 과제가 많다는 것을 알 수 있다.

사회운동을 통한 경험은 학습의 자원을 제공하며(Welton, 1997; Johnston, 1999; Youngman, 2000) 이러한 사회운동을 통하여 전환학습(transformative learning)이 가능하다. 여기서 전환학습은 경험을 통한 의미구조(meaning scheme)의 변화를 말한다. 글로벌화 맥락에서 시민운동단체의 운동 지형이 국가중심적 형태로부터 탈국가적 수준의 지구적인 사안들을 운동의 의제로 담아 가는 변화가 일어남에 따라, 시민사회운동에 참여하는 활동가들은 탈국가적 시민운동의 경험을 통해 기존의 국민국가 중심적 전제(assumption)에 대한 반성적 성찰을 시도하고 그 결과 세계성에 대한 인식을 확장하는 관점의 전환을 통해 새로운 의미구조를 형성하게 된다. 이러한 변화는 관점전환학습이론에서 보다 구체적으로 논의될 수 있다. 메찌로우(Mezirow, 1991)에 의해 광범위하게 주창되기 시작한 관점전환학습이론은 '경험을 통한 학습과정의 의미 생성'을 강조하고 의미구조의 전환은 개인의 신념 및 가치관뿐만 아니라 사회문화적 맥락 안에서 상호작용하면서 구성된 준거와 이념의 전환을 포함한다(Mezirow, 1991: 15). 그리하여 관점전환학습이란 '세계에 대한 전제를 이해하고 느끼는 방법, 그리고 무엇이 억압을 형성하는지를 비판적으로 인식하여 관점 및 인식의 변화를 동반하는 학습과정이다. 실제로 관점전환학습이론은 글로벌화에 따라 세계시민사회가 새로운 시대적 조건 아래 시민운동을 펼치는 활동가들의 인식 변화에 논의의 틀을 제공한다. 글로벌화에 따라 세계시민사회단체의 지구적 연대가 긴밀해지고 그에 따라 시민운동의 범주 역시 기존의 국가단위에서 탈국가적 단위로 확장된다. 이로써 운동에 개입하고 참여해온 활동가들은 기존의 국가단위의 전제들을 비판적으로 검토하게 된다. 즉 관점전환학습의 주요 과정인 '경험을 통한 반성적 성찰'이 모색되는 것이다.

인도-포스코 사례처럼 점차 운동의 양태가 초국적 성격을 띰에 따라 시민단체 내부의 활동가들은 운동의 전개 과정에서 국가단위의 문제와 세계적 문제의 상호연관성을 고려하지 않을 수 없게 된다. 자신이 가지고 있던 국민국가적 의식과 전제에 대한 반성을 통해 '우리 지역, 우리 국가의 문제'에서 '국가를 넘어서는 전지구적인 문제'를 발견하고 세계적 의제, 지구촌의 구성원으로서 의식 확장과 인식적 전환을 도모할 수 있게 된다. 여기서 인식의 전환은 새로운 의미구조를 형성하게 된다. 왜냐하면 기존의 전제가 가진 당위성은 반성적 성찰을 통해 재구조화기 때문이다. 예컨대, 과거의 시민운동은 '우리나라, 우리지역의 문제에 집중하는 것이 맞다'라는 자연스러운 명제는 글로벌화의 심화에 따라 세계 시민단체의 연대행위 없이는 문제 해결이 어렵다는 사실을 발견하면서 비판적 성찰을 통해 '우물 안 개구리가 되어서는 안 되겠다'라는 인식 전환에 이르게 된다. 국가의 경계를 넘어서 세계시민적 의식을 자각하면서 글로벌 이슈에 대한 통합적인 안목을 얻기 시작하고, 인권, 노동, 환경, 생명에 대한 확장된 세계관을 자신의 시민참여활동의 지도를 그리는 의미구조 안에서 재구성하는 학습 과정을 거치게 된다.

이러한 시민사회 참여활동은 세계의 민주화를 도모하는 전환적 행위의 단초가 될 수 있다. 특히 환경운동에 종사한 활동가들은 환경이라는 특정 이슈를 매개로 하나의 인류 공동체라는 의식, 지구 공동체에 대한 책임감과 참여의식 등 국가단위의 시민의식이라는 사고를 벗어나, 과거의 의미구조를 변형시켜서 인식의 전환을 통해 세계시민으로서의 보편성을 자각하게 된다. 이는 활동가가 시민운동의 경험을 재해석하는 학습과정에서 세계시민성이라는 새로운 의미구조를 형성했다는 것을 보여주는 것이다.

그런데 이러한 세계시민성에 대한 의미구조를 시민단체 활동가의 개인적 경험 맥락 안에서만 파악하는 것으로 그치면 안 된다. 의미구조의 효력은 사회적 맥락에서 작동되기 때문이다. 바로 자비스(Jarvis)가 말한 경험과 학습의 사회적 맥락(societal context of experience and learning)을 발견할 수 있는 부분이다. 즉 글로벌화라는 패러다임의 영향력 아래 시민운동을 전개함에 따라 국가단위의 문제로부터 지구환경문제를 인식하고 세계성을 발견하는 의식의 전환을 획득할 수 있었으나, 이것이 발휘되는 사회적 조건은 활동가의 새로운 의미구조를 지원하지 못하는 요인이 될 수 있다. 예컨대 의미구조의 사회적 적용을 위해서 다른 구성원들과 의사소통의 장이 필요하지만 조직 내부에서 이를 지원하는 메커니즘이 부재하거나, 조직이 전망하는 세계적 환경운동에 대한 고려는 활동가가 경험의 해석을 통해 획득한 새로운 의미구조로서의 세계적 의식으로의 전환과 반드시 일치하지 않는 모순이 발생한다. 이 점에서 세계시민성이라는 인식의 전환을 행동의 변화로 표출하는 데 장애가 발생하는 것이며 새롭게 구성된 의미구조는 정당성(legitimacy)의 도전을 받게 된다. 아울러 조직 내부 차원에서뿐만 아니라 활동가의 세계시민성은 국가사회적인 압력을 동시에 받게 된다. 글로벌화로 인해서 국가의 위상이 과거와는 달라졌음에도 불구하고 여전히 국민국가의 영향력은 전 사회적으로 압도적이며 견고하며 세계시민적 의식은 국가의 이해관계를 중시하는 국가주의와 시장개발주의의 압력을 받게 된다. 이에 따라 세계시민사회 연대 활동에 참여한 활동가가 자기 경험을 통해 창출한 세계시민적 의미구조를 다른 유관 시민활동 의제에 적용하는 행위로 이어지는 데는 여러 장벽과 충돌이 존재한다.

이 같은 사회구조적 맥락이 세계시민적 참여 행동을 실천하는 데 도전이 되는 것을 알 수 있다. 그리고 시민운동 조직 내부에서도 활동가의 글로벌한 마인드를 지역 맥락에서 구현하도록 끌어줄 사회적 동력 기제 역시 부족한 것이 사실이다. 따라서 우리는 이 같은 한계를 비판적으로 고찰하고 다양성과 포용성, 민주성을 담지한 세계시민사회의 추상적 구성 원리가 실체를 가진 시민운동과 시민단체 내부의 주체인 활동가들을 통해서 구체적으로 실천되고 적용될 수 있도록 새로운 방식의 세계시민교육의 존재 양태를 폭넓게 인식하고 더 나은 방향을 부단하게 모색해야 한다.

V. 결론: 내적 성장을 위한 전망과 과제

지금까지 세계시민사회와 시민운동이 세계시민교육과 맺는 관계를 개념적으로 살펴보고, 초국적 연대활동의 관련 사례를 통해서 시민사회에서 세계시민성이 형성되는 맥락과 특징을 분석하였다. 외적 토대로서 한국의 시민사회는 80년대 후반에 성장곡선을 그리기 시작했고, 시민운동의 성장과정이 권위주의적 개발 독재 정권과의 투쟁에서 획득한 한국적 특수성으로 인해서 시민사회의 내적 성숙은 여전히 과제를 안고 있는 수준이다. 즉 한국 시민사회의 내적 성장은 권위주의 정체에 대한 저항과 투명한 민주주의 건설이라는 목표를 견지하면서 진행되어 왔다. 그런데 이제는 글로벌화라는 외재적 패러다임이 영향력을 행사함에 따라 시민사회단체들은 새로운 도전을 맞게 된다. 전반적으로 진단하자면 이제 한국의 시민운동단체들은 지구적인 의제를 수용하고 전 지구적인 문제에 참여하는 물적 토대를 어느 정도 갖추었다고 볼 수 있다.

실제로 2000년을 기점으로 그동안 국내운동에만 매몰되던 운동의 형태에서 벗어나 시민사회단체의 지구적인 네트워크를 보다 강화하고 제3세계로 눈을 돌리는 관점의 전환이 일어나고 있다(김진희, 2003). 선진국가의 시민사회단체의 협력과 관심을 받아온 한국의 시민사회단체는 이제는 제3세계로 눈을 돌려 그 성장 경험을 발전 모색기에 놓여 있는 제3세계 국가들과 공유하고 그들의 시민 운동에 비전을 실어주는 역할을 모색하기 시작한 것이다. 본 연구에서 살펴본 인도－포스코 개발사업에서도 강제토지수용 사업에 내몰린 시민들에게 한국식 인권 운동을 전파하는 것이 아니라, 인도를 거점으로 자생적으로 활동하는 시 민사회 단체와 국제 연대를 하면서 그들의 입장에서 의제를 생성하고 문제 지 점을 공동으로 해결하기 위한 다자간 상호 협력을 한 것을 상기할 필요가 있다.

앞으로 전 지구적 문제에 대한 인식과 외연의 폭을 확장하고, 글로벌리즘 에 대한 시민사회 내부의 물적 토대와 인적 토대를 보다 내실 있게 쌓아가는 것이 필요하다. 이를 통해서 세계시민사회의 구성체인 시민운동단체가 주도하 는 세계시민교육의 실험적 가능성이 무엇이며 이를 통해서 얻을 수 있는 교훈 이 무엇인지 신중하게 모니터링하는 것이 중요하다. 세계주의를 전제하는 세계 시민성은 국민국가 안에서 유효한 사고방식을 넘어, 세계를 인식하여 지구공동 체 안에서 요구되는 역할과 태도를 중시하는 것이다. 이는 실제로 첨예한 갈등 과 혼돈을 불러일으키는 대립 구도를 형성하기도 한다. 국가의 이해관계와 전 인류 공동체의 이익이 항상 합치하는 것이 아니라 오히려 현실 맥락에서 그 가 치 지향성의 간극이 커지는 경우가 빈번하기 때문이다.

교육에의 적용도 마찬가지의 갈등이 상존한다. 멀리는 국가주의와 세계주 의의 이념적 대치로, 가깝게는 국가시민성과 세계시민성의 이념적 갈등에서 야 기되는 대치구도는 국가시민의식 함양 교육과 세계시민의식 함양 교육이라는 이중 구도를 형성한다. 국가시민성교육은 국가경쟁력강화교육과 일맥상통하며 세계시민성교육은 범세계주의적 교육과 가깝다. 특히 국가경쟁력강화교육은 최 근대학, 기업, 정부기관을 중심으로 전파되는 글로벌 인재 담론이라는 인적자원 개발 논의와 멀지 않기 때문에, 범세계주의적 맥락에서 국가의 이해관계를 벗어나 전 인류의 상호의존과 세계 공영을 추구하는 세계시민성교육은 오히려 지나치게 이상주의적으로 치부되거나, 주변화되기도 한다.

시민단체 내부의 구성원 차원에서는 지구적 의제 수용에 있어서 인식의 괴리가 나타날 수밖에 없다. 시시각각 발생하는 사회적 의제에 발빠르게 대처해야 하는 내부 활동가들 사이에서도 전세계적인 사안에 대한 문제의식의 공유와 인식의 전환을 논의할 수 있는 창구가 고르게 열려있지 않다. 외국어 구사 능력이나, 세계적 이슈에 대한 시민단체 네트워크를 활용하는 역량에 따라 활동가들의 차이가 있기 때문에 누군가는 글로벌 의제에 대해서 자발적 혹은 비자발적으로 소외되기도 한다. 이처럼 글로벌 의제에 대한 소통 부재와 인식 확장 메커니즘의 단절이 시민사회 내부에서도 발생할 수 있다(김진희, 2003). 따라서 시민단체 내부에서 글로벌 쟁점에 대한 의식 전환을 꾀하고, 반성적인 자기 경험을 통해 세계시민성을 체득하는 것은 만만치 않는 도전이라 할 수 있다. 다시 말해 시민사회단체가 글로벌 환경에 노출되었고 글로벌 의제에 대응하기 때문에 그 속의 구성원들이 모두 세계시민이라고 단선적으로 말할 수 없는 것이다.

이처럼 시민사회 운동 내부에서도 조직이 제시하는 글로벌화에 대한 대응과 지구적 의제에 대한 좌표들을 자신의 지역 중심 운동 안에 그대로 적용하기에는 현실적인 난관이 존재한다. 결국은 시민단체라는 조직이 제시하는 이정표와 내부 구성원간 인식의 괴리 및 소통의 부재라는 한계적 갈등 상황에 직면할 수 있다. 지구적인 문제를 인식하고, 세계시민사회의 성장에 발맞추어 전지구적 운동을 모색하려는 조직의 방향성이 선명하게 제시되었다 하더라도 실제로 그 실현에 있어서 도전과 난관을 안고 있는 것이다. 즉 세계적인 문제에 대한 의식 전환과 조직 차원의 인식 수준은 어느 정도 성장했다고 볼 수 있지만, 그것이 운동의 실천 장에서는 효력을 발휘하지 못하는 제약을 가지고 있다. 이러한 갈등은 전지구적 관점에서 세계문제를 다루고 운용할 수 있는 조직 내부의 구조적인 시스템이 구축되어 있지 않은 데서 비롯된다. 제도적인 지원책의 미비와 공감의 빈곤은 시민단체의 초국적인 세계시민적 운동의 역량 강화에 장애 요인이 될 수 있다.

　이러한 쟁점 속에서 글로벌 맥락의 세계시민교육을 깊이 있게 고찰해야 한다. 교육을 통해 세계평화의 가치를 추구하고 다자간 협력을 통해 세계공동체의 파트너십을 끈끈하게 이어가는 것은 세계시민교육의 시대적 역할이자 소임이라 할 수 있다. 이제는 지속가능성이라는 관점에서 인류가 당면한 전 지구적인 문제들을 다함께 해결하기 위해서 시민사회를 중심으로 하는 초국적인 상호협력과 파트너십이 그 어느 시기보다 요청된다. 따라서 앞으로 시민사회 내부의 글로벌 역량을 냉정하게 분석하고 진단하여 무엇을 어떤 방식으로 재구조화해야 하는지 반성적 성찰이 필요하다. 글로벌 문제에 적극적으로 대응할 수 있는 물적 토대들 예컨대, 재정구조의 확보, 전 지구적 네트워크를 상시적으로 활용할 수 있는 효율적인 시스템 마련 등의 현실적 과제를 해결하는 것뿐만 아니라, 인식적 토대 측면에서도 시민단체 내부에서 글로벌 이슈와 한국의 지역적 맥락을 유기적으로 결합하고 조직적으로 대응할 수 있는 구성원의 다면적 역량을 키워주는 질적인 토대가 확충되어야 할 것이다. 이것이 분명한 방향성이다. 이를 통해서 세계시민사회 형성과 전개에 있어서 국가, 기업과 함께 일상 생활 세계에서 가장 광범위하고 밀접한 영향력을 미치는 시민사회단체의 적극적 역할을 기대할 수 있을 것이며, 궁극적으로 세계시민성의 광범위하고 추상적인 개념을 현실 맥락에서 촘촘하게 구현해 나갈 수 있을 것이다. 세계시민교육은 학교를 넘어서 보다 전 사회적인 맥락에서 시민사회의 다양한 주체가 참여하고, 일상생활 속의 의제를 활용하여 다층적인 방식으로 이루어질 수 있다. 세계시민성의 내재화는 때로는 새롭게, 때로는 이질적으로 외연을 확장하면서 지역사회에 살아가는 우리 안에서 이루어질 수 있다.

글로벌화와 세계시민사회: 초국적 시민운동과 세계시민교육

이 논문은 글로벌화 맥락에서 세계시민성과 시민단체의 초국적 행위는 어떤 개념적 관계를 맺고 있는지를 탐색하고, 세계시민교육의 핵심적인 주체로서 시민사회단체를 이론적으로 검토하였다. 또한 글로벌 의제를 중심으로 초국적 연대활동에 참여한 시민단체 활동 경험이 가지는 의미와 딜레마를 고찰하였다. 연구 결과는 몇 가지로 정리된다.

첫째, 세계정치의 거대한 구조전환과 세계시민사회 형성에서 초국적 시민사회운동은 중요한 동력과 위치를 차지하고 있으며, 글로벌화와 관련된 다양한 형태의 불평등과 소외 문제에 맞서는 시민사회의 연대적 투쟁은 초국적 결사체의 성격을 띠고 있음을 알 수 있었다. 둘째, 글로벌화는 시민사회의 운동 지형 변화에도 갈등과 딜레마를 수반한다. 그동안 대부분의 시민운동이 국민국가를 상대로 국민국가의 테두리 안에서 진행되었다면 전지구적으로 권력과 민주주의의 개념이 재편성되는 상황에서 시민운동의 의제뿐 아니라 방법도 바뀌어야 한다는 점을 강조한다. 셋째, 글로벌시대에 새로운 형태의 민주성을 어떻게 모색해야 하며 여기서 시민사회의 역할론에 대한 고민이 확장된다. 글로벌 윤리와 인간의 도덕성, 그리고 자유의지를 담지한 민주주의의 실천 주체로서 '세계시민'을 설정하는 방향에서 시민사회 운동은 글로벌과 지역을 오가면서 끊임 없이 긴장을 유지하고 있음을 알 수 있었다. 넷째, 시민단체의 글로벌 연대활동의 사례로서 살펴본 인도-포스코 제철소 건립 사업은 국가주의와 시장개발주의를 뛰어넘는 전지구적인 시민의식을 실험하는 사례이며, 인권과 환경이라는 글로벌 의제를 통해서 세계시민사회 구축의 단초를 제공하고 있음을 알 수 있었다. 마지막으로 국제연대 활동에 참여해 온 시민단체의 성인학습자의 세계시민성은 글로벌 경험과 반성, 일반화 그리고 적용 및 새로운 시도라는 단계를 통해서 순차적으로 형성되지 않았다. 오히려 시민단체 내부에서 글로벌 경험에 대한 소통 채널의 부재, 협동학습의 원리 누락으로 인해서 조직 내부의 지원 시스템이 미비하다는 것을 보여주었다. 결론적으로 이 연구는 앞으로 한국의 시민사회 내부에서도 글로벌 문제에 적극적으로 대응할 수 있는 물적 토대와 질적인 토대가 유기적으로 갖추어져야 한다는 점을 강조하고 있으며, 초국적 시민운동 참여 경험이 세계시민교육의 유의미한 학습과정이라는 것을 보여준다.

주제어: 세계시민사회, 시민운동, 시민단체, 경험학습, 전환학습

Transnational civic movement and global citizenship education
: concept, case, issue

This study seeks to identity the conceptual relations on global citizenship education and Non Government Organization(Ngo)'s global activism of solidarity. Given that Ngo as a keen stakeholder plays catalytic role to implement global citizenship education in local context as well as non formal context in life-world, this study explores the features and issues of Ngo's participatory activity of global solidarity and its meaning scheme of global citizenship by reviewing India-POSCO Steel Plant Built Project.

Major findings are summerised as follows: First, under the wide influence of global capitalism, global civil activism could be a driving force to reshape the mechanism of international politics and build a global civil society. Second, Globalisation produced conflicts and dilemmas in terms of entity of citizenship for activists and landscape of civil society's social movement. Global citizenship education could be incarnated through global civil society's movement toward a global democracy from the bottom. Third, social role and typology of civil society has been underlined how to embody a new form of global democracy. However this study shows that there are tensions and conflicts combining national interest and global issues in order to cultivate global ethics and morality of human being. Fourth, global activism of worldwide civil society addressing human right and environment against the case of India-POSCO Steel Plant Built Project could be a meaningful platform of implementing global citizenship education to combat planetary problems in the grass root level. Finally this study reveals that after global participation to resolve inequity and human right violation for indian local people, activists as adult learners of the NGOs have experienced lack of communication, dearth of cooperative learning within the institutional level.

In sum, this study argues that Korean Ngos and civil society now should build up a solid infrastructure and qualitative foundation to digest global agenda into the local context organically and to empower its diverse capacities reacting to pervasive globalism in contemporary world.

key word: global civil society, civic movement, NGOs, experiential learning, transformative learning

참고문헌

김석준(1995). 한국의 세계화 비전. 공보처(편). 세계화·지방화 추진전략.

김성수(2007). 세계시민사회이론의 비교분석. 한국정치외교사논총 29권 1호. 한국정치외
　　교사학회. 41-74.

김세연(1995). 국제화와 세계시민사회. 유럽연구. 봄호. 한국유럽학회. 3권 제1호. 289-314

김진희(2015) Post 2015 맥락의 세계시민교육 담론 동향과 쟁점 분석. 시민교육연구 47
　　권 1호, 59-88.

김진희·허영식(2013). 다문화교육과 세계시민교육의 담론과 함의 고찰. 한국교육. 제40
　　권 3호. 155-181.

김진희(2003). 지구화 맥락에서 본 시민운동단체 교육활동 변화에 관한 연구. 서울대학
　　교 대학원 석사학위논문.

김호기(2001). 환경운동의 구조와 동학. 권태환·임현진·송호근(공편). 신사회운동의 사
　　회학. 서울: 서울대학교 출판부.

나종일(1995). 세계화시대의 세계시민교육. 공보처(편). 세계화·지방화 추진전략.

나현필(2013). 올해 6월의 파리는 포스코 때문에 뜨거웠다.
　　http://www.redian.org/archive/58325 2017년 2월 3일 추출

박기덕(1996). 세계화와 한국의 민주주의. 한배호(편). 세계화와 한국의 민주주의. 세종
　　연구소.

박용헌(1996). 민주화 세계화와 교육과제. 서울: 서울대학교 출판부.

설규주(2000). 세계화지방화 시대의 시민교육. 서울대학교 대학원 석사학위 논문.

이삼열(2000). 세계화의 불안과 세계시민적 이성. 강치원(역). 세계화와 한국사회의 미
　　래. 서울: 백의.

이성회·김미숙·정바울·박영·조윤정·송수희(2015). 세계시민교육의 실태와 실천과제,
　　서울: 한국교육개발원.

이정은(2011). 국제관계론에서 칸트와 헤겔의 전선: 칸트의 세계시민사회에 관한 헤겔의
　　비판에 기초하여. 헤겔연구 30호. 59-94.

정태석(2000). 시민사회와 NGO. NGO란 무엇인가. 서울: 아르케.

조영제·손동빈·조영달(1997). 사회공동체의 변화와 시민사회, 시민성. 조영달(편). 한국 시민사회의전개와 공동체시민의식.서울: 과학사.

조은(2001). 지구촌화, 세계시민사회 그리고 신사회운동. 권태환·임현진·송호근(공편). 신사회운동의 사회학. 서울: 서울대학교 출판부.

주성수(2000). 글로벌 가버넌스와 NGO. 서울: 아르케.

한배호(1996). 세계화와 한국의 정치개혁. 한배호(편). 세계화와 한국의 민주주의. 세종 연구소.

허영식(2017). 다양성과 세계시민교육, 서울: 박영스토리.

Jariv. P.(2007). *Globalization, Lifelong Learning and the Learning Society: Sociological Perspectives* (Volume 2), London: Routledge

Johnston, R.(1999). Adult learning for Citizenship: towards a reconstruction of the social purpose tradition. *International Journal of lifelong education*, 18(3), 175－190.

Humes, W.(2008). "The discourse of Global Citizenship". In Michael A Peters & Alan Britton & Harry Blee. (Eds). *Global Citizenship Education*, Rotterdam: Sense Publiishers.

Keck, M. & Sikkink, K.(1998). *Activist beyond borders.* New York: Cornell University Press.

Lipschutz, R.(1996). Reconstructing world politics: The emergence of global civil society. Fawn, R. & Larkins, J.(Eds). *International society after Cold War.* New York: St. Martin's Press.

Mezirow, J.(1991). *Transformative Dimensions of Adult Learning.* San Francisco: Jossey－Bass.

Mundy, K. & Murphy. L.(2001). Beyond the Nation －State: Education Contention in Global Civil Society. Meyer, H. D. & Body, W. L.(Eds). *Education between State, Market, and Civil Society: Comparative Perspectives*, New Jersey: Lawrence Erlbaum Associates.

Murphy, C. & Augelli,E.(1993). Interantional institutions, decolonization, and development. *International Political Science Review.*

Nussbaum, Martha Craven (2002). Patriotism and cosmopolitanism. In J. Cohen (Ed.). *For love of country*(pp. 3−20). Boston: Beacon Press.

Salamon, L.(1999). *Global civil society : dimensions of the nonprofit sector.* Johns Hopkins Center for Civil Society Studies.

Sklair, Leslie (2001) The transnational capitalist class, Oxford: UK, Wiley−Blackwell Publishing

Smillie, I.(1999). *Stakeholders : government−NGO partnerships for international development.* OECD.

Tully, J.(2014). *On global citizenship.* London, UK and New York, USA: Bloomsbury Academic.

Welton,M.(1997). In defence of Civil Society. Walters, S(Ed). *Globalization, adult education and training.* London & New York : ZED books.

Youngman, F.(2000). *The Political Economy of Adult Education and Development.* London: Zed Books.

신문 기사

경향신문(2013년 10월 2일) 유엔 "포스코, 인도 제철소 건설 철회해야"
http://news.khan.co.kr/kh_news/khan_art_view.html?artid=201310012359525&code =970207#csidx7cd9047f86dee7494440551e3e22322

시사저널(2015.07.21.). 포스코 12조원 프로젝트, 국제망신으로 전락.

연합뉴스(2017.03.18.). 포스코, 인도 오디샤 제철소 사실상 손 떼, "부지 반환하겠다"

오마이뉴스(2010.09.17.). 포스코 인도 프로젝트, '진퇴양난' 가시밭길

azzi lifeinasia(2014) Dividends of Resistance: The POSCO India Story.
https://www.youtube.com/watch?v=−LF4DMZAcMM, 2017년 4월 15일 추출

BBC(16 July 2013 / Asia). South Korea's Posco scraps India steel project after delays.

찾아보기

저자소개

김진희(Kim, Jin-Hee)

Email: drkjh193@gmail.com

- 이화여대 사회과교육과 졸업
- 서울대학교 교육학과 석사 졸업 및 동 대학원 박사과정 수료
- 영국 University of Surrey 국제정치정책학부(PIPS) 철학박사(Dr. phil.)
- 한국교육개발원 연구위원
- 한국다문화교육학회 상임이사
- UNESCO 프랑스 본부 세계시민교육 지표개발위원회 자문위원
- UNICEF 아시아태평양지부 세계시민교육 교재개발위원회 패널위원
- UN Global Academic Impact 자문위원
- 외교통상부 공공외교정책 자문위원
- 서울시 민주시민교육 자문위원
- 국경없는의사회(MSF) 한국사무소 이사회 감사

〈주요 논저〉

『Anti-multiculturalism and Future Direction of Multicultural Education in the context of South Korea』 (시드니 & 홍콩, 2017)

『다문화교육과 평생교육』 (서울, 2016)

『Racism, Equity, and Quality of Education for International Students』 (베이징, 2016)

『Learning treasures within an unauthorized migrant workers' community』 (싱가포르 & 마닐라, 2015)

『간문화주의와 다양성관리(공저)』 (서울, 2014)

『Transnational Migration and Lifelong Learning(공저)』 (런던 & 뉴욕, 2013)

『A changed context of lifelong learning under the influence of migration: South Korea』 (런던, 2010)

글로벌시대의 세계시민교육: 이론과 실제

초판발행   2017년 8월 20일
중판발행   2023년 3월 31일

지은이   김진희
펴낸이   노 현

편 집   전채린
표지디자인   김연서
제 작   고철민·조영환

펴낸곳   ㈜ 피와이메이트
             서울특별시 금천구 가산디지털2로 53, 210호(가산동, 한라시그마밸리)
             등록 2014. 2. 12. 제2018-000080호

전 화   02)733-6771
f a x   02)736-4818
e-mail   pys@pybook.co.kr
homepage   www.pybook.co.kr
I S B N   979-11-88040-09-4   93370

정 가   18,000원

박영스토리는 박영사와 함께하는 브랜드입니다.